金融风险管理与创新研究

万 霞 ◎ 著

中国商务出版社
·北京·

图书在版编目（CIP）数据

金融风险管理与创新研究 / 万霞著. -- 北京 : 中国商务出版社，2023.5
ISBN 978-7-5103-4669-9

Ⅰ. ①金… Ⅱ. ①万… Ⅲ. ①金融风险－风险管理－研究 Ⅳ. ①F830.9

中国国家版本馆CIP数据核字(2023)第 078328 号

金融风险管理与创新研究
JINRONG FENGXIAN GUANLI YU CHUANGXIN YANJIU

万 霞 著

出　　　版：	中国商务出版社
地　　　址：	北京市东城区安外东后巷28号　　邮　编：　100710
责任部门：	教育事业部（010-64283818）
责任编辑：	刘姝辰
直销客服：	010-64283818
总　发　行：	中国商务出版社发行部　（010-64208388　64515150　）
网购零售：	中国商务出版社淘宝店　（010-64286917）
网　　　址：	http://www.cctpress.com
网　　　店：	https://shop595663922.taobao.com
邮　　　箱：	347675974@qq.com
印　　　刷：	北京四海锦诚印刷技术有限公司
开　　　本：	787毫米×1092毫米　1/16
印　　　张：	11.75　　　　　　　　　　　　字　数：242千字
版　　　次：	2024年4月第1版　　　　　　　　印　次：2024年4月第1次印刷
书　　　号：	ISBN 978-7-5103-4669-9
定　　　价：	70.00元

凡所购本版图书如有印装质量问题，请与本社印制部联系（电话：010-64248236）

版权所有　盗版必究　（盗版侵权举报可发邮件到本社邮箱：cctp@cctpress.com）

前 言

随着金融改革的不断深化,我国资本市场呈现出良好的发展态势,不仅对我国经济社会发展具有重要支撑作用,而且也为提升国际竞争力创造了良好的条件。但目前我国资本市场仍然面临诸多金融风险,紧抓时代发展机遇,迎接新经济发展的挑战,是我国经济高质量发展的关键。企业应积极做好金融风险预警,提高金融风险控制和管理能力,以期在新的金融市场发展环境下实现经济可持续健康稳定发展。

基于此,本书以"金融风险管理与创新研究"为题,全书共设置七章:第一章,围绕金融风险管理展开,主要内容包括金融风险及其经济影响、金融风险管理的意义与策略、金融风险管理的价值与程序;第二章,探讨金融风险管理的组织结构、金融风险管理的约束制度、金融风险管理的信息系统;第三章,分析利率风险管理及其创新工具、汇率风险管理的原则与战略、证券投资风险及其管理策略;第四章,解析信用风险的产生与识别,信用风险管理的核心——信用评级,信用风险度量、缓释与转移;第五章,重点论述了操作风险的识别与衡量、操作风险控制的工具与防线、操作风险管理的风险转移;第六章,重点讨论流动性风险及其特征、流动性风险的衡量方法、流动性风险的管理策略;第七章,探究互联网金融及其风险类型、互联网金融模式下的风险监管框架、基于互联网金融模式的商业银行创新与风险管理。

本书力图比较系统、深入地探讨金融风险管理,以切实提高金融行业主体面对各类风险的能力,同时不断优化金融风险管理方法,结合互联网金融模式将理论阐释提升至实践应用高度。

本书的撰写得到了许多专家学者的帮助和指导,在此表示诚挚的谢意。由于笔者水平有限,加之时间仓促,书中难免有疏漏与不够严谨之处,希望各位读者多提宝贵意见,以待进一步修改,使之更加完善。

目 录

第一章　金融风险管理概述 …………………………………………………… 1

　　第一节　金融风险及其经济影响 …………………………………………… 1
　　第二节　金融风险管理的意义与策略 ……………………………………… 10
　　第三节　金融风险管理的价值与程序 ……………………………………… 17

第二章　金融风险管理的体系架构 …………………………………………… 25

　　第一节　金融风险管理的组织结构 ………………………………………… 25
　　第二节　金融风险管理的约束制度 ………………………………………… 30
　　第三节　金融风险管理的信息系统 ………………………………………… 49

第三章　市场风险的控制管理 ………………………………………………… 56

　　第一节　利率风险管理及其创新工具 ……………………………………… 56
　　第二节　汇率风险管理的原则与战略 ……………………………………… 63
　　第三节　证券投资风险及其管理策略 ……………………………………… 69

第四章　信用风险的控制管理 ………………………………………………… 78

　　第一节　信用风险的产生与识别 …………………………………………… 78
　　第二节　信用风险管理的核心——信用评级 ……………………………… 85
　　第三节　信用风险度量、缓释与转移 ……………………………………… 92

第五章 操作风险的控制管理 ········ 103

第一节 操作风险的识别与衡量 ········ 103
第二节 操作风险控制的工具与防线 ········ 111
第三节 操作风险管理的风险转移 ········ 121

第六章 流动性风险的控制管理 ········ 123

第一节 流动性风险及其特征分析 ········ 123
第二节 流动性风险的衡量方法 ········ 129
第三节 流动性风险的管理策略 ········ 140

第七章 基于互联网金融模式的风险管理创新 ········ 146

第一节 互联网金融及其风险类型 ········ 146
第二节 互联网金融模式下的风险监管框架 ········ 165
第三节 基于互联网金融模式的商业银行创新与风险管理 ········ 170

参考文献 ········ 179

第一章 金融风险管理概述

第一节 金融风险及其经济影响

20世纪70年代以来的金融全球化主要表现为金融机构全球化、资本全球化和金融市场全球化。金融全球化是把"双刃剑",它不仅能提高全球范围内的金融效率,同时也是金融风险的滋生器和扩散器,即金融全球化加大了金融体系的风险,使金融风险在国际的传递更加频繁和直接。"金融已经成为国民经济、对外国际关系的核心内容,其风险对国家、社会、经济的影响和冲击极大。"[①] 因此,在金融全球化背景下加强金融风险管理就有了十分重要的现实意义。

一、金融风险的基本认知

(一) 金融风险的不确定性

金融风险与金融活动相伴相生,是金融市场的一种内在属性。同风险一样,金融风险也没有一个十分确切的定义。通常认为,金融风险是指在金融全球化的环境下,资本在运动过程中由一系不确定因素导致的价值或收益损失的可能性。换言之,金融风险是指经济主体在金融活动中遭受损失的不确定性。

金融风险与一般的风险概念有着显著的区别,金融风险是针对资金的借贷(如长、短期资金借贷),以及资金经营(如证券投资、外汇投资)等金融活动所带来的风险,因此它的外延要比一般风险范围小。同时,金融风险特别强调结果的双重性:金融风险既可以带来经济损失也可以获取超额收益,既有消极影响也有积极影响,因此它的内涵远比一般风险丰富。

在金融活动中,不确定性包括"外在不确定性"和"内在不确定性"两种,具体

---

① 王猛. 我国金融风险管理雏论 [J]. 科技经济市场, 2006 (12): 347.

如下：

1. 外在不确定性

外在不确定性是经济运行过程中随机性、偶然性的变化或不可预测的趋势，如宏观经济的走势、市场资金供求状况、政治局势、技术和资源条件等。宏观经济的走势往往呈现出萧条、上升、高涨、下降的周期性变化，各阶段的长度和对各经济变量的影响是不确定的。市场资金供求状况反映了市场上供需力量的对比，它受到货币政策和财政政策等多方面因素的影响，但是它反过来又对利率和宏观经济政策等因素产生影响。政治局势涉及政局的稳定性、政策的连续性等。外在不确定性也包括来自国外金融市场的不确定性冲击。一般来说，外在不确定性对整个市场都会带来影响，所以，外在不确定性导致的金融风险又称为"系统风险"。

2. 内在不确定性

内在不确定性源自经济体系之内，它是由行为人主观决策以及获取信息的不充分性等造成的，带有明显的个性特征。例如，企业的管理能力、产品竞争能力、生产规模、信用品质等的变化都直接关系着其履约能力，甚至企业内部的人事任命、负责人的身体状况等都会影响其股票和债券的价格。内在不确定性，可以通过设定合理的规则（如企业的信息披露制度和市场交易规则等）来降低，也可以通过分散等方式来降低其产生的风险。所以，内在不确定性产生的风险又称为"非系统风险"。

（二）金融风险的基本特征

1. 普遍性

金融风险在现代市场经济条件下具有普遍性，只要存在着金融活动，就会伴随着金融风险，这是不以人的意志为转移而客观存在的。由于其具有有限理性和机会主义倾向，以及市场信息的非对称性和主体对客观认识的有限性，市场经济主体做出的决策可能不是及时、全面和可靠的，有时甚至是错误的，从而在客观上可能导致金融风险的发生。

2. 不确定性

金融经营活动、金融决策活动是在一种不确定的环境中进行的，正是由于行为主体不能准确地预测未来，才有可能产生金融风险。经济生活中的不确定性是始终存在的，因此对金融经营者来说，不确定性总是其从事金融活动时面临的现实问题。金融业所存在的不确定性主要表现如下：

（1）资源特别是金融资源的稀缺性。稀缺资源如何在各种可供选择的用途中进行配置表现出很大的不确定性。

(2) 金融储蓄和实际投资、金融领域与实际经济的分离。这种分离决定了金融价值与实际资产价值之间存在错综复杂和不确定性关系，可能导致金融泡沫现象的产生。

(3) 金融创新和不确定的预期，决定了金融活动与金融风险相伴而生。

3. 隐蔽性

金融风险并非一定在金融危机爆发时才存在，金融活动本身的不确定性损失很可能因信用关系而一直为良好的表象所掩盖。这种"滞后性"是由以下因素决定的：

(1) 信用是一种循环过程，导致许多损失或不利因素被这种信用循环所掩盖。

(2) 银行具有创造派生性存款的功能，从而使本属即期金融风险的后果，被通货膨胀、借新还旧、贷款还息等形式所掩盖。

(3) 银行垄断和政府干预或政府特权，使一些本已显现的金融风险，被人为的行政干涉所掩盖。

4. 扩散性

金融风险不同于其他风险的一个显著的特征是，金融机构的风险损失不仅影响自身的生存和发展，更严重的是导致众多的储蓄者和投资者的损失，从而引起社会的动荡。这就是金融风险的扩散性，它主要表现以下几个方面：

(1) 金融机构作为储蓄和投资的信用中介组织，它一头联结着成千上万的储蓄者，另一头联结着众多的投资者。金融机构经营管理的失败，必然因连锁反应而造成众多储蓄者和投资者的损失。

(2) 金融业不仅向社会提供信用中介服务，而且通过贷款可以创造派生存款。从这个意义上说，金融风险具有数量上成倍扩散的效应。

5. 可控性

金融风险的存在及发生服从某种概率分布，并非毫无限制，但亦非确定不移的因果规律，而是以一种或然规律存在和发生着。金融风险的可控性，是指市场金融主体依一定的方法、制度可以对风险进行事前识别、预测，事中化解和事后补救。其原因如下：

(1) 金融风险是可以识别、分析和预测的。人们可以根据金融风险的性质及其产生的条件，识别金融业务经营和管理过程中存在的各种可能导致风险的因素，从而为控制风险提供前提。

(2) 人们可以依据概率统计及现代化的技术手段，建立各项金融风险的技术参数。例如人们依据历史上的金融风险事件出现的稳定性（即概率）来估计和预测金融风险在何种参数水平下发生，从而为金融风险的控制提供技术手段。

(3) 现代金融制度是控制金融风险的有效手段。金融制度是约束金融主体行为、调节金融关系的规则，它的建立、健全与创新发展，使金融主体行为受规则的有效约束，从而把金融风险纳入可控的制度保证之中。

6. 内外部因素的相互作用性

金融风险主要是由于金融体系内的不稳定因素引起的，但是，如果经济运行中存在着结构失衡、相互拖欠款项和严重的通货膨胀等问题，那么即使金融风险程度不是很高，也可能从外部环境角度引发金融危机。因此，宏观经济状况也是导致金融风险转化为金融危机的重要条件。

7. 可转换性

一国存在金融风险，不一定会发生金融危机，但如果对金融风险控制不够及时，则引发金融危机的可能性很大。

（1）金融服务的社会性和金融机构互相联系的紧密性，使金融体系内部形成了信用链相互连接、相互依存的关系，一家金融机构出现问题或破产，会迅速影响到同其有信用联系的其他金融机构。

（2）信息的不对称，使债权人不能像对其产业那样根据公开信息来判断某个金融机构的清偿能力，从而将某一金融机构的困难或破产视为其他所有机构同时存在风险，形成对金融机构的挤兑风险。

（3）经济全球化和金融全球化使金融风险的扩散更为迅速。如果一个国家的金融系统发生了普遍的不良预期，那么国际金融机构将会更加谨慎从事与该国有关的金融活动，结果将会由于这种急剧紧缩的国际金融环境导致该国金融资产风险的全面上升，而金融国际化的发展则使得个别国家的金融风险迅速波及全球范围。

综上所述，把握金融风险的特征，不仅要从单个层面上去认识，还要从系统的角度去认识。由于金融日益成为现代经济的核心，因此金融风险不是某种孤立的系统内风险，而会扩散、辐射到经济运行的各个方面。金融机构之间存在着密切而复杂的信用关系，一旦某一金融机构的金融资产价格发生损贬，使其正常的流动性头寸难以保持，则会由单一或局部的金融风险演变成为系统性和全局性金融动荡。

（三）金融风险的类型划分

根据不同的标准，金融风险可以分为不同的类型，不同类型的金融风险有着不同的特征。按照金融风险的性质来划分，将金融风险分为市场风险、信用风险、操作风险、流动性风险和国家风险。

1. 市场风险

市场风险，是指交易组合由于市场价格反向变化导致市场价值产生波动带来的风险。

根据国际清算银行的定义，市场风险是由于资产负债表内和表外的资产价值由于受到股票、利率、汇率的变动而发生反向变化的风险。市场风险包括利率风险、汇率风险和证券投资风险。

（1）利率风险。利率风险是指由于利率变动导致行为人受到损失的可能性。资产负债表的绝大多数项目都会受利率波动的影响。由于利率是不稳定的，收入也是不稳定的，这就导致借贷双方都要受到利率的制约：当利率降低时贷方会遭受损失，当利率升高时借方又不得不支付较高的成本，受利率变化影响的双方头寸都存在风险。例如，按固定利率收取利息的投资者必将面临市场利率可能高于原先确定的固定利率的风险，当市场利率高于固定利率时，利息收入就比按市场利率收取利息的方式要低。对一个金融机构而言，如果持有利率敏感性正缺口，将面临利率下降、净收益或净利息收入减少的利率风险；反之，如果持有利率敏感性负缺口，则面临着利率上升、净收益和净利息收入减少的利率风险。

中央银行的货币政策、经济活动水平、投资者预期以及其他国家或地区的利率水平等多种因素的变动都会影响利率水平。

（2）汇率风险。汇率风险又称外汇风险，通常是指由于汇率的变动使某一经济活动主体蒙受损失的可能性。在考察汇率风险时，通常将其分为以下三种风险：

第一，交易风险。它是指一个经济活动主体预期的现金流量，因受汇率波动的影响而导致损失的可能性。一般来说，经济活动主体用外币进行交易的应收款、应付款、投资、存款、贷款余额或已经承诺的项目等，尽管预期的外币现金流量已经确定，但是兑换成本国货币或机构所在地货币的现金流量，要等到交割日才能确定。由于汇率变动的不确定性，经济活动主体预期的现金流量也必将随着汇率的波动而发生不确定性的变动。

第二，会计风险。会计风险指涉外企业会计科目中以外币计的各项科目，因汇率变动引起的企业账面价值的不确定变动。如果一个经济活动主体在两个或两个以上国家或地区设有分支机构，需要把各自的财务报表综合成统一财务报表时，要将所持所在地的货币换算成统一的基准货币（通常是本币）。由于这些货币对基准货币的汇率有着不确定的变动，因而在进行这种折算时，必将导致账面价值的增加或减少，从而相应地发生收益或损失。

第三，经济风险。经济风险指汇率的难以预见的变动，会影响到一个国家的经济环境和企业的经营活动，以致对经济活动主体产生间接损失（或潜在损失）的可能性。经济风险不仅会影响企业的成本结构、销货价格、融资能力，而且也会影响市场竞争格局和一个国家的国际收支等方面。

（3）证券投资风险。证券投资风险是指证券价格的不确定变化导致行为人遭受损失的不确定性。在现代经济中，金融市场是整个市场体系的一个重要组成部分。在各国的金融市场上，每天都有大量的公债、企业债券、抵押契约、可转让存单、国库券等期限不同的证券发生着交易。投资者从事证券的买卖，不仅是为了取得利息收入，而且往往是为了获得资本收益，即通过低价买进、高价卖出而赚取证券差价。然而，由于金融市场综合着经济生活中的多种因素，不确定性很大，行市波动既频繁又复杂，尤其是股票价格，时起时伏，变化莫测，所以，投资者既可能获得意外的收益，也可能遭受惨痛的损失。

2. 信用风险

信用风险，是指由于交易对方（债务人）信用状况和履约能力的变化导致债权人资产价值遭受损失的风险。

造成信用风险的因素很多，有的来自主观原因，由债务人的品质、能力等决定，如在远期外汇交易中，公司可能因为持有外汇多头的投机者在外币贬值时不履行合约而蒙受损失；有的来源于客观原因，如经济恶化、公司倒闭，债务人将丧失偿债能力。

在商业银行的各种金融资产中，贷款的信用风险最大。而在银行贷款中，不同种类的贷款，其信用风险也不同。例如，长期性贷款的信用风险往往比短期贷款的信用风险大，因为在较长的时期内将有更多的公司倒闭，导致信用风险的因素增多。又如，大额贷款的信用风险比小额贷款的信用风险大，因为一旦损失产生，大额贷款的损失将更大。再如，保证贷款的信用风险比抵押贷款的信用风险大，因为在抵押贷款中，借款人提供的抵押品为清偿债务提供了更直接的第二来源。除了银行贷款以外，各种债券发行人也许不能按规定要求（如经营不善、财务不佳等原因）履约付款，甚至丧失偿债能力，投资者将因此而蒙受损失。

当然，不同的债券，其信用风险的大小也不同。通常来说，政府债券的信用风险较小，而公司债券的信用风险较大。

3. 操作风险

操作风险包含的内容较多，凡是由于信息系统、报告系统、内部风险监控系统失灵而导致的风险均属于操作风险。即管理层在缺少有效的风险追踪、风险报告系统的前提下，其业务活动带来的风险超过了风险限额而未经察觉，没有采取及时有针对性的行动，最终产生了巨额损失。

操作风险产生于两个不同的层次：①技术层面，主要是指信息系统、风险测量系统的不完善，技术人员的违规操作；②组织层面，主要是指风险报告和监控系统出现疏漏，以及相关的法律法规不完备。尽管两个层面出现不同的问题，但结果是相似的。由于管理层忽略了潜在风险，以致在适当的时间没有采取相应的措施，导致了不可挽回的损失，这种损失的规模往往是巨大的。

（1）技术风险。具体而言，技术风险包括报告系统中出现错误、信息系统的不完善、缺少测量风险适当的工具等。信息系统不能提供足够的信息来取得公众的信赖，丢失任何一种信息都可能造成损失。同样在市场环境不稳定的条件下，信息系统对于公众的作用也是有限的。例如资本市场上伴随着金融创新，技术支持后台起着报告交易和确认交易的作用，信息系统实时运转用来反映市场中的千变万化，然而这种快速的变化加之交易数量的庞大严重地限制了信息系统的作用。技术风险也包含交易过程中所产生的风险，如由于交易不能顺利进行所带来的巨额成本，同时还包括欺诈型技术风险，主要是指由于交易员故意伪造信息，或者越权交易，电脑系统丧失有效的保护而带来的风险。

（2）组织风险。组织风险是指没有建立完备的风险监控组织，从而造成风险管理上的疏漏。理想的风险监控组织应遵循以下三个原则：

第一，管理条例不应该过多限制公司的风险行为，否则过度谨慎会降低制度决策的效率，减少业务量。

第二，可能产生风险的业务部门与监督和控制风险的部门分离。

第三，鼓励暴露风险而不是隐藏风险。最基本的要求是将风险的承担者和风险的控制者分开，风险承担者出于盈利和业务量的考虑会承担更大的风险，风险控制者在决定过程中应尽量避免利润、交易规模、交易数量对其风险控制的影响。

4. 流动性风险

流动性指的是金融资产在不发生损失的情况下迅速变现的能力，它要求的是经济主体在任何情况下所具有的资产随时变现或是从外部获得可用资金的能力。流动性风险则反映了一个经济实体因这种流动性的不确定变化所造成的损失的可能性。尤其是对于金融机构，由于其经营职能的特殊性，一旦其贷款承诺无法随时兑现或是客户提现的要求不能及时满足，都会给其下一步的正常运行带来一定的困难。再加上流动性风险的内部派生性以及外部传染性，金融机构流动性风险一般难以转移、转嫁，多是自留、自担。

保持良好的流动性，是金融机构经营管理的一项基本准则，但这并不是说流动性越高越好，也不是说流动性资产越多越好，因为流动性与盈利性是有矛盾的，流动性越高，盈利性就越低。金融机构必须保持流动性和盈利性的平衡。因此流动性风险管理应当引起人们尤其是金融机构的重视。

5. 国家风险

国家风险是指由于国家政治、经济、社会等方面的重大变化而给经济主体造成损失的可能性。国家风险有两个特点：①国家风险发生在国际经济金融活动中，在一个国家范围内的经济金融活动不存在国家风险；②在国际经济金融活动中，不论是政府、银行、企业还是个人，都可能遭受国家风险所带来的损失。产生国家风险的因素有很多，既有机构性因素、货币性因素，又有国内政治因素、外部经济因素和流动性因素等。各种因素相互影响，错综复杂。

二、金融风险的经济影响

（一）对微观经济的影响

第一，金融风险可能给经济主体带来直接的经济损失。例如，购买股票后，股价大跌；买进外汇进行套汇或套利时，汇率下滑；进行股价指数期货的炒作，指数与预期相反，都会给行为人造成重大损失。

第二，金融风险会给经济主体带来潜在的损失。例如，一个企业可能因贸易对象不能及时支付债务而影响生产的正常进行；购买力风险不仅会导致实际收益率下降，而且会影响经济主体持有的货币余额的实际购买力；一家银行存在严重的信用风险，会使消费者对存款安全产生担忧，从而导致银行资金来源减少，业务萎缩。

第三，金融风险增大了经营管理的成本。不确定性的存在，既加大了经济主体收集信息、整理信息的工作量，也增大了收集信息、整理信息的难度；既增大了预测工作的成本，又增加了计划工作的难度，更增大了经济主体的决策风险。同时，经济主体在实施其计划和决策过程中，由于金融风险导致市场情况的变化，必须适时调整行动方案，一些计划必须修改，一些计划必须放弃，这就增大了管理成本，甚至因为对金融风险的估计不足还将导致一些不应有的损失。

第四，金融风险降低了部门生产率。在生产经营中，各种产品的边际生产率都是随着投入的增加而递减，只有当各种用途的边际生产率相同时，部门内的资源才达到最优配置。然而，由于金融风险的存在，导致过多的资源流向风险较小的产品，极少有资源流入风险较高的产品中，这使得一些产品的边际生产率接近甚至低于要素的价格，而另外一些产品的边际生产率远远高于要素的价格，导致部门整体的生产率下降。另一方面，由于长期内的不确定性比短期内的不确定性大、开发新产品的风险比较大等，导致一些企业行为短期化，因循守旧，也使部门生产率受到影响。

第五，金融风险降低了资金利用率。由于金融风险的广泛性及其后果的严重性，企业不得不持有一定的风险准备金来应对金融风险。如企业为了保证生产持续顺利地进行，不得不准备一笔资金以备在原材料价格上涨时能及时购回原材料，这样就造成这笔资金闲置，无法发挥效益。对银行等金融机构而言，由于流动性变化的不确定性，难以准确安排备付金的数额，往往导致大量资金闲置。此外，由于对金融风险的担忧，一些消费者和投资者往往持币观望，从而也造成社会上大量资金闲置，增大了机会成本，降低了资金的利用率。

第六，金融风险增大了交易成本。由于资金融通中的不确定性，许多资产难以正确估价，不利于交易的顺利进行，增大了交易成本，也会因此而产生一些纠纷，影响着交易的正常进行，使市场缺乏效率。而且，信用风险、利率风险等的存在，往往给企业筹资带来困难，给银行的负债业务和中间业务带来影响，阻碍市场的扩展。

（二）对宏观经济的影响

金融风险对宏观经济的影响，是经济学家研究的重要内容之一。

第一，金融风险将引起实际收益率、产出率、消费和投资的下降，风险越大，下降的幅度越大。这是因为金融风险可能会导致十分严重的后果，如投资者为了降低投资风险，不得不选择风险较低的技术组合，引起产出率和实际收益率下降。同样，由于未来收入的不确定性，个人未来财富可能会出现较大波动，境况会相对变坏，因而不得不改变其消费和投资决策。即消费者为了保证在未来能获得正常消费，总是保持较谨慎的消费行为；投资者会因为实际收益率下降和对资本安全的忧患而减少投资，导致整个社会的投资水平下降。

第二，严重的金融风险还会引起金融市场秩序混乱，破坏社会正常的生产和生活秩序，甚至使社会陷入恐慌，极大地破坏生产力。

第三，金融风险影响着宏观经济政策的制定和实施。一个国家的宏观经济政策旨在通过政府对经济的调节，控制总供给或总需求，以实现政府目标。从一定程度上讲，政府对宏观经济的调节也就是对市场风险的调控。如中央银行在市场上吞吐外汇，其主要目的就是要减小汇率的波动；中央银行调节货币的供求，使资金供求平衡，降低市场的不确定性。金融风险反过来又影响着宏观政策，它既增加了宏观政策制定的难度，又削减了宏观政策的效果。从宏观政策的制定来看，由于金融风险导致市场供求的经常性变动，政府难以及时、准确地掌握社会总供给和总需求状况，以做出决策，而且金融风险常导致决策滞后；在政策的传导过程中，金融风险将使传导机制中某些重要环节（如利率、汇率、信用等）出现障碍，从而导致政策出现偏差；从宏观经济的作用和效果来看，各经济主体为了回避风险，总是尽可能充分地利用有用的信息，并以此为依据对未来的政策及其可能产生的效果做出判断，采取相应的措施来加以应对，这就使政府的政策难以达到预期效果。

第四，金融风险特别是国际金融风险，直接影响着一个国家的国际收支，影响该国国际经贸活动和金融活动的进行和发展。首先，汇率的上升或下降影响着商品的进出口总额，关系着一个国家的贸易收支。其次，利率风险大、通货膨胀严重、国家风险大等原因造成投资环境差，会使外国投资者减少对本国的投资和其他交往，导致各种劳务收入的减少。再次，国际金融风险也影响着资本的流入和流出。利率风险和汇率风险的大小，会引起国内资本的流出或者国外资本的流入；企业信用风险、国家风险等都会影响甚至决定国际金融组织贷款、政府借贷、短期资金的拆放、直接投资等经济行为和决策，从而直接影响着一国的资本项目。最后，汇率的波动将会引起官方储备价值的增加或减少，因此，国际金融风险也影响着国际收支的平衡项目。

第二节 金融风险管理的意义与策略

一、金融风险管理的意义

风险管理，是指各经济单位通过识别风险、衡量风险、分析风险，并在此基础上有效控制风险，用经济合理的方法来综合处理风险，以实现最大安全保障的科学管理方法。

金融风险管理通过消除和尽量减轻金融风险的不利影响，改善微观经济活动主体的经营，从而对整个宏观经济的稳定和发展起到促进作用。

（一）微观经济层面的意义

金融风险管理对微观经济而言，具有下述明显的作用：

1. 使经济主体减少金融风险造成的损失

有效的金融风险管理，可以使经济主体以较低的成本避免或者减少金融风险可能造成的损失。资金借贷者、外汇头寸持有者、股票买卖者等市场参与者通过对利率、汇率、股票价格的变化趋势进行科学预测，并采取措施对这些市场风险加以规避，可以避免在金融交易中出现亏损。债权人根据严密的资信评估体系对借款人进行筛选，可以在事前规避信用风险；发放贷款后，债权人还可以凭借完备的风险预警机制，及时发现问题并采取措施，防止借款人到期不履行还本付息的义务。金融机构或企业经过严格的内部控制，可以避免雇员利用职务之便从事违规金融交易，从而防止内部人为谋私利而损害所有者利益。

2. 保证生产经营活动免受干扰，提高资金使用率

有效的金融风险管理，可以稳定经济活动的现金流量，保证生产经营活动免受风险因素的干扰，并提高资金使用效率。经济主体通过制定各种风险防范对策，就能够在经济、金融变量发生波动的情况下，仍然保持相对稳定的收入和支出，从而获得预期利润率。例如，金融期货合约的产生为现货市场提供了一条转移价格风险的渠道，保值者利用期货合约，可以将未来的价格确定下来，使未来价格变动的结果保持中性化，达到保值的目的。

同时，期货市场将风险从规避风险的保值者那里转移给愿意承担风险的投机者，从而将市场价格变动导致的风险从正常的实际经营活动中分离出来，促进经济发展。又如，经济活动主体通过对未来不确定性的分析和预测，保留适量的备付金或提取一定的风险损失准备金，既可避免突发事件导致流动性不足，又无须占用大量资金，在保证资金正常周转的同时提高了资金使用效率。

3. 为经济主体做出合理决策奠定了基础

"随着时代的不断发展，经济发展促进了金融行业的发展。"[1] 有效的金融风险管理，为经济主体做出合理决策奠定了基础，表现为下述几个方面：

（1）金融风险管理为经济主体划定了行为边界，约束其扩张冲动。市场主体必须在风险与收益之间做出理智的权衡，从而避免将社会资源投入存在重大的风险、缺乏现实可行性的项目之中。金融风险管理对市场参与者的行为起到警示和约束作用。

（2）金融风险管理也有助于经济主体把握市场机会。在金融市场上，时刻都有大量金融风险客观存在，为每个市场参与者提出了挑战，同样也带来了机遇。如果市场参与者能够洞察市场的供求状况及影响市场的各种因素，预见市场的变化趋势，采取有效措施控制和防范风险，同时果断决策，把握市场机会，就能够获取可观的收益。

4. 有利于金融机构和企业实现可持续发展

有效的金融风险管理，有利于金融机构和企业实现可持续发展。金融风险管理能够使金融机构或企业提高管理效率，保持稳健经营，避免行为短期化。同时，一个拥有健全的风险管理体系的金融机构或企业在社会公众中可以树立良好的形象，赢得客户信任，从而得以在激烈的竞争中不断发展壮大。

（二）宏观经济层面的意义

金融风险管理对宏观经济的意义重大，是各国监管当局研究的主要方面。

1. 维护金融秩序，保障金融市场安全运行

市场主体应该对金融交易和融资方式的风险慎重考虑，保持合理的融资结构，以避免陷入财务困境；对各种金融资产的预期收益率、风险性及流动性进行评估，以形成最佳的投资组合；对自身的实有资产负债及或有资产负债的规模和结构进行合理的搭配，这样，将大大降低整个金融市场的整体风险水平。如果金融市场的管理者能够建立科学的市场规则，采取有效的约束措施，防止市场主体进行过高风险的投资或投机活动，制止市场上各

---

[1] 赵冬青. 金融创新与金融风险管理的研究 [J]. 中国商论, 2020 (11): 44.

种恶意操纵和欺诈,对市场交易中的混乱现象及时遏制,就有可能在事前避免金融风险逐渐积累、日益膨胀,从而避免引发金融危机。

2. 有助于保持宏观经济稳定并健康地发展

金融风险一旦引发金融危机,除了造成经济强烈震荡外,其后果往往还将在相当时期内延续,导致国家、地区甚至全球经济衰退,因而极具破坏性,具体如下:

(1)导致社会投资水平下降。其原因是:①由于预期投资收益率降低,市场主体的投资欲望受到打击,其投资积极性受挫,为规避风险,会减少投资;②由于资金供给量缩减,在危机期间银行大批倒闭,即使得以幸存,其经营目标和经营战略一般也会做出较大调整,银行多采用十分谨慎的保守型经营策略,企业获取贷款的难度很大,融资需求得不到满足。除了国内投资下降外,外商投资也会大量撤出,吸引外资十分困难。

(2)消费水平下降。人们持有的财富由于经济动荡而大幅度缩水,未来收入也存在很大的不确定性,因而会保持谨慎的消费行为。

(3)经济结构扭曲。大量资金从风险高的部门或行业撤出,而这些行业可能是关键的基础性产业或者是高新技术产业,这些得不到资金支持的产业将会成为制约未来经济发展的瓶颈。

因此,金融危机过后,伴随而来的将是失业率急剧上升,经济增长率急速下降,经济发展严重受阻。有效的金融风险管理能够防患于未然,为经济运行创造良好的环境,促使社会供需总量与结构趋于平衡,并以此促进经济健康发展。

二、金融风险管理的策略

金融风险管理,是指受险主体在特定的金融环境下所采取的管理风险措施。不同类型的金融风险具有不同的性质和特点,经济主体可以有针对性地采取多种金融风险管理策略。

(一)预防策略

金融风险的预防策略,是指在风险尚未导致损失之前,经济主体采用一定的防范性措施,以防止损失实际发生或将损失控制在可承受的范围以内的策略。"预防"是风险管理的一种传统方法,这种策略安全可靠,对预防信用风险、流动性风险、操作风险等不容易通过市场转移或对冲的风险十分重要。

在信贷风险管理中,银行必须建立严格的贷款调查、审查、审批和贷后管理制度。信贷业务部门对借款企业的财务状况、经营管理能力、行业生命周期等方面进行系统调查和综合分析,并由风险管理部门进行复审。贷款发放后,银行继续对贷款资金的使用和运行情况进行跟踪监测，同时密切关注企业的综合营运情况，并设立风险预警指标体系。一旦发现问题，银行可及时采取措施，以防止潜在的信用风险转化为现实损失。

银行资本对银行经营中面临的风险损失能够起到缓冲作用。1988年，巴塞尔委员会颁布《统一国际银行资本衡量与资本标准的协议》（以下简称《巴塞尔协议》），对银行资本充足率做出规定，即银行资本与加权风险资产比率不得低于8%，核心资本比率不低于4%。为达到资本充足度的目标比率，当银行的风险资产增加时，资本也须相应增加，或者银行降低高风险资产在总资产中的比重，改善资产风险结构。在资本充足度的约束下，银行为单纯追逐利润而扩张风险资产的冲动将受到限制，银行作为一个整体的经营风险与财务风险被预先控制在可以承受的范围内，其安全性得到保障。

银行在经营中总是会面临流动性风险，银行的流动性风险由其资产负债结构及规模、自身信誉、外部环境等因素决定。若银行的流动性来源不能满足流动性需求，就会引发银行的清偿问题，或是影响银行与核心客户之间的关系。由于客户未来的提存和贷款需求难以预测，银行在日常经营中就必须保持一定的高流动性资产作为准备金。现金资产是银行的一级准备，银行持有的短期证券则是二级准备。银行适当地持有一级、二级准备，也是一种对流动性风险进行预防的策略。

债券在发行前，尤其是在公开发行的情况下，都需要进行信用评级。信用评级有利于保护投资者的利益。通过评级，将债券发行人的信用状况和清偿能力进行分析、评估，并将其结果公布于众，可以作为投资者确定资金投向的关键参考指标。经评级的债券由于其风险程度比较明确，投资者可比较各种债券的等级，根据债券的风险等级判断与其匹配的收益率，以保证投资质量、降低投资风险。因此，信用评级在一定程度上有助于预防由于市场信息不完全、不对称而生成投资风险的问题。

（二）规避策略

金融风险的规避策略，是指经济主体根据一定原则，采取一定的措施避开金融风险，以减少或避免由于风险引起的损失。规避与预防有类似之处，二者都可使经济主体事先减少或避免风险可能引起的损失。不过，预防较为主动，在积极进取的同时争取预先控制风险，而规避则较为保守，在避开风险的同时，或许也就放弃了获取较多收益的可能性。例如，当经济主体在选择投资项目时，尽可能选择风险低的项目，放弃风险高的项目，而高风险的项目往往也可能有较高的预期投资收益。银行在发放贷款时，倾向于发放短期的、以商品买卖为基础的自偿性流动资金贷款，而对固定资产项目贷款采取十分谨慎的态度。

除了应对信用风险外，规避策略也可应用于汇率风险和利率风险管理。在进出口贸易或国际借贷活动中，当经济主体作为出口商或债权人时，要求对方支付硬通货，当经济主体作为进口商或债务人时，则希望使用软通货，以规避汇率波动的风险。经济主体也可通过轧平外汇头寸以避免汇率风险暴露。若经济主体难以准确地预测利率未来波动的趋势，可以缩小利率敏感性缺口和持续期缺口，直至消除缺口，使自己面临的利率风险为零。经济主体还可以利用货币互换避免汇率风险，或是通过利率互换规避利率风险。如某家金融机构持有利率敏感性正缺口，为避免利率下降的风险，可以将一部分浮动利率资产调换成固定利率资产，或将固定利率负债调换成浮动利率负债。相反，若某金融机构持有负缺口，为避免利率上升的风险，也可以通过互换来减少利率风险暴露。

（三）分散策略

通过多样化的投资组合来分散风险，也是一个常用的风险管理策略。根据马柯维茨的资产组合管理理论，如果各资产彼此间的相关系数小于1，资产组合的标准差就会小于单个资产标准差的加权平均数，因此有效的资产组合就是要寻找彼此之间相关关系较弱的资产加以组合，在不影响收益的前提下尽可能地降低风险。当资产组合中资产的数目趋于无穷大时，组合的非系统风险将趋于零。

在证券市场中，投资者不应将资金集中投入于某一证券，而应分散地投资于多种证券，若一些证券的市场价格下跌，投资者将受损，而另一些证券的市场价格可能上升，投资者又可获益，这样盈亏相抵，投资者面临的非系统风险总体上会减小。投资基金的一个重要功能就是将分散的小额投资汇聚成巨额资金，这样做不仅能获得规模效应，降低投资成本，同时还可以对其吸收的大额资金进行组合投资，以充分地分散风险，为基金持有者获得稳定的投资收益提供可靠保证。不过，系统性风险并不能通过资产分散化被完全消除。

分散策略不仅可以用于管理证券价格风险，也可以用于管理汇率风险。经济主体可持有多币种外汇头寸，这样可以用其中某些外汇汇率上升的收益弥补某些外汇汇率下降的损失。一个国家在国际储备管理中，同样可以通过储备资产多元化来分散风险。

银行在信贷管理中，也可以利用分散化的原理减少信用风险。银行的贷款对象不应过度集中于单一客户，而应分布于各行业、各地区、各国家。为此，银行一般都设立了对单一客户贷款的最高限额或限制性比率，若某一客户贷款需求量巨大，多家银行将组成银团为其提供贷款，以分散信贷风险。

（四）转嫁策略

风险转嫁，是指经济主体通过各种合法的手段将其承受的风险转移给其他经济主体。资产多样化只能减少经济主体承担的非系统风险，对系统风险则无能为力，经济主体只能寻找适当的途径将其转移出去。

经济主体可以向保险公司投保,以保险费为代价,将风险转嫁给保险公司,这是通常的做法。出口信贷保险是金融风险保险中较有代表性的品种。由于出口信贷风险较大,许多国家都对其提供保险。为了保护存款人的利益,同时维护人们对银行体系的信心,许多国家也建立了存款保险制度,对存款给予保险。为了鼓励本国投资者对海外投资,有些国家还开办了投资风险保险。有的国家为了促进国内房地产开发,对期限较长的住房贷款也提供保险。事实上,保险同时也提供了一种风险分散机制。保险公司将众多投保人交纳的保费集中起来,在其中少数人发生保险事件时用于对他们的损失进行赔偿,实际上就是将不可确知的风险在众多投保人中进行了分散。

至于证券价格风险、汇率风险、利率风险等市场风险,一般均难以获得保险,经济主体可以通过其他途径将之转嫁出去。金融远期及期货合约作为延期交割合约,也为现货市场提供了一条转移价格风险的渠道。通过远期和期货交易,经济主体可以将未来金融资产交易的价格确定下来,将风险转移给愿意承担风险的投资者,从而将市场价格变动导致的风险从正常的实际经营活动中分离出来。金融期权合约赋予期权的购买者在规定的日期或规定的期限内按约定价格购买或出售一定数量的某种金融工具的权利。期权持有者可以根据市场形势是否对自己有利决定行使或放弃这一权利。对期权卖方来说,当期权买方要求行使其权利时,卖方必须按协议价格履行合约。期权合约的卖方在将选择权赋予买方时,买方需要向卖方支付期权费,不管买方是否行使权利,都不能收回期权费。期权买方承担的风险仅限于损失期权费,而其盈利可能是无限的也可能是有限的。期权卖方可能获得的盈利是有限的,即其收取的期权费,而亏损风险可能是无限的,也可能是有限的。因此,期权费的实质就是期权买方向卖方支付的保险费。

经济主体还可以通过设定保证担保,将其承受的信用风险向第三方转移。银行在发放贷款时,经常会要求借款人以第三方信用作为还款保证。若借款人在贷款到期时不能偿还全部贷款本息,则保证人必须代为清偿。

(五) 对冲策略

经济主体可以通过进行一定的金融交易,用来对冲其面临的某种金融风险。经济主体所从事的不同金融交易彼此之间呈负相关,当其中一种交易亏损时,另一种交易将获得盈利,从而实现盈亏相抵。

除了通过现货交易进行对冲外,金融衍生工具的创新为经济主体提供了对冲风险的有效手段。金融远期与期货交易不仅是一种风险转嫁手段,同时也是对冲风险工具。套期保值者通过在远期、期货市场上建立与现货市场相反的头寸,以冲抵现货市场价格波动的风险。换言之，套期保值者可以采取与其现货市场交易相反的方向进行远期、期货交易的方法，将未来价格固定下来，使未来价格变动的结果保持中性化，达到保值的目的。远期利率协议、远期外汇交易、外汇期货、利率期货、股指期货、股票期货等品种均可以用于对冲汇率、利率以及证券价格未来波动的风险。金融期权交易不仅可以用于套期保值，还可以使期权买方获得可能出现的意外收益。随着信用衍生工具的发展，风险对冲既可以对冲市场风险，也可以对冲信用风险。

（六）风险补偿

风险补偿具有双重含义：一重含义是指经济主体在风险损失发生前，通过金融交易的价格补偿，获得风险回报；另一重含义是指经济主体在风险损失发生后，通过抵押、质押、保证、保险等获得补偿。

投资者可以预先在金融资产的定价中充分考虑风险因素，通过加价来索取风险回报。国债由于以国家税收作为担保，被视为无风险资产，故而国债利率水平较低，成为其他金融资产定价的基准。由资信等级较高的金融机构发行的金融债券或信誉卓著的大公司发行的公司债券及商业票据，其利率水平也不会很高。而当投资者投资于高风险的证券时，就相应要求得到包括风险回报在内的较高的收益率，作为对其承担高风险的补偿。银行在贷款定价中，也可以遵照这一原则。对于那些资信等级较高，而且与银行保持长期合作关系的优良客户，银行可以给予优惠利率；而对于资信等级低于一定级别的客户，银行可以在优惠利率的基础上进行上浮。

进出口方在对外贸易中，也常常采用加价和压价的方法获得汇率波动风险的补偿。若出口商同意接受软通货，那么他可以要求在出口价格中加入预期该货币贬值的风险因素，提高出口价格以获得补偿。若进口商同意支付硬通货，则可以在进口价格中扣除该货币预期升值的因素，降低进口价格以获得补偿。

银行在发放贷款时，经常要求借款人以自有财产或第三方财产作为抵押品或质押品，当贷款到期而借款人无力履行还款义务时，银行有权处理抵押品或质押品，并优先受偿，以处理所得偿还贷款本息。除了实物的担保外，银行也可以要求以第三方信用作为还款保证，一旦贷款到期而债务人无法履行还本付息的义务，银行可以要求保证人代为履行偿款义务，从而对其损失求得补偿。涉及第三方的担保同时也是对风险的转嫁。保险是一种对风险的转嫁，同时也是对风险的补偿。当经济主体在参与金融交易的过程中因为风险因素而受到现实损失时，若事先已经担保，则保险公司予以赔偿，经济主体由此可以减少或免于损失。

第三节 金融风险管理的价值与程序

一、金融风险管理的价值

从公司信誉和竞争力等无形价值资产角度考虑,良好的风险管理可以充分保护利益相关人的利益,提高和维护公司信誉和利益相关人的信任,有助于全面提高企业竞争力。除此之外,至少还有以下四条实际的理由可以说明风险管理对于企业的重要性。

(一) 管理风险是管理层的职责

管理一家企业的风险是管理层而不是股东的直接责任。尽管现代投资组合理论对当今的金融和风险管理的理论和实践有很大贡献,但该理论的假设在现实中是受到种种限制的。即便是专业基金经理都可能无法获得有效风险管理所需要的足够的内部信息,这包括有关风险/收益的历史资料、波动率和相关性;企业当前的风险敞口和集中度;可能改变公司风险特征的未来经营和投资计划。

由于信息的复杂性及其对于外部人士的透明度不足,自然不可能期待股东们能做出最优的风险/收益决策。即使是企业的管理层,虽然他们能优先知晓有关信息并有风险管理系统和专家们的支持,但是计量和管理企业整体风险对他们而言仍是一个巨大的挑战。股东们能够做到的主要工作就是挑选出一个具有足够独立性、全心全意为股东服务并对风险足够敏锐的董事会来代表他们的利益,并且当他们对公司管理水平不满时用脚投票,即卖出股票。由此可见,确保公司达到它的经营目标,承担符合公司风险偏好的适当风险仍然是管理层永恒的职责。在这个层面上,尽管风险管理的成本有时看上去非常高昂,却也是企业要达到理想彼岸所必须付出的代价。

(二) 风险管理可以减小收益波动

风险管理的主要目标之一,是降低公司收益和市值对外部变量的敏感性。例如,在市场风险管理方面采取主动管理模式的公司,其股价显示出对标的资产市场价格较低的敏感性,这是由实证得出的结论。

受到利率、汇率、大宗商品价格和别的市场变量影响的公司可以通过风险管理手段更好地对冲风险,管理收益波动。由于股价体现的是市场对于公司盈利水平的预期,故而未能达到市场预期的股票将会受到股市的严厉惩罚,导致股价大跌,故而收益波动管理对于上市公司已愈加重要。在这样的运营环境下，管理层通过合法、公开、透明的风险管理手段来减小收益波动显得更为重要，且在一定程度上具有了不可替代性，故而，管理层必须更加关注对企业的潜在风险的管理。

（三）风险管理可以最大化股东价值

除了管理收益波动外，风险管理还可以帮助企业达到它的经营目标并最大化股东价值。在实务中，大多数基于股东价值承担风险进行项目投资的公司大都认同风险管理和经营最优化可以增加20%～30%或更多的股东价值。确保以下各点就可以得到这样的改善：

第一，在反映了潜在风险的各个层次上建立了目标投资收益和产品定价方法。

第二，把资本配置在经风险调整后其收益最具吸引力的项目和业务上，使风险转移策略得到有效执行，以最优化风险/收益组合。

第三，公司对于其面临的所有风险都能有适当的手段进行管理，以防止大的损失和对公司声誉或品牌的损害。

第四，企业的各个层级乃至个人，对其绩效计量和激励机制都与企业的整体经营目标、风险目标保持一致。

第五，重要的管理决策如并购以及企业规划中都明确将风险要素作为主要考虑因素。

风险管理协助公司获取了资本市场的溢价，更显而易见的是，风险管理还可以通过降低外部融资成本和减少商业活动的不确定性来支持公司效益的全面增长。

（四）风险管理促进高管职业和财务安全

就个人层次来看，风险管理最引人注目的益处是它特别有助于高级经理人员的职业和财务安全。我国新《中华人民共和国公司法》（以下简称《公司法》）实施以后，公司董事、监事和高管人员面临越来越大的责任和职业风险，除了原《公司法》规定的民事责任和刑事责任外，他们还有可能承担的风险包括：因关联交易损害公司利益而承担的赔偿责任；公司对外担保和投资业务中的赔偿责任；因签署违法而宣告无效的合同或者开展违法业务产生的赔偿责任；面临不信任股东查账的风险；面临被股东起诉追究责任的风险。

通过有效的风险管理，可以使管理者积极作为，对可能造成重大损失的风险事件事先制订应对方案及应急预案，在损失发生前尽力降低风险发生的可能性，而在损失已经发生后，使其破坏力最小化，结果使管理者的利益和股东利益相得益彰，取得统一化。风险管理可以提供给管理者更高程度的职业安全并且保证他们在公司里的价值，使其手中的期权更有价值。

二、金融风险管理的程序

金融风险管理是一个十分复杂的过程，根据金融风险管理过程中各项任务的基本性质，可以将整个金融风险管理的程序分成以下六个阶段：

（一）金融风险的识别和分析

金融风险的识别和分析，就是认识和鉴别金融活动中各种损失的可能性，估计可能损失的严重性。风险的识别和分析是金融风险管理决策的基础。具体而言，金融风险的识别与分析包括以下三个方面的内容。

1. 对各种暴露进行分析

暴露包括以下两个方面的内容：

（1）哪些项目存在金融风险，受何种金融风险的影响。例如，在投资分析中，哪些资产有固定收益，哪些资产的收益是不确定的；又如，在公司的资产负债表中，哪些资产最可能受到利率波动的影响，哪些资产承受的信用风险较大，哪些资产缺乏流动性，等等。

（2）各种资产或负债受到金融风险影响的程度。例如，在一些场合，金融风险可能导致的损失很小，而在另一些场合，金融风险可能导致的损失很大，甚至会引起公司的破产。

通过对暴露的分析，管理者就能决定哪些项目需要进行金融风险管理，哪些项目必须加强金融风险管理，并根据不同的金融风险制订不同的方案，以取得最经济、最有效的结果。

2. 金融风险的成因与特征

造成金融风险的因素错综复杂，有客观的，也有主观的；有系统的，也有非系统的。不同因素所造成的金融风险也具有不同的特征。通过对风险成因和特征的诊断，管理者就可以分清哪些金融风险是可以回避的，哪些金融风险是可以分散的，哪些金融风险是可以减小的。例如，由贷款对象所引起的信用风险是可以回避的，而由企业业绩所引起的证券市场风险是可以分散的，等等。通过这样的分析，管理者就可做出相应的决策。

一般来说，风险分析可以采用以下三种方法：

（1）风险逻辑法。即从最直接的风险开始，层层深入地分析导致风险产生的原因和条件。这种方法逻辑性强、条理清晰，能够建立明确的风险分析框架。

（2）指标体系法。即通过财务报表的各种比率、国民经济增长指标等工具进行深入分析，或者以图表的形式判断趋势和总体规模。

(3) 风险清单。即全面地列出所有的资产、所处环境、每一笔业务的相关风险，找出导致风险发生的所有潜在原因和风险程度，借此来分析风险发生的原因和风险可能产生的影响。风险清单的具体格式包括本机构的全部资产（有形资产和无形资产）、经营所需的基础设施、风险来源（可保风险和不可保风险）以及一切导致风险的其他因素。

3. 金融风险的衡量与预测

衡量和预测金融风险的大小，确定各种风险的相对重要性，明确需要处理的缓急程度，并对未来可能发生的风险状态、影响因素的变化趋势做出分析和推断，是制定决策的基本依据。风险预测一般包括风险概率和风险结果的预测。

(1) 风险概率的预测。从理论上讲，风险发生概率预测方法有以下三种：

第一，主观概率法。对于没有确定性规律和统计规律的风险，需要通过专家和管理者的主观判断来分析和估计概率，但这种方法的系统误差较大。

第二，时间序列预测法。这种方法是利用风险环境变动的规律和趋势来估计未来风险因素的最可能范围和相应的概率，包括移动平均法、回归法等。

第三，累计频率分析法。这种方法利用大数法则，通过对原始资料的分析，依次画出风险发生的直方图，由直方图来估计累计频率概率分布。

(2) 风险结果的预测。在风险管理实务中，预测风险的结果通常采用三种方法，分别是极限测试、风险价值和情景分析。

第一，极限测试。它是一种比较直观的测量方法。风险管理者通过选择一系列主要的市场变动因素，模拟目前的产品组合在这些市场因素变动时所发生的价值变化。极限测试关注的是风险的损失金额。采用极限测试法，具体步骤包括：①选择测试对象，包括市场变量、测试幅度和测试信息等；②鉴定假设条件，如在市场环境发生变化的同时假设条件是否仍然适用；③需要重新评估产品组合的价值；④根据评估的结果，决定是否采取相应的行动计划。但是，极限测试法需要建立在大量的目标选择之上，而管理者自身并不清楚需要测试的对象，同时极限测试没有考虑未来事件可能结果发生的概率，仅仅集中于将会发生的损益数额上。另外，由于极限测试法考察的是非正常波动下的市场表现，所以可利用的数据相对较少，使对历史相关性的计算几乎变得没有可能。

第二，风险价值。风险价值是衡量在给定时间段内、在给定的发生概率下所发生损失的最大可能数额。首先，必须能够在任何情况下评价自身的头寸；其次，必须能够明确各种情况发生的可能性，通过按照市场价格核算的交易头寸和风险要素分布的概率模型，可以设计出产品组合未来价值的分布模型，从而得到风险价值在产品组合价值变化的分布曲线。风险价值是现代风险管理艺术的核心内容，但是，它仍然存在一定程度的缺陷，某些极端的、会导致巨额损失的事件，可能不会出现在历史数据集合中，所反映的信息仍然不够充分。

第三，情景分析。情景分析不仅关注特定市场因素的波动所造成的直接影响，而且还有在特定的情景下、特定的时间段内发生的一系列事件对收入的直接和间接影响。情景分析工作的难度较大，它需要分析的是一系列事件对公司的影响，在极限测试和风险价值不能考察对金融机构具有灾难性效果的事件时，情景分析成为一种重要的风险管理工具，关键在于它具备有效的预先分析、信息征询和必要的预见事件传递性的能力。

上述三种方法中，极限测试和情景分析都属于前瞻性的分析技巧，目的在于把某些未必会发生的事件可能导致的潜在损失定量化。但是，极限测试用来评估由于市场变量的一系列变化而导致的对给定产品组合造成的短期影响效果，情景分析则是衡量一些更复杂和具有内在关联性的事件对公司所产生的更广泛的影响。可以说，极限测试是自下而上的方法，而情景分析是自上而下的方法。

金融风险的识别和分析，是金融风险管理的首要步骤，通过风险预测，管理者可以决定是否进行一项交易或者组合，并从期望回报方面看是否适当。对固有风险和期望回报的标志、数量化及分析的过程一定要在任何交易、新产品和贸易活动被批准或执行之前完成。通过预测收入和与一个交易和贸易活动有联系的风险来源，风险管理可以预测组合或商业活动中存在的不正常风险。

金融风险的识别和分析，同时也是金融风险管理中最为困难的环节，管理者必须经过深入调查，尽可能多地收集各种有用的数据（如资产负债表、损益表等），并进行适当的处理。只有通过多途径、多渠道地去识别和分析，充分了解金融风险的特征，才能采取相应的对策和手段，从而达到金融风险管理的预期目的。

（二）金融风险管理策略选择与方案制订

1. 金融风险管理策略的选择

在完成准确的风险度量之后，管理者必须考虑金融风险的管理策略，不同的金融风险可以采取不同的策略。

风险管理的方法一般分为风险控制法和风险财务法。所谓风险控制法是指在损失发生之前，运用各种控制工具，力求消除各种隐患，减少风险发生的因素，将损失的严重后果减少到最低程度；所谓风险财务法是指在风险事件发生后已经造成损失时，运用财务工具（如存款保险基金）对损失的后果给予及时的补偿，促使其尽快地恢复。通过对各种方法的比较和衡量，金融机构可以选择最优的管理方案。

(1) 风险控制法，具体如下：

第一，规避风险，即考虑到风险事件存在与发生的可能性，主动放弃和拒绝某项可能导致风险损失的方案。例如，终止或者暂停某项资金的借贷活动与计划，终止或暂停某类资金的经营计划与经营活动，改变资金借贷和资金经营活动的性质、方式和方法以及经营的组织形式。

第二，损失控制，是指在损失发生前全面地消除风险损失可能发生的根源，尽量减少损失发生的概率，在损失发生后减轻损失的严重程度。

(2) 风险财务法，具体如下：

第一，风险自留。当某项风险无法避免或者由于某种获利可能而需要冒险时，就必须承担和保留这种风险，包括主动金融风险自留和被动金融风险自留。它是一种风险财务技术，同时也是一种处置残余风险的方式。

第二，风险转嫁。风险转嫁是指经济活动主体将其面临的金融风险有意识地转嫁给与其有经济利益关系的另一方承担，主要指非保险型风险转嫁，即将资金借贷等各种活动产生的赔偿责任通过合同条款从一方转嫁到另一方，例如，可以通过存单、贷款合同等进行转嫁。

2. 金融风险管理方案的制订

金融风险管理策略的选择，只能作为金融风险管理过程的指导思想，不能作为具体的行动方案。因此，在选择了金融风险管理策略之后，管理者还必须制订具体的行动方案。只有制订了具体的行动方案，才能在实际中加以实施。例如，在选择套期保值策略后，还必须确定运用何种套期保值的工具，以及怎样运用这种工具来实施套期保值。金融期权与金融期货都是人们常用的套期保值工具，而在金融期权或金融期货中，又有着不同种类、不同期限的合约可供选择。因此，在决定通过套期保值策略来管理某种金融风险后，风险管理人员还必须做出比较具体的决策。

金融风险管理者必须根据各种风险和暴露的特征、经营目标、经济环境、技术手段的特点等各种因素，制订多种方案，并对拟订的各种方案进行可行性研究，合并其中比较雷同的方案，淘汰可行性较差的方案，再加以综合比较和分析，从中选取最理想的方案。

金融风险管理策略的选择和管理方案的设计，是金融风险管理中最关键的环节，是金融风险管理成败或效果好坏的决定性步骤。一个有效的风险管理方案会平衡风险管理结构方面和质量方面的问题。有效的风险管理取决于这样一种联系：公司总体目标、策略和为获取商业利益所面临的风险的类型、水平以及回报之间的联系。因此，它要求管理人员不仅要对金融风险及其内外部环境有清醒的认识和把握，而且还要有较高的洞察能力和决策能力。

（三）金融风险管理方案的实施与监控

金融风险管理方案确定后，必须付诸实现。例如，如果一家银行运用期货套头交易来减小利率风险，它必须根据方案中所确定的期货合约的品种、数量以及所要求的买卖时机等买进或卖出合约，直至套头交易完成。金融风险管理方案的实施直接影响着金融风险管理的效果，也决定了金融风险管理过程中内生风险的大小，因此，它要求各部门互相配合支持，以保证方案的顺利实施。

对金融风险管理方案的实施进行监控，也是金融风险管理的一个重要内容。它不仅有利于对各部门进行协调，保证方案的实施，防止少数人或部门存有侥幸心理或拖沓行为，违背方案的要求放任或偏好风险，而且也有利于风险管理决策者根据环境的变化对金融风险管理的方案进行必要的调整，以降低金融风险管理的成本，增强金融风险管理的效果。

（四）风险报告

风险报告是风险管理的一个重要组成部分，它是了解风险管理结果的窗口，是企业风险情况沟通的工具。风险报告程序的开发是一个循序渐进的过程，随着市场、业务和方法的变化，需要不断增加报告的种类和方法。

风险报告与风险测量密切相关，是公司定期通过其管理信息系统将风险报告给其监管者和股东的程序。随着公司在风险调整的基础上寻求各种方式以提高其经营能力和股东盈利水平，这种程序已成为风险管理程序中日益重要的一部分，而且官方对这一领域的关注也大大加强，因为传统的会计做法不能明确提供公司风险的概况。

风险报告应具备以下方面的要求：

第一，输入的数据必须准确有效。数据的"筛选"是基础，而且是一个值得信赖的风险管理系统的关键。不准确的数据是众多原因引起的，风险报告的结果，必须经过仔细地复查和校对来源于若干个渠道的数据才能确定。

第二，报告具有时效性。风险信息只有及时由适当的人得知才有用，数据的收集和处理必须高效准确，才能使准确的风险结果尽早得出。

第三，具有很强的针对性。不同部门对报告有不同的要求，风险管理部门需要和各个部门联系，如前台、中台、后台以及高级管理层。

经常使用的报告包括资产组合报告、风险分解报告、最佳套期保值报告、最佳资产组合复制报告等。近年来，银行和证券业的监管者已经主动采取许多措施来改进监督报告和年报中的风险披露，会计业也做了许多努力来改进金融资产的会计记账方法，这主要是因为国际会计准则委员会提议彻底修改金融工具的会计记账方法，全面实行以市场价格为基础的方法。

(五) 金融风险管理的评估

金融风险管理的评估,是对风险度量、选择风险管理工具、风险管理决策以及金融风险管理过程中,业务人员的业绩和工作效果进行全面的评价总结,为以后更好地进行风险管理做准备。

根据金融风险管理的经验,管理层可以总结出一些金融风险的预防措施,研究出一些可供今后运用的模型,等等。在金融风险管理中,要认真地对各种措施的实施效果、工作人员的表现等进行评估,总结经验和教训,做好训练积累工作,以便为以后有序开展金融风险管理工作打好基础。

其中最为普遍的方法就是事后检验,它是保证风险管理方案准确性的一个重要步骤。事后检验是一个有用的评估市场风险测量和方法集合的工具。事后检测的结果出来后需要采取相应的措施,或是对模型进行调整,或是重新评估定价和损益行为。事后检验过程包括两个方面:第一,对汇总和测量总的资产组合风险的风险价值方法与实际的经验损益数字进行比较;第二,比较理论和实际的损益,检验每一个用于估价和控制公司头寸风险的模型是否覆盖所有的风险要素。

(六) 风险确认和审计

风险程序的最后一部分是确认公司正在使用的风险管理系统和技术是有效的。这使得人们日益认识到,正规的检验和复核程序作为风险管理程序不可缺少的一部分的重要性。

风险确认和审计,包括内部和外部审计员对风险管理程序的检查要求。风险管理作为内部一项独立的业务,它的发展对于公司内部和外部审计员的职责产生了很大的影响。对外部审计员来说,这意味着工作重点从检查公司财务记录的完整性扩展到评价其风险信息的完整性。对内部审计员来说,这种变化也许更大,因为在传统的内部审计中检查其操作是否与内部条规和程序一致的那部分任务现在由风险管理职能来承担,所以内部审计的任务更多地着重于检查风险管理程序的完整性。这就意味着目前在内部审计中需要更高水平的专业技术,用于保证了解和检查风险管理职能的有效性。

第二章 金融风险管理的体系架构

第一节 金融风险管理的组织结构

一、企业管理组织结构的演进与思考

金融风险管理的组织结构表现在企业管理的组织结构对金融风险管理职能的承载和落实上。企业管理的组织结构是基于对工作专门化、部门化、命令链、管理跨度、集权与分权和正规化六个核心因素的考虑,通过组织单位、部门和岗位的设置,各个组织单位、部门和岗位的职责与权力的界定,各个组织单位、部门和岗位角色之间相互关系的界定,而构建的企业内部组织架构模式。

在企业发展的历史长河中,在市场竞争的外在压力和追求效率与效益的内在动力的双重驱动下,企业管理的组织结构也在不断发展,适应企业自身的特征和时代的要求而不断演进。发展迄今,企业管理的组织结构已经相继出现了直线制、职能制、直线—职能制、事业部制、模拟分权制和矩阵制等不同的组织结构模式,由最初的金字塔形组织结构逐步发展到当今的扁平化组织结构,以期实现组织单位、部门和岗位的层次结构、职能结构、职权结构的更为匹配与协调统一。

金字塔形组织结构,是一个立体的三角锥体,高层、中层和基层层级分明,逐层分级管理。当人类社会逐步由传统的工业社会跨入信息社会,这种组织结构管理层级多、缺乏组织弹性、缺乏民主意识、过于依赖高层决策、信息传递慢、应变速度慢等弊端日益凸显,从而这种组织结构就被逐步"压缩"呈扁平状的组织结构。

扁平化组织结构,是一种典型的现代企业管理组织结构。这种组织结构改变了传统金字塔形组织结构中企业上下级组织和领导者之间的纵向联系方式、同级各组织单位之间的横向联系方式以及企业内部与外部各方面的联系方式,以人为本,管理层级少,基层拥有充分自主权,信息传递快,增强了快速反应能力,提高了管理效率,扩大了管理幅度。但是,由此带来的权力分散,不易实施严密控制,加重了对下属组织及人员进行协调的负

担，对主管人员的素质要求高等新的弊端，也对这种组织结构如何加强对人和企业文化的再造提出了更高的要求。

不同的企业管理组织结构具有不同的功能和效率。聚焦金融风险管理的组织结构，在面对一个已经存在的企业，考察其现有的组织结构时，人们需要思考的问题是，现有的组织结构是否设有清晰的风险管理条线，从而能够满足金融风险管理的要求；如果答案是否定的，应当如何根据金融风险管理的要求，对现有的组织结构进行再造。而在面对一个要新建的企业时，人们需要思考的问题会简单一些，即如何在设计企业管理组织结构时就充分考虑到金融风险管理的要求，在纵向的层级联系、横向的部门及岗位间联系中设计出清晰的风险管理条线，从而使新建企业的组织结构既能满足经营管理的需要，也同时能够满足金融风险管理的需要。

二、商业银行风险管理的模式与组织结构

商业银行既是不同于普通企业的特殊企业，也是进行金融风险管理的典型企业，其风险管理的组织结构与普通企业相比既有共性，也有特殊性。而且，商业银行所处的不同国家在经济发展水平、市场经济成熟度、经济对外开放度、社会文化环境等方面千差万别，不同商业银行的发展战略、竞争策略和体系体制也存在差异，因此，不同商业银行就会选择不同的风险管理模式，并构建了相应的、各具特色的风险管理组织结构。

（一）商业银行风险管理的模式类型

商业银行风险管理的模式，是一种对风险管理的结构性制度安排。目前，国内外商业银行比较常见的风险管理模式有集权模式、分权模式、矩阵模式和网络型模式，以下重点分析前三种管理模式：

第一，集权模式。商业银行风险管理的集权模式，是基于直线职能制组织架构的风险管理模式。在这种模式下，一般实行总分行设置的组织框架，由总行设置专门的风险管理部，将风险管理的职责和权力高度集中于该部门，由该部门负责全行所有的风险管理战略的制定、风险管理政策的决策和风险管理方法及工具的选择，以及风险监测、风险自我检查评估等日常工作。

第二，分权模式。商业银行风险管理的分权模式，是基于事业部制组织架构的风险管理模式。在商业银行发展到较大规模以后，往往会采取事业部的组织架构设置，即按照银行业务大类的划分设立不同的事业部，诸如个人金融部、公司金融部等，每个事业部都是一个单独的业务运营单位、风险管理单位和利润中心。在这种事业部制组织架构下，总行不再单独设置风险管理部，而是在每一个事业部内设置各种风险管理部，负责该事业部范

围内的所有风险管理工作，使得风险管理工作与业务开展紧密结合。

第三，矩阵模式。商业银行风险管理的矩阵模式，是一种集权与分权相结合的模式。集权模式是一种典型的"块块管理"，分权模式是一种典型的"条条管理"，虽然各有优点，但也各自存在某些不足。矩阵模式是对集权模式与分权模式的综合，从而在一定程度上可以避免这两种模式的不足。在这种模式下，在总行层级设置专门的风险管理部，再在各个事业部、各个区域分支机构设置利润中心，在每个利润中心内部设置风险管理组或管理部，该管理组或管理部由总行风险管理部直接垂直领导，对其负责；同时，该管理组或管理部还要接受事业部或区域分支机构的指导，并向其汇报工作。这样，就在商业银行内部形成一个二维的、条块结合的风险管理架构。

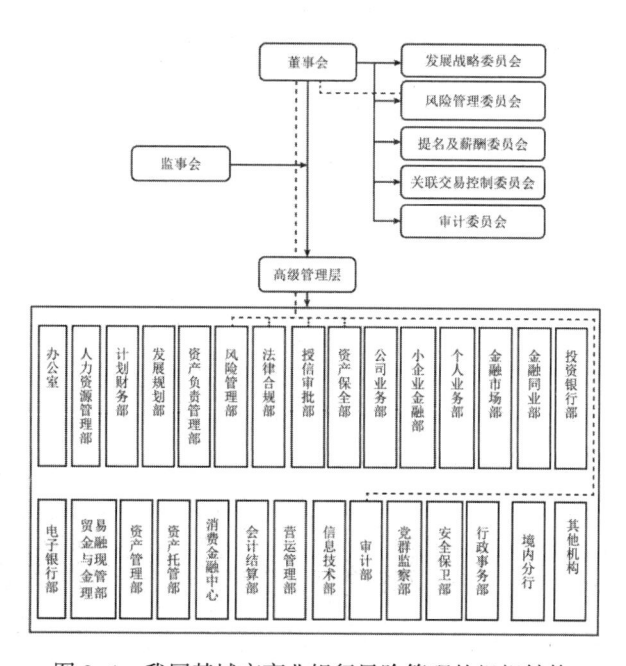

（二）商业银行风险管理的组织结构

基于所选择的风险管理模式，世界各国的商业银行相应构建了不同的、各具特色的风险管理组织结构。为了较为全面、准确地把握现代商业银行风险管理组织结构的主流模式和基本架构，下面分别选取我国商业银行和西方发达国家商业银行的不同样本，并结合金融企业设计的风险管理组织结构，对商业银行风险管理的组织结构进行具体考察。

首先，从我国商业银行风险管理的组织结构来看。下面分别选取代表我国城市商业银行、股份制商业银行和大型商业银行的三个样本，其风险管理的组织结构分别如图2-1、图2-1和图2-3所示。其中，为简便和聚焦风险管理起见，均省略了股东大会这一层次。

图2-1 我国某城市商业银行风险管理的组织结构

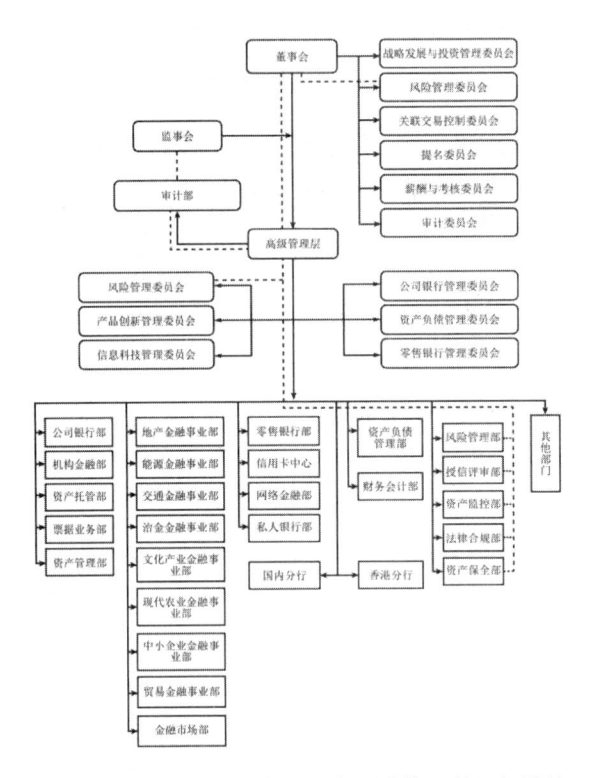

图 2-2　我国某股份制商业银行风险管理的组织结构

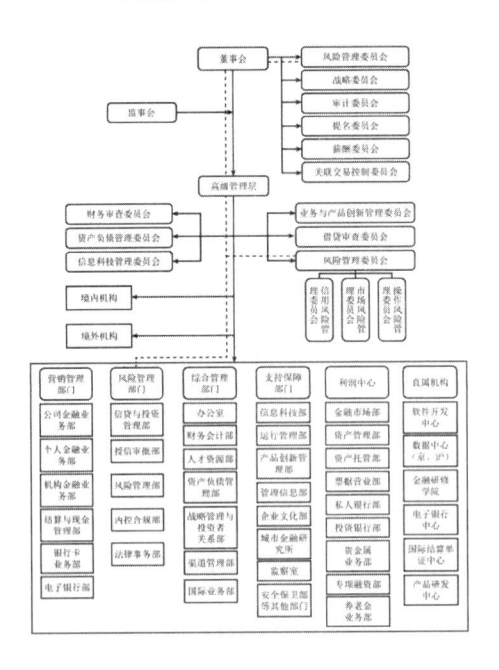

图 2-3　我国某大型商业银行风险管理的组织结构

其次，从西方发达国家商业银行风险管理的组织结构来看。这里分别选取美国和欧洲的两个样本，隐去其业务部门、其他管理部门和支持保障部门的机构设置，仅就其风险管理条线进行考察，其风险管理的组织结构分别见图 2-4 和图 2-5。

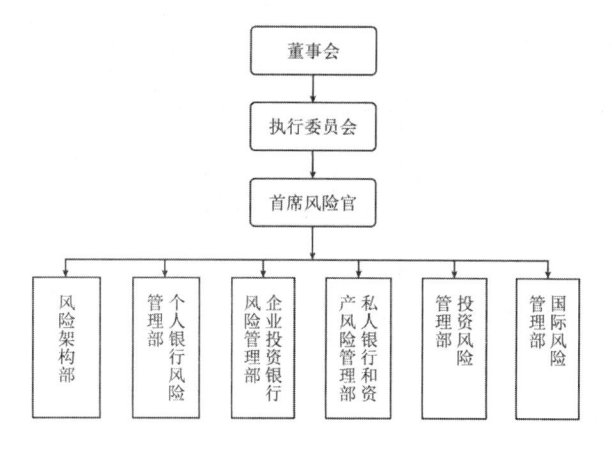

图 2-4　美国某商业银行风险管理的组织结构

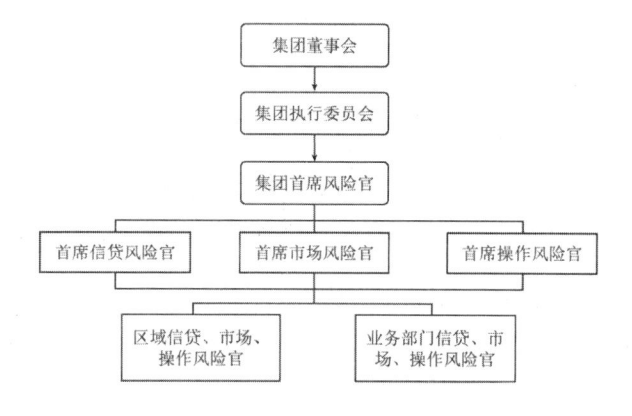

图 2-5　欧洲某商业银行风险管理的组织结构

最后，从永道会计财务咨询公司为金融企业设计的风险管理组织结构来看。永道会计财务咨询公司曾为所有金融企业设计了风险管理的通用原则，其中包括为金融企业设计了风险管理的一般组织结构，见图 2-6。

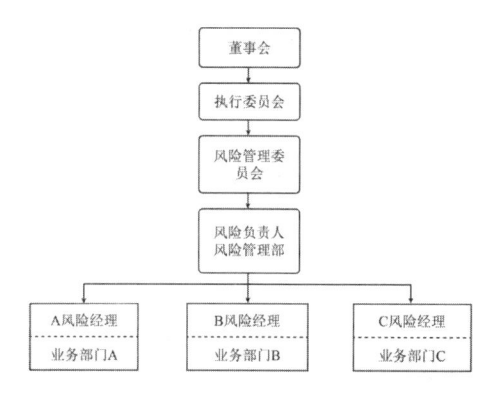

图 2-6　金融企业风险管理的一般组织结构

第二节　金融风险管理的约束制度

一、内部控制

（一）内部控制的机理

内部控制是一种制度安排。制度一般分为约束类制度与激励类制度，内部控制属于约束类制度。内部控制的约束对象核心是人，约束人的行为，约束人的活动。这种约束具体体现在约束人与人（包括自己）的关系、人与财的关系和人与物的关系。在人与物的关系上，由于现代信息技术的迅猛发展，人与物的关系也拓展和延伸到人与信息系统的关系中，因此，内部控制对人与物的关系的约束，也与时俱进地拓展和延伸到约束人与信息系统的关系。

内部控制主要是用于风险管理的制度安排。在各种非系统性风险中，人的行为是最主要、最基本的风险源，即使是在财和物（包括信息系统）上发生和表现出来的风险，其根源也主要在于人对财和物的操控。源于人的风险又可以细分为道德风险与失误风险，前者在于人主观故意而为之的作弊，后者在于人的非主观故意，而是因为不懂或疏忽。

内部控制的功能机理是，通过对人的行为的约束，不给源于人的风险以机会。具体说来，仅就源于人的风险中的道德风险而言，例如舞弊，要想控制该种风险，使人不舞弊，途径不外有三，即道德教育、法律威慑和内部控制。其中，道德教育就是对人进行思想品德、职业操守教育，这能使人"不想"舞弊，而是崇德尚品，从根本上消除故意舞弊的欲望；法律威慑就是通过法治，对人形成强大的法律威慑，这能使人"不敢"舞弊，而是心存敬畏，遵纪守法，规范行为，不去触碰法律的高压线。与道德教育和法律威慑不同，内部控制是通过权力的分配和制衡、相互牵制、相互制约和相互监督等，不给人的舞弊以可乘之机，这能使人"不能"舞弊。而对于源于人的风险中的失误风险，由于与"想"和"敢"的舞弊无关，则只能依靠内部控制，使之得以及时发现和及时纠正，达到"不能"之效。

（二）内部控制的界定

1. COSO委员会的界定

COSO[①]将内部控制定义为：内部控制是由企业董事会、管理层和其他职员实施的一个过程。其目的是为提高经营活动的效果和效率、确保财务报告的可靠性、促使与可适用的法律相符合提供一种合理的保证。

该定义表明：内部控制由"人"来实施，这里的"人"涵盖董事会、管理层和其他职员等企业所有层级的每一个人，每一个人都对内部控制负有责任并拥有相应的权力，都要积极主动地参与和完善内部控制；内部控制是一个行为过程，而且是一个动态过程，是一个发现问题、解决问题、发现新问题、解决新问题的循环往复、永无休止的过程，是与经营管理过程密不可分的过程；内部控制具有明确的目的性，这里提出了三个目标，即与经营相关的目标——经营效果和效率、与财务报告相关的目标——财务报告的可靠性、与遵纪守法相关的目标；内部控制具有局限性，其作用只是保证三个目标的实现，但无论做得多么完美，都不能确保三个目标的实现。

2. 巴塞尔委员会的界定

巴塞尔委员会在1997年9月1日颁布的《有效银行监管的核心原则》中，将内部控制定义为：内部控制的目的是确保一家银行的业务能根据银行董事会制定的政策以谨慎的方式经营。只有经过适当的审批方可进行交易；资产得到保护而负债受到控制；会计及其他记录能提供全面、准确和及时的信息；而且管理层能够发现、评估、管理和控制业务的风险。

与此同时，巴塞尔委员会将商业银行的内部控制定义为：商业银行内部控制是一个受银行董事会、高级管理层和各级管理人员影响的程序。它并不只是一个特定时间执行的程序或政策，它一直在银行内部的各级部门连续运作。

（三）内部控制的要素

结合COSO和巴塞尔委员会对内部控制的阐释，联系一些国家践行内部控制的经验，

---

① COSO，是美国反虚假财务报告委员会下属的发起人委员会（The Committee of Sponsoring Organizations of the Treadway Commission）的英文缩写。1985年，由美国管理会计师协会、美国注册会计师协会、美国会计协会、财务经理人协会、内部审计师协会联合创建了反虚假财务报告委员会，旨在探讨财务报告中的舞弊产生的原因，并寻找解决之道。

以下对内部控制的五项要素逐一进行具体分析：

1. 控制环境

控制环境决定了一个企业的基调，直接影响着企业职员的控制意识，提供了内部控制的基本原则和框架，是其他四项内部控制要素的基础。控制环境，包括银行董事会高级管理层和内部控制的文化氛围。控制环境具体包括以下方面：

（1）职员的诚信和道德价值观。诚信和道德价值观是对职员道德操守的要求，影响着职员的行为。诚实守信，人格完整，具有与企业价值取向相吻合的个人价值观，具备企业乃至社会所要求的职业道德，可以保证职员在履行岗位职责、参与内部控制、进行风险管理时具有相应的觉悟和自觉性。"道德是有价值的"，道德行为就是好的商机。诚信、道德和行为标准也是企业文化的内容，高级管理层应当身体力行，树立榜样，将之有效地传递给其他职员。

（2）职员的胜任能力。胜任能力是对职员能力才干的要求，是职员能够胜任、履行岗位职责的知识和技能，是职员参与内部控制、进行风险管理的保障。高级管理层要根据工作岗位的性质、职业化要求、人力资源成本等因素，设定每个特定工作岗位的知识和技能要求。

（3）董事会和审计委员会。董事会和审计委员会的地位、职能、经验和道德境界、行为的适当性显著影响着控制环境。实施企业内部治理，指导和监督高级管理层的工作，是董事会和审计委员会的重要职能。为保证这些职能能够充分、有效发挥，必须确保董事会和审计委员会独立于高级管理层，具备足够的知识和经验，能够与财务、法律、内部审计和外部审计进行沟通，能够控制高级管理层的薪酬、聘用或解聘。在董事会中，必须设立外部独立董事，以便有足够的勇气来监督企业活动、提供参考观点、纠正明显错误，并使董事会达到必要的制衡。

（4）管理哲学与经营风格。管理哲学和经营风格影响企业的管理方式，主要包括的内容是：①对待风险的态度和承担风险的类型；②实施经营控制的模式和方法；③对待财务报告的态度；对会计准则、会计估计所做出的保守或激进的选择；④对数据处理、会计和人事职能的态度；⑤高级管理层履行其职责的模式和方法。

企业的管理哲学还融入和体现在企业目标、企业文化、激励机制的结构等方面。例如，唯利是图的一元企业目标，过分商业化、物质化的企业文化，只注重物质奖励的激励机制，等等，都会恶化控制环境，增大道德风险。企业的经营风格，诸如风险偏好，是开拓进取还是因循保守，等等，都直接影响到企业承担风险的程度。

（5）组织结构。企业的组织结构为实现企业目标，提供了规划、执行、控制和监督的活动框架。企业的组织结构体现了企业治理结构、管理结构、经营结构和不同结构间的动态平衡。企业无论确立何种组织结构，诸如集权型或分权型、直接报告型或矩阵型、业务型或功能型等，都要界定关键领域的权责分工，确定合适的报告路线，保证其与企业规模、经营性质的适应性。

（6）权力与职责分配。权力与职责的分配是对职员逐级进行授权和分配责任。职责分配是将企业的目标与任务层层分解落实到每位职员身上，将职员的行为与实现企业目标、完成相应任务有机地结合起来，从而激励和增强职员履行职责的积极性和主动性。授权是为了保障职员履行职责而赋予其相应的权力，并约束其行使权力的限度。权力与职责的分配包括权责分配、报告关系和授权协议的确立。权力与职责分配的关键是权力与职责的对称，是职员的知识和经验与职责权限的匹配。伴随企业组织结构扁平化的发展趋势，内在要求分权和相应的科学授权，以鼓励职员的能动性、迅捷反应和主动创新。

（7）人力资源政策与措施。职员既是内部控制的主体，又是内部控制的客体，是控制环境中最活跃、最关键的控制因素。保证职员的预期诚信度、道德价值观和胜任能力的人力资源政策，是保障内部控制有效性的关键。人力资源政策包括的内容是：职员的选择与聘用；确保招聘进来可信任、有能力的职员；职员的培训、使用与管理，确保职员能够正确理解和满足其职责要求；职员的考核、薪酬、晋升与淘汰，确保职员得到科学的激励与约束。

2. 风险识别与评估

每个企业都面临来自内部和外部的风险。这些风险影响企业的生存、竞争力、财务实力、公众形象和整体质量。因此，必须对这些风险进行识别与评估。风险识别与评估包括以下内容：

（1）设立目标。设立目标是风险识别与评估的前提。目标包括企业层面和操作层面等目标。企业层面的目标是企业的愿景、使命和价值，体现为企业战略。操作层面的目标是企业各种职能活动的专门目标，诸如产品线、市场、财务和利润目标。无论怎么分类，在内部控制中可以设立的目标有三个：①经营目标，涉及企业经营的效果和效率；②财务报告目标，涉及企业财务报表的可靠性；③合规目标，涉及企业要遵守适用的法律和法规。

内部控制在于为实现这些目标提供合理的保证，并重点关注这些目标在企业实施过程中的一贯性，辨别影响这些目标实现的因素并及时向高级管理层报告，使目标在出现不能实现的风险时得到及时预警。

（2）风险识别。风险识别是识别负面影响企业目标实现的来自内部和外部的风险，侧重于对风险的定性分析，从企业层面和操作层面展开。在企业层面，来自内部的风险包括信息系统运行中断、职员的素质欠缺、培训和激励方法不当、高级管理层职责的改变、经营性质和职员接触资产途径的改变、董事会和审计委员会的失误等；来自外部的风险包括技术发展、客户需求和期望变化、竞争、颁布新的法律和法规、自然灾害和经济形势变化等。在操作层面，风险存在于业务和职能部门中。

（3）风险评估。风险评估是评估风险的重要程度、风险发生的可能性（或频率）和需要采取何种措施管理风险，侧重于对风险的定量分析。基于风险评估的结果，对于对企业实现目标无重大影响的风险和发生概率较低的风险，通常可以忽略；反之，对于影响重大、发生概率较高的风险，则要予以重点关注和管理。

（4）应对变化。对企业实现目标的能力具有重大影响的外部环境，诸如经济形势、行业和法规环境等，在不断发生变化。在一种环境下有效的内部控制在另一种环境下就未必有效。因此，需要通过风险识别与评估来识别变化的环境，并采取相应的应对行动。风险识别与评估包括辨别那些影响企业目标实现的事件或行为，分析相关的机遇或风险，估计其发生的概率，评估其影响企业目标实现的可能性，考虑机遇得以利用或风险得以控制的程度。

企业需要持续特别关注的情形是：变化的经营环境，高级管理层的人事变动，信息系统的更新，经营快速增长，新技术的应用，进入新的商业领域，企业重组，海外经营。

3. 控制活动

控制活动是为保证高级管理层进行风险管理的必要指示得以执行的政策和程序，包括一系列不同的活动，如批准、授权、查证、核对、复核经营业绩、资产保护以及职责分工等。控制活动由三个步骤组成：制定政策，控制程序按照政策执行，核实政策是否落实。

控制活动的内容，包括高级管理层的审查、活动控制、实物控制、符合承受限度、审批与授权、核实与对账等。

（1）复核控制。复核控制就是复核业绩。这里分为两个层次：一是高层复核；二是职能或业务部门复核。

第一，高层复核是通过业绩复核，对企业目标的实现程度进行控制。高级管理层要将实际业绩与预算目标、预测业绩相比较，将当期业绩与前期业绩相比较，将本企业业绩与竞争对手业绩相比较，跟踪企业的主要行为，以衡量企业目标的实现程度。

第二，职能或业务部门复核是通过业绩复核，对具体经营目标的实现程度进行控制。职能或业务部门复核本职能或业务部门的业绩报告，将实际业绩及其发展趋势与经济统计数据和经营目标相比较，与监管机构的要求相比较，以评估经营目标和合规目标的实现程度。

（2）职责分工控制。职责分工控制是根据相互协调、平衡制约的原理，将工作职责进行横向和纵向的分工或分离，实现横向不同部位、横向或纵向不同环节之间的相互牵制、相互制衡。横向的职责分工控制表现为组织结构控制，兼有横向与纵向的职责分工控制表现为业务流程控制。

第一，组织结构控制，是通过建立一定的内部组织结构，形成横向的不同部门之间、同一部门的不同岗位之间、同一岗位的不同人员之间的相互牵制、相互制衡。具体做法主要有两个方面：①建立相关部门、相关岗位之间的相互牵制制衡结构，使得业务操作过程须由不同部门、不同岗位的人员来完成，实现不相容的职务、职责的分离；②建立一线岗位双人、双职、双责的相互牵制制衡结构，使得同一岗位上的两个人之间既有操作，又有复核或审核，相互监督制约。即使在单岗单人处理业务时，也须有后续监督机制。

第二，业务流程控制，是通过对重复出现的业务规定其处理的标准化程序，形成横向跨越不同部门或岗位、纵向跨越不同层级的不同业务环节之间的相互牵制、相互制衡。业务流程控制是通过制定有关业务的规章制度、操作规程和设计业务流程环节来实现的。

（3）授权审批控制。授权审批控制是根据权力是有限的、有限的权力要得到有效制约的权力制衡原则，按照职责分工，科学划定不同层级及其相应的部门、岗位、人员在经办事项、履行职责中的权限范围和审批程序，建立所授权限大小既相对稳定又可调整、超过权限的业务事项必须上报审批的机制，形成授权人或批准人对被授权人或被批准人的纵向制约。

授权一般包括常规授权和临时授权。常规授权是在一般情况和可预见情况下，在日常经营管理活动中，根据既定的职责分工和决策程序进行的授权；临时授权是在特殊情况和特定条件下，对处理突发事项、急迫事项所做出的应急性授权。无论何种授权，都要提高授权的透明度，加强对权力行使的监督管理。

（4）实物控制。实物控制是对各种资产实物（如现金、票据、证券、发票、收据、重要空白凭证、业务用章、密押、合同契约、计算机设备等）加以妥善保管和保护，限制未经授权的人员对其接触和处置，以确保其安全。

（5）会计控制。会计控制是依据会计准则和国家统一的会计制度，通过制定并实施会计规范和管理制度，会计岗位设置，会计人员配置，会计账务处理，以及会计凭证、会计账簿和财务报告的审核复核等，形成会计对业务经营管理的制约监督和会计自身的制约监督。

（6）职员控制。职员控制是遵循人力资源管理、人力资本管理的内在规律和要求，通过确立和执行职员选聘、使用、发展、晋升、降级、淘汰的标准，建立一定的约束监督机制，对职员的所思所想、所作所为加以引导、规范和制约。

(7) 信息系统控制。信息系统控制是运用现代化的计算机信息技术，建立全面适应企业经营管理要求的信息处理系统和信息管理系统，既要保证交易信息和管理信息的准确性和完整性，又要保证信息系统的自身安全。

4. 信息与沟通

信息与沟通是在一定时间内，以一定的方式，对与企业目标相关的信息进行识别、获取和沟通。

（1）信息。在企业内部，信息被广泛应用于决策及其实施、经营管理、财务管理、风险管理、监督控制和资源配置等方面。信息包括企业内部信息和外部信息。企业内部信息，包括财务信息和非财务信息（如经营信息、管理信息、遵章守纪信息等）；企业外部信息包括竞争对手信息、行业信息、市场信息、宏观政策信息、法律法规信息、监管信息和行业自律信息等。

（2）信息系统。信息的识别、获取、加工和报告需要构建覆盖整个企业组织结构体系的信息系统。伴随现代信息技术的日新月异，信息系统可以快速、广泛、深度地获取、加工和提供对企业有价值的信息，对企业经营管理产生广泛而深远的影响。在信息的识别和获取中，通过信息系统，可以定期识别和获取设定类型、范围的数据。此外，企业也可以通过某些特殊的方式，诸如发放问卷、采访、调研等，来识别和获取特定范围、特殊用途、能够丰富补充一般用途的数据信息。

在信息的加工和报告中，通过信息系统，借助一定的软件、程序，可以对获取的海量信息进行加工整理、分类汇总，并根据需要向不同层级、不同部门和人员报告不同的信息。为保证信息加工和报告的质量，需要回答和处理好这些问题："内容是否适当""信息是否及时""信息是当前的吗""信息是否准确""信息是否畅通"。

（3）沟通。沟通是为了将信息提供给有关人员，使其能够履行自己的职责。沟通包括企业内部沟通和企业对外沟通。

企业内部沟通，是在纵向的上下级之间、横向的不同部门、不同岗位、不同人员之间进行的。通过有效的内部沟通，使得所有人员都清楚地知道自己履行职责（特别是内部控制的职责）需要获得哪些信息，一旦在履行职责中出现意外能够知晓其原因，知道自己的行为怎样与他人的工作相联系，知道自己的何种行为是被期待和接受的，知道信息沟通的渠道和方法。在企业内部沟通中，高级管理层与董事会及其成员之间的沟通至关重要。高级管理层必须使董事会了解业绩、发展、风险、主要的变革与创新等情况，这会使董事会能够更为有效地行使其职能。同时，董事会也要向高级管理层传递其所需要的信息，并提供指导和反馈。

企业对外沟通，主要是与企业外部的利益相关者的沟通。企业外部的利益相关者主要指客户、外部审计师、股东和监管机构等。通过对外沟通，使这些利益相关者分别知晓企业的道德标准、经营和财务状况、面临的风险和合规情况等。在沟通中，要保证信息系统等沟通平台和渠道的畅通，保证所需要的上情下达、下情上达、内情外达、外情内达，保证信息在沟通传递中不要逐步失真或递减。

5. 监督

内部控制会伴随时间、环境的变化而变化。曾经有效的程序和政策会变得不再有效，需要与时俱进地加以调整和完善。这就需要对内部控制进行监督。监督是为了保证内部控制的持续有效，而对内部控制在一定时期内的运行质量进行评估的过程。监督有持续性监督和独立评估两种方式。

（1）持续性监督。持续性监督是对内部控制的整体运行情况进行日常的、连续的、全面的、系统的、动态的监督行为。这种监督行为具体包括：①比较、核对、审核、考评内部控制的要求、标准、程序、政策的执行和落实情况；②获取内部控制执行、运行的证据；③通过客户、监管机构等方面获取外部信息，并将其与内部信息进行比较印证，据以把握内部控制系统是否存在缺陷或漏洞；④在既定的组织结构内，上级对下级的内部控制职责的分配、职责的实际履行情况定期进行审核，并将审核结果作为经营绩效考核的重要依据，部门负责人对本部门职员执行内部控制行为的准确性和完整性进行日常监控；⑤将信息系统记录的数据与盘点的实物资产数据进行核对；⑥内部和外部审计师定期对完善和加强内部控制反馈意见和建议；⑦通过研讨会、计划会、定期询问调研等形式和载体，了解和反馈对内部控制运行情况和实际效果的评价意见。

（2）独立评估。独立评估是一种专项监督检查，是对内部控制的某一方面或某些方面的运行情况进行不定期的、有针对性的监督检查。独立评估需要考虑以下内容：

第一，确定评估主体。一般分为自我评估与内部审计人员评估。自我评估就是某一部门或分支机构的负责人对其自身所涉及、承担的内部控制的有效性进行评估；内部审计人员评估就是应董事会、高级管理层、部门或分支机构负责人的特定要求，对特定的内部控制进行评估。

第二，确定评估范围及频率。企业独立评估的范围及频率各不相同，主要取决于风险的大小、内部控制在减小风险中的重要性、持续性监督的有效性。

第三，确定评估程序及方法。评估程序一般是，首先调研了解内部控制的结构设计，测试内部控制系统的运行情况；然后分析测试结果，评估内部控制是否对实现企业目标提供了合理保证。常用的评估方法包括检查清单、调查问卷和流程图等。

第四,开展评估。对内部控制的评估是一个过程。评估者要根据所确定的评估范围和评估程序,运用所选定的评估方法,对特定的内部控制制度的执行情况、特定的内部控制系统的运行情况进行检查评价。

第五,报告缺陷。经过评估,可以发现内部控制制度设计、系统运行中存在的缺陷。对发现的缺陷要向相关部门或分支机构的负责人及其上级报告,并与受到缺陷影响的相关人员进行沟通,重要事项要向高级管理层和董事会报告。存在缺陷的部门或分支机构要采取纠错整改措施,其上级要对此提供支持或进行监督。

(四) 内部控制的结构

内部控制的五项要素各自具有不同的功能。内部控制系统不是五项要素的简单叠加,而是由五项要素相互联系、相辅相成而构成的有机整体。

第一,控制环境,是整个内部控制系统的基础和基石,这是因为它决定着内部控制系统中人的价值取向和行为特征,因而决定着内部控制其他四项要素中的整体设计、内在活动、日常运转和彼此关联。

第二,风险识别与评估、控制活动,是整个内部控制系统的核心要素,这是因为,这两项要素实质上源于风险管理最初的流程设计中的三个环节,即风险识别、风险评估与风险控制,正是基于此,才可以合乎逻辑地将内部控制与风险管理有机地联系在一起。

第三,信息与沟通,贯穿内部控制系统的上下和左右,将整个内部控制系统的其他四项要素有机地衔接和凝聚在一起,因为只有进行有效的信息传递沟通,才能保障其他四项要素的科学决策、正确运行和螺旋式发展。

第四,监督,是内部控制系统的顶端,无疑具有居高临下的势能,是对整个内部控制系统的再控制。

二、全面风险管理

（一）全面风险管理的内涵

全面风险管理是一个过程，它由一个主体的董事会、管理层和其他人员实施，应用于战略制定并贯穿于企业之中，用于识别那些可能影响主体的潜在事件，管理风险以使其在该主体的风险偏好之内，并为主体目标的实现提供合理的保证。与内部控制的定义不同，内部控制的定义并没有明确指向风险管理，只是在内部控制的五项要素中才发现风险管理的元素，但是，全面风险管理的定义直接鲜明地指向风险管理。

第一，全面风险管理是一个行为过程，要实行全过程管理。全面风险管理并不是附加到企业经营活动之外的，而是有机地整合到、交织到企业的经营活动之中，贯穿企业经营活动的全过程，持续地、反复地影响到企业的经营活动。通过全面风险管理，可以帮助企业管理层识别新的机会，拓展业务增长。

第二，全面风险管理由企业各个层级的人员来实施，要实行全员管理。董事会、高级管理层和其他人员要通过其言行参与到全面风险管理中来。其中，董事会是最为重要的。全面风险管理提供所需的机制，帮助各个层级的人员在主体目标下去理解、识别、评估和应对风险。

第三，全面风险管理应用于战略制定，要实行战略导向的管理。企业要确立使命和愿景，为此要制定战略目标和相关目标。这些目标要上至战略，下至各个业务单元、分支机构和业务流程。企业为了实现战略目标，就要制定战略。在制定战略中，就要考虑在不同的备选战略中蕴含的不同风险，并借助全面风险管理技术，帮助企业做出战略选择。

第四，全面风险管理贯穿于企业之中，在各个层级和单元应用，可谓是全范围管理。企业各个层级、各个单元的活动，甚至一些特殊项目、某些为现有组织结构所不及的新的活动，都要考虑全面风险管理的要求。全面风险管理还要考虑整体的风险组合，考虑其是否与风险容忍度相称。高级管理层还要从不同层次组合的角度考虑相互关联的风险。

第五，全面风险管理旨在把风险控制在风险容忍度之内。风险容忍度反映了企业的风险管理理念，进而影响整体文化和经营风格。风险容忍度还与企业的目标和战略相关，并指导着企业的资源配置。

第六，全面风险管理能够为董事会、高级管理层实现目标提供合理保证。保证不是确保，这是因为，没有人能够准确预期未来与实现目标相关的不确定性和风险。但是，通过全面风险管理，可以降低企业可能无法实现其目标的风险。

第七，全面风险管理力求实现多个不同类型但相互交叉的目标。这些目标是战略目标、经营目标、报告目标和合规目标。全面风险管理能够为这些目标的实现提供合理的保证，同时能够合理保证董事会、高级管理层及时了解企业朝着实现目标前进的程度。

（二）全面风险管理的架构

全面风险管理是三个维度的立体系统，这三个维度是：企业目标、风险管理的要素和企业层级。这三个维度之间的关系是，以企业目标为统领，全面风险管理的要素都为实现企业目标服务，这些要素的管理活动在企业的每个层级上展开。

1. 企业目标

企业目标分为四大目标：①战略目标，是最高层次目标，与使命和愿景相关联、相协调，并支撑其使命和愿景；②经营目标，与经营的有效性和高效率相关，包括业绩目标、盈利目标和保护资源目标等；③报告目标，与报告的可靠性相关，报告包括内部报告和外部报告，涉及财务信息和非财务信息；④合规目标，与符合适用的法律和法规相关，取决于外部因素。

企业目标不是唯一目标，不仅是追求利润最大化或股东回报最大化的经济目标，而是多元目标，包括对内目标和对外目标，经济目标和社会目标。全面风险管理为实现这些目标提供合理的保证。其中，战略目标和经营目标的实现也受企业不可控的外部事件影响，因此，全面风险管理要能够合理保证董事会和管理层及时知晓企业实现这两个目标的程度。

2. 风险管理的要素

在全面风险管理的架构中，风险管理的要素包括内部环境、目标设定、事件识别、风险评估、风险应对、控制活动、信息与沟通、监控八大要素。

（1）内部环境。内部环境包含组织的基调，影响企业中人员的风险意识，是全面风险管理其他要素的基础，为其他要素提供约束和结构。

内部环境包括以下要素：

第一，风险管理理念。这是一整套共同的信念和态度，反映企业的价值观，影响其文化和经营风格，影响如何应用风险管理的其他构成要素。风险管理理念体现在政策描述、口头和书面沟通以及决策等所有企业活动中。

第二，风险容忍度。这是企业在追求价值的过程中所愿意承担的风险的数量，反映企业的风险管理理念，进而影响企业的文化和经营风格。风险容忍度要在制定战略的过程中加以考虑，即要选择与风险容忍度相一致的战略。

第三，董事会的监督。董事会在以下方面发挥着重要作用：决定高级管理层的独立性、经验与才干、行为的适当性，解决战略、计划和业绩方面的疑难问题，与内部和外部审计师沟通。为了监督高级管理层的活动，纠正其不当行为，在董事会中独立外部董事至少要占多数。

第四，诚信和道德价值观。高级管理层的诚信和道德价值观影响企业战略、目标、实施方式转化为行为准则的偏好。高级管理层的道德行为就是良好的经营，诚信是道德行为的先决条件，价值观必须平衡企业、员工、供应商、客户、竞争者和公众的利益。高级管理层在确定企业文化方面具有关键作用，诚信和道德行为就是企业文化的副产品。道德价值观不仅要沟通，也要有明确的指南，形成企业行为守则。为使企业行为守则得到切实遵守，就要建立对违反行为守则人员的惩戒机制。

第五，对胜任能力的要求。人员的胜任能力反映其完成规定任务所需的知识和技能。高级管理层要协调人员的胜任能力和成本，明确特定岗位的胜任能力水平，并把这些水平转换成所需的知识和技能。

第六，组织结构。企业的组织结构提供了计划、执行、控制和监督其活动的架构。组织结构体现了权力与责任的关键界区，以及确立了恰当的报告途径。企业要建立适合其需要的组织结构，这种适合性部分地取决于其规模和所从事活动的性质。无论何种组织结构，都要确保有效的全面风险管理。

第七，权力和职责的分配。权力和职责的分配关系到个人和团队被授权指出问题和处理问题的主动程度，以及对他们权力的限制。它包括确立报告关系和授权规程，描述恰当经营活动的政策，关键人员的知识和经验，为履行职责而赋予的资源。通过将权力与职责结合起来来鼓励个人在限定范围内发挥主动性。权力和职责的分配，关键是针对实现目标所需要的范围来授权，并确保所有人员都了解目标，都知道自己的行为对实现目标的作用。

第八，人力资源准则。人力资源工作包括雇用、定位、培训、评价、指导、晋升、付酬和采取补偿措施等。这些工作向员工传达着企业希望员工达到的诚信、道德行为和胜任能力等方面的信息。培训、通过定期业绩评价而进行的换岗与晋升，反映了企业对提升合格员工的承诺；竞争性的薪酬计划能够起到激励业绩突出员工的作用；惩戒措施能够抑制员工的非期望行为。

（2）目标设定。从目标设定开始，一直到控制活动，这些要素是针对风险管理的一个合乎逻辑的流程。目标设定是事件识别、风险评估、风险应对和控制活动的前提。目标设定，首先要设定战略目标。战略目标具有基础性和统领性。战略目标与企业的使命、愿景和目的相通、相协调，由高级管理层在董事会的监督下制定，具有相对稳定性。战略目标反映了高级管理层就企业如何为其利益相关者创造价值而做出的选择。在为实现战略目标而选择有关战略时，高级管理层需要识别与战略选择相关的风险，并考虑它们的影响。

战略目标不是孤立的，而是与其他具体目标相关联、相整合。目标设定，还要设定其他具体目标。这些具体目标主要包括经营目标、报告目标和合规目标。经营目标关系到经营的有效性和效率，还可细分为若干次级的经营目标，反映出企业经营所处的经营、行业和经济环境，引导企业的资源配置；报告目标关系到报告的可靠性，可靠的报告能够为高级管理层提供准确、完整的信息，支持高级管理层的决策和对经营活动及业绩的监控；合规目标要求企业的经营活动必须符合相关的法律和法规，这些法律和法规涉及市场、定价、税收、环境、员工福利和国际贸易等众多方面，规定了最低的行为准则，要求企业要将其纳入合规目标中。

（3）事件识别。事件影响所设定目标的实现和战略的实施。事件有企业内部事件和外部事件。内部事件，或内部因素，包括基础结构、人员、流程和技术等；外部事件，或外部因素，包括经济、自然环境、政治、社会和技术等。事件识别需要各种技术的组合。这些技术包括损失事件追踪技术、事件目录、内部分析、扩大或底线触发器、推进式研讨和访谈、过程流动分析、首要事件指标和损失事件数据方法等。高级管理层要选择适合其风险管理理念的技术，并确保形成所需的事件识别能力。

（4）风险评估。通过风险评估，能够使企业掌握受内部或外部因素影响将发生什么事件，以及事件对目标的影响程度。在风险评估中，高级管理层要考虑预期事件和非预期事件；要考虑固有风险和剩余风险，固有风险是高级管理层未采取措施应对时所面临的风险，剩余风险是采取措施应对后残余的风险。风险评估着眼于潜在事件发生的可能性（事件发生的概率）和影响（事件发生的后果）两个方面：①风险评估的时间范围，应与相关战略和目标的时间范围一致；②风险评估技术，是定性和定量技术的结合，定量评估技术有概率模型（如风险价值、风险现金流量、风险盈利、信贷和经营损失分布等）和非概率模型（如敏感性指标、压力测试和情景分析）。

（5）风险应对。基于风险评估，高级管理层就要确定风险应对。风险应对包括风险回避、风险降低、风险分担和风险承受等类型。风险应对须考虑的事项包括：应对风险的可能性和影响的效果；应对的成本与收益；应对中是否会带来新机会。在评价了各种风险应对方案的效果之后，高级管理层应当选择一个旨在使剩余风险最小或剩余风险处于风险容忍度之内的应对方案。这个方案可能是一个，也可能是若干方案组合。方案一旦确定，高级管理层就要制订一项实施计划，控制活动就是实施计划的关键部分。

（6）控制活动。控制活动是帮助确保风险，应对得以实施的政策和程序。控制活动要与风险应对相结合。控制活动一般是用来确保风险应对得以恰当实施的，但对某特定目标而言，控制活动本身就是风险应对。对控制活动的选择要考虑它们对风险应对和相关目标的相关性和恰当性，要考虑控制活动之间的相关性。

（7）信息与沟通。企业的各个层级都需要识别、获取和沟通信息，以便识别、评估和应对风险。为了保证员工能够履行风险管理的职责，这些信息要以合适的形式、在恰当的时机传递给员工。

（8）监控。监控就是对全面风险管理要素的存在和运行进行评估，以确定全面风险管理是否持续有效。

3. 企业层级

企业层级包括整个企业、各职能部门、各条业务线及下属子公司。企业的不同层级、不同层级的所有人员，都对全面风险管理负有相应的责任，可谓风险管理人人有责。

（1）董事会。董事会在全面风险管理的目标维度和要素维度上都承担职责。其具体表现在：①在企业目标的确定上，主要对战略目标的确定发挥作用；②在八项要素的确定和实现上，主要是发挥监督作用，同时也影响和支持其他要素。

（2）高级管理层。高级管理层直接对全面风险管理负责。其中，首席执行官（CEO）与高级管理层的其他成员相比，责任更大。

首席执行官的主要职责是：确保营造一个积极的内部环境，设定影响内部环境的因素；恰当地构建全面风险管理的八项要素；通过确定董事会成员，对董事会施加影响；根据风险容忍度对风险进行监控。

首席执行官履行职责的方式是：为其他高级管理人员提供领导和指引；定期与负责主要职能领域的其他高级管理人员进行座谈，以便对他们履行全面风险管理职责的情况进行核查。

其他负责各职能部门、各条业务线的高级管理人员，负有管理其所辖范围内的风险的责任；负责将企业战略转变为具体的经营活动，识别影响这些活动的事件，评估风险，影响风险应对，确保控制后的剩余风险在风险容忍度之内。

（3）风险官员。风险官员是指首席风险官和其他风险管理人员。有的企业设有独立职位的首席风险官，有的企业则把风险管理的职责赋予其他职位的高级管理官员，例如首席财务官、总法律顾问、首席审计官或首席合规官。风险官员的职责包括：建立全面风险管理政策；确定各职能部门、各条业务线对全面风险管理中的权利和义务；进行全面风险管理的能力建设；指导全面风险管理与企业其他活动的整合；建立通用的风险管理语言；帮助制定报告规程；向首席执行官报告全面风险管理的进展情况和风险敞口情况，并提出管控建议。

（4）财务执行官。财务执行官（首席财务官或首席会计官）及其下属通常从经营、合规和报告的角度追踪和分析业绩,对高级管理层执行全面风险管理的方式至关重要,在防止和侦查欺诈性报告中发挥重要作用。财务执行官对财务报告负有主要责任,并影响报告系统的设计、执行和监控;在制定目标、确定战略、分析风险和有关决策中扮演重要角色。

(5) 内部审计师。内部审计师在评价全面风险管理的有效性、提出改进建议上具有关键作用。内部审计的范围,包括风险管理和控制系统,具体包括评价报告的可靠性、经营的有效性和效率、合规性。内部审计师通过对全面风险管理的恰当性和有效性进行检查、评价、报告和提出改进意见,来协助高级管理层和董事会或审计委员会。

(6) 其他人员。全面风险管理人人有责,因此,承担一定的全面风险管理责任应当包含在对每个人员的职位职责描述中。所有人员都在实现全面风险管理中发挥一定的作用,例如生成为识别和评估风险所需要的信息等,都有责任支持全面风险管理中所固有的信息与沟通流程。所有人员在全面风险管理中的职能与责任都应当被很好地界定和有效地沟通。

此外,企业外部的很多相关方,包括外部审计师、立法者和监管者、与企业互动的各方、外包服务提供者、财务分析师、债券评级机构和新闻媒体等,都会根据各自与企业联系的性质,各自关注企业的角度,对全面风险管理提供有用的信息,提出要求和建议。

全面风险管理是内部控制的继承和发展,是内部控制的升级版。作为对内部控制的继承,全面风险管理包含内部控制的主体内容和要素;作为对内部控制的发展,全面风险管理又在很多方面超越了内部控制的视野、理念、内容和要素。

三、资本约束制度

(一) 资本约束制度的结构与功能

资本约束制度是从商业银行及其他金融机构的特殊性出发,依循损失补偿的逻辑和理念,基于风险吸收与缓释的原理而构建的一种风险管理制度。在这种制度下,资本产生了新的范畴,风险管理构建了新的模式。

1. 资本约束制度下的资本范畴

在会计学意义上,资本是资产总值减去负债总额后的净值,称为所有者权益或自有资金,是可以直接从资产负债表中观察到的账面资本。从商业银行的资产负债表来看,账面资本包括实收资本、资本公积、盈余公积、未分配利润和一般准备。而商业银行资本约束制度中的资本范畴不同于会计学意义上的资本范畴,包括监管资本和经济资本两个范畴。

(1) 监管资本。监管资本是从商业银行监管者的角度界定的资本范畴。在质的规定性上，监管资本是巴塞尔委员会在历版《巴塞尔协议》中所界定的资本，是计算商业银行资本充足率的分子项；在量的规定性上，监管资本是对商业银行的最低资本要求，即商业银行必须持有的最低资本量，是监管当局为商业银行画出的资本充足率底线。

（2）经济资本。经济资本是从商业银行自身风险管理的角度界定的资本范畴，是基于风险损失的细分，针对吸收非预期损失提出的概念，是与商业银行实际承担的风险水平相匹配的资本。经济资本是一种虚拟资本，既不能反映在商业银行的资产负债表上，也不能直接与监管资本所包括的项目一一加以对应，只是在量上与非预期损失对应。在非预期损失实际发生以后，在以冲减相应的账面资本的方式来抵补时，经济资本才实际上转化为账面资本。

2. 资本约束制度的构成及功能

资本约束制度，包括监管资本约束和经济资本约束。其中，监管资本约束曾经是商业银行特有的一种风险管理制度安排，但迄今为止，其风险管理理念和风险管理原理已经延展到其他金融机构。

资本约束制度是一种风险缓释制度，基于事后缓释和补偿风险损失的逻辑。监管资本约束是资本充足率管理，是一种实体资本管理，监管当局要求监管对象计量风险资产，并设定最低资本要求，即设定资本的下限，形成商业银行的外部约束，是一种通过外部约束转化为商业银行自律的风险管理制度；经济资本约束是一种虚拟资本管理，要求计量风险的非预期损失和设置与分配经济资本，旨在为风险的非预期损失设定上限，形成商业银行（或其他企业）的内部约束，是一种自律性的风险管理制度。

在这种自律性的风险管理制度下，产生了以经风险调整的资本收益率（RAROC）和经济增加值（EVA）为核心的绩效考核模式。与传统的资本收益率（ROC）等绩效考核模式相比，这种考核模式能够将绩效管理与风险管理有机结合，从而使风险管理能够真正融入和深入经营管理的全过程。

（二）监管资本约束

商业银行具有不同于其他金融机构和普通企业的特殊性，即商业银行是一种存款类金融机构，主要依靠吸收社会公众存款来开展资产业务，高财务杠杆经营，即使按照国际通行的资本充足率标准，其资本也才占风险资产（不是全部资产）的8%。这种极高的财务杠杆是其他任何非存款类金融机构和普通企业难以比拟的。

在商业银行高财务杠杆经营的现实背景下，为了保持稳定的经济环境，就需要商业银行系统能够可靠、稳健地运行，可靠和稳健的标准就是商业银行不会违约，存款人利益得到保障。而要做到这一点，就需要超越商业银行微观、个体力量的国家力量，由国家承担起"看得见的手"的责任。为此，以最典型的美国为例，国家最初采取的组合措施是：①建立存款保险制度，即成立了联邦存款保险公司；②禁止商业银行参与投资银行业务，在商业银行与投资银行之间建立了防火墙；③建立法定存款准备金制度，一旦个别商业银行出现危机，为防止出现"多米诺骨牌效应"，国家就以法定存款准备金作为物质基础，为陷入危机的商业银行提供融资。

通过存款保险制度，可以提高公众对存款资金的安全感，降低存款人的风险，但是，其带来的负面影响是，不仅会弱化存款人监督商业银行资产质量和经营状况的动机，而且会使商业银行过度依赖存款保险制度而忽视风险管理，放手降低自身的资本金水平，因为其不再担心存款人失去信心，从而引发商业银行的道德风险。而国家的风险在于存款保险制度会导致更多商业银行破产，并导致保险费率的提高。为此，必须把存款保险制度与对商业银行的资本进行监管并举。

（三）经济资本约束

经济资本约束制度，是由三个部分有机构成的完整的制度体系，这三个部分包括：第一，经济资本计量；第二，经济资本配置；第三，以经济资本为核心的绩效考核。

1. 经济资本计量

商业银行的经济资本不同于监管资本。它是通过风险损失映射资本承担。而且，这里的风险损失仅指非预期损失，并不包括预期损失。因此，经济资本的计量以非预期损失的计量为前提和基础。商业银行的经济资本由信用风险经济资本、市场风险经济资本、操作风险经济资本和其他风险经济资本构成，在数额上应当能够覆盖非预期损失。

经济资本计量包括三个主要步骤：①通过风险识别，将商业银行各业务条线所面临的风险分类为信用风险、市场风险、操作风险和其他风险；②对每类风险的非预期损失进行计量，从而得出每类风险的经济资本；③将各类风险的经济资本进行加总，得出银行经济资本总额。

其中，计量非预期损失需要把握三个要素：①信用风险、市场风险、操作风险和其他风险的风险敞口；②各类风险的风险敞口之间的非预期损失相关性；③各类风险的非预期损失的概率分布。

2. 经济资本配置

经济资本的配置，是指商业银行根据其发展战略及其中所确立的目标、风险偏好和风险承受度，确定经济资本总量与结构，将其分配到各个业务部门，并实行动态管理的行为过程和管理机制。它包括经济资本总量与结构的确定、经济资本的分配与贯彻和经济资本的动态管理三个方面相互衔接、相互作用、相辅相成的工作内容。

经济资本的配置有自上而下、自下而上和两者综合三种模式，具体如下：

（1）经济资本配置的自上而下模式，是指商业银行根据其发展战略及其中所确立的目标、风险偏好和风险承受度，在高级管理层的直接领导下，由风险管理委员会制定经济资本总量及向各个业务部门分配的经济资本限额（每个业务部门的经济资本最高额度）的方案，经高级管理层核准后报请董事会批准，然后按照批准的方案，由风险管理委员会向各个业务部门分配经济资本限额，再由风险管理部对此进行日常监测和管理。

（2）经济资本配置的自下而上模式，是指商业银行由各个业务部门采用由风险管理部统一制定的方法和模型，对自己未来一定时期内因从事和拓展业务而承担风险的非预期损失进行预测，据此提出本业务部门所需要的经济资本数量，然后由风险管理部汇总为整个银行所需要的经济资本总量及向各个业务部门分配的经济资本限额方案，报请风险管理委员会、高级管理层和董事会进行逐级审批，在董事会正式批准后，再由风险管理委员会负责向各个业务部门分配经济资本限额，然后由风险管理部对此进行日常监测和管理。

（3）综合模式是上下互动的模式。在该模式下，由风险管理委员会在高级管理层的直接领导下制定经济资本总量，然后经董事会批准；各个业务部门按照风险管理部规定的方法，确定其在一定时期内从最低一级业务单元（如业务或交易小组）起对经济资本的需求金额，并通过风险管理部对所需经济资本进行投标；风险管理部按照规定的方法和选择的模型，测算各个业务部门所需的经济资本，并将测算结果作为标底，以此评价各个业务部门对经济资本的投标金额，并将经评价所确定的结果向风险管理委员会推荐，作为向各个业务部门分配的经济资本限额；风险管理委员会在经济资本总量的约束下，复核并批准所推荐的经济资本限额，制订向各个业务部门分配经济资本的方案，并报请高级管理层和董事会逐级审核、批准，经批准后予以执行。

3. 以经济资本为核心的绩效考核

为满足经济资本约束制度的内在要求，商业银行必须改变传统以利润为核心的绩效考核，实施以经济资本为核心的绩效考核，借以综合反映和评价价值创造能力和风险管理能力。以经济资本为核心的绩效考核，包括经风险调整的资本收益率（RAROC）的绩效考核和经济增加值（EVA）的绩效考核。

（1）经风险调整的资本收益率的绩效考核。经风险调整的资本收益率最初由美国信孚银行（该行后被德意志银行并购）在20世纪70年代末提出，其初衷是用它来测度银行投资组合的风险，以及使银行的债权人能够有效规避风险的股权资本总额。在经济资本的范畴问世以后，经风险调整的资本收益率的绩效考核在银行业得到了广泛应用，成为经济资本约束制度的重要组成部分，其目的是用来测度赚取收益与所承担的风险之间的数量关系，借以度量经风险调整后的财务绩效。

以经风险调整的资本收益率作为绩效考核指标表明，商业银行在评价其盈利状况和盈利能力时，不能单纯考虑收益或账面利润的多少，还必须考虑其收益或账面利润是在承担了多大风险的基础上获得的。如果某项业务的风险很大，则预期损失和非预期损失会很大，即使该项业务具有较高的名义收益，但与较高的预期损失及其所占用的经济资本（等于非预期损失）相比，其资本利润率也不一定高，甚至可能是负数。由此可见，经风险调整的资本收益率是将风险的预期损失视为当期成本，直接对当期收益进行调整，并考虑了为非预期损失所需要配置的经济资本，从而使银行的收益与所承担的风险直接挂钩，实现了风险管理与绩效考核的内在统一。

经风险调整的资本收益率不仅用于绩效考核，也作为经济资本分配预算的依据。根据发展战略，商业银行在决策上不同的投资项目、新开拓不同的业务时，需要决策将经济资本的增量优先分配给哪些项目或业务，此时就可以采用经风险调整的资本收益率这一工具。其基本做法是：①计算出每个预投资项目或预开拓业务的经风险调整的资本收益率；②按照该收益率的高低将各个预投资项目或预开拓业务排序，将经济资本的增量优先分配给该收益率高者；③根据该收益率高的预投资项目或预开拓业务在各个业务部门之间的归属，将经济资本的增量加到有关业务部门原有的经济资本限额存量之中，从而得出下一期有关业务部门经济资本限额的预算。

（2）经济增加值的绩效考核制度。经济增加值是一种新型价值分析工具和业绩评价指标，是财务绩效评价思想的重大创新。这种创新在于，不能单纯以会计核算的利润作为评价企业绩效的唯一标准，而是应当从企业价值增值这一根本目的出发，全面考虑企业的资本成本，对会计核算的企业利润进行调整，从而更为准确地评价企业绩效。

经济增加值是企业的税后利润扣减资本成本后的资本收益（ROC）。该指标所阐释的理念和原理是，会计核算的企业利润是指税后利润，并没有全面、真正地反映企业的价值，因为它没有考虑投资的资本成本；以资本进行投资承担了风险，投资所获得的税后利润至少要能够补偿其承担的风险；企业的价值就在于税后利润是超出还是低于资本成本的程度；任何企业的财务目标必须是最大限度地增加资本收益，即企业的价值。

经济增加值与传统的税后利润等绩效评价指标不同，它充分考虑了资本成本，即资本的机会成本。资本是稀缺资源。股东之所以将资本投入某一企业而不投入其他企业，是因为他们预期该企业能够为其带来高于社会平均收益水平的收益。股东资本的机会成本就是社会平均收益水平，被投资企业的收益水平只有在高于社会平均收益水平时才为股东创造价值。而且，股东资本的机会成本高低同投资所承担的"风险水平"实质上是一致的。

经济增加值作为一种绩效考核评价指标，考虑了企业所使用的全部资本，考虑了使用全部资本所承担的风险，因此，能够被商业银行所引用，并与经济资本相结合，形成适用于商业银行的经济增加值指标。

经济增加值与经风险调整的资本收益率具有异曲同工之妙，能够将商业银行使用资本所获取的收益与经济资本及其所映射的风险承担直接挂钩。将该指标用于绩效考核，可以实现风险管理与绩效考核的统一。根据对各个业务部门经济增加值的考核结果，可以为制定下一期的经济资本分配预算提供可靠的依据，即根据下一期银行发展战略，选择经济增加值最大化的实施方案，将经济资本的增量优先分配给能够带来最大经济增加值的业务部门。通过以经济增加值为核心的绩效考核制度的实施，可以有效约束各个业务部门致力于开拓经济增加值大的业务，而不是擅自发展需要消耗大量经济资本的业务，从而实现银行经济增加值的最大化和经济资本占用的最小化。

第三节　金融风险管理的信息系统

金融风险管理的信息系统已经从早期的金融风险信息交流报告阶段、20 世纪 70 年代末期的金融风险数据直接调用阶段，发展到当今的金融风险管理决策支持阶段。它通过现代信息技术，挖掘利用数据库中的数据，特别是大数据，评估预测金融风险走势，为金融风险管理主体进行风险管理决策提供支持，为全面风险管理在技术上的实现提供解决方案，是现代金融风险管理信息系统的主要特征和核心功能。

一、金融风险管理信息系统的含义

金融风险管理的信息系统是指运用现代信息技术，对与金融风险相关联的数据和信息进行输入、处理和输出，并提供金融风险信息反馈、控制机制的系统。这里称谓的现代"信息技术"（IT）是指有关经济主体为实现其金融风险管理目标所需要的所有硬件和软件；这里称谓的"数据"是有关主体持续生成的原始资料，是记录其业务、行为、环境变化的符号；这里称谓的"信息"是经过处理，以具有某种意义和效用的形式呈现出的数据；这里称谓的"系统"是由处于一定相互关系中并与环境发生关系的各个组成要素所集成的总体，具体包括输入、处理、输出、反馈和控制五个基本要素。"随着金融信息化的飞速发展，金融信息系统的风险管理越来越重要。"[1]

金融风险管理的信息系统，是有关主体管理信息系统中的重要子系统，是金融风险管理系统与管理信息系统的叠加组合，涵盖全面风险管理系统的全要素和金融风险管理流程的全过程。通过该系统，金融风险的管理人员将现代信息技术和工具嵌入各个业务流程和风险管理流程，实时收集、整理、汇总、挖掘与金融风险相关联的数据和信息，对所承担的金融风险进行有效识别、评估和预警，并制定对应的金融风险管控政策和措施，管控现实的或者潜在的金融风险，降低由金融风险带来的经济损失和其他不利影响。

二、金融风险管理信息系统的架构

金融风险管理的信息系统在整体架构上包括以下三个部分：

第一，技术架构，即金融风险管理的信息技术基础设施，为金融风险管理的实际运作提供平台的共享技术资源；

第二，数据架构，即金融风险管理的数据库，为金融风险管理的应用架构提供所需的数据和接口，用于支持各终端用户的风险管理；

第三，应用架构，即为终端用户提供的满足其金融风险管理各种功能的业务框架。

三、金融风险管理信息系统的功能

有关主体的各个层级、各个业务条线、各个分支机构所处的信息环境十分复杂，特别需要借助金融风险管理的信息系统来实现全面风险管理，因此，金融风险管理的信息系统便成为构建和实施全面风险管理的核心平台和关键工具。在实现全面风险管理中，该系统具体发挥以下功能：

第一，金融风险管理信息系统是跨组织、跨流程的金融风险及其管理信息的集成和共享平台。借助输入和处理的两个基本要素，金融风险管理的信息系统便集成了与金融风险管理相关联的全部数据和信息。这些数据和信息由跨组织、跨流程的各个职能部门、业务部门和分支机构输入，经过处理以后集成为信息，进而被不同的职能部门、业务部门和分支机构在需要时和授权内共享，从而既能满足单个业务条线或单个业务流程的风险管理的单一要求，也能满足跨组织、跨流程的风险管理的综合要求或组合要求。

第二，金融风险管理信息系统是纵向和横向进行金融风险及其管理信息的沟通平台。从纵向来看，董事会、高级管理层和风险管理委员会需要将自己的风险管理决策和风险政

---

[1] 王煦莹，沈红波，徐兴周. 基于人工神经网络的金融信息系统风险评价 [J]. 信息安全研究，2022，8（11）：1055.

策传递到风险管理部门、相关的职能部门、业务部门和分支机构，风险管理部门需要将控制金融风险的各种风险限额和控制指标、风险价值和风险监测的情况传递给各个业务部门和分支机构；同时，各个业务部门和分支机构也需要向上进行风险报告，需要反馈本部门或本机构的风险信息和对金融风险管理的个性化要求。从横向来看，风险管理部门与对其形成支持的相关职能部门需要彼此沟通信息，形成金融风险管理的无缝对接和管理合力。所有这些都是全面风险管理及内部控制中信息与沟通要素的内在要求。金融风险管理的信息系统为进行这种信息沟通提供了便捷高效的主渠道。

第三，金融风险管理信息系统是进行金融风险评估，从而为金融风险控制的决策提供技术支持的平台。借助金融风险管理信息系统的应用软件和数据库，可以对各种金融风险定期进行计量评估，输出评估结果，为高级管理层做出对有关金融风险是否进行控制、如何进行控制的决策提供可靠的依据，为经济资本配置、监管资本管理的决策提供可靠的依据。

第四，金融风险管理信息系统是进行金融风险监测与预警的平台。借助输出的要素，能够实时监测各种金融风险的风险敞口和风险价值的动态变化，实时监测风险价值是否突破了经济资本总量及限额、风险敞口或非预期损失是否超过了有关风险限额等的动态变化，实时监测重大风险和重要业务流程；能够实时监测有关重大风险是否逼近预警机制中所设置的阈值，并对超过阈值的重大风险进行信息报警，从而为在第一时间快速启动应急预案提供支持。

第五，金融风险管理信息系统是实现、固化和优化金融风险管理流程的工具。借助金融风险管理的应用软件和程序设计，可以将金融风险管理的流程实现为金融风险管理信息系统中的相关操作程序，并有机地嵌入和融入各个业务流程、各项工作流程的相关环节，且得以标准化和固化，在操作系统上实现各个环节的环环相扣，如果未完成上一环节就无法进入下一个环节。这样，就可以在很大程度上免去下一个环节对上一个环节的人工复核和监督，从而降低为实现全面风险管理及内部控制所要求的监督而付出的成本。伴随各个业务流程和各项工作流程的与时俱进，借助调整应用软件和程序，可以实现金融风险管理流程在操作程序上的持续优化。

第六，金融风险管理信息系统是金融风险及其管理信息的对外披露平台。商业银行需要定期向监管当局进行风险监管核心指标执行情况的报告，需要定期通过新闻媒体向市场披露包含金融风险及其管理情况的信息。按照这些报告和披露所要求的信息标准、格式和特征，通过金融风险管理的信息系统对有关数据进行标准化和格式化的处理，并借助输出和反馈的要素自动生成向监管当局报告和向市场披露所要求的信息，这样就可以简便和快捷地将金融风险及其管理的信息对外披露。

四、金融风险管理信息系统的建设

金融风险管理信息系统的建设，包括系统规划与系统开发。建设金融风险管理的信息系统是一种风险管理范式的变革，从而会带来一系列组织、流程和管理机制的深刻改变，而不仅是导入一种新的计算机硬件和软件系统，因而需要统筹规划。金融风险管理信息系统的规划一旦完成，就要在其指导下，具体设计和实现一个金融风险管理的信息系统，从而形成系统开发。

（一）系统规划

金融风险管理信息系统的规划，是系统开发的前提和基础，是为整个系统确定发展战略、总体结构和资源计划。金融风险管理信息系统规划的出发点，是实现全面风险管理的要求：首先，根据全面风险管理的目标来确立系统建设的目标；其次，根据全面风险管理的要素来确定系统的总体结构；再次，根据有关主体的层级和机构网络来确定系统的用户。

制订金融风险管理信息系统的规划主要包括以下步骤：

第一，确定规划的年限。即确定金融风险管理信息系统将要运行的时间期限。

第二，进行战略分析。即对金融风险管理信息系统的目标、功能结构、运行环境、开发方式等进行分析。

第三，进行可行性研究。根据财务资源、人力资源、技术资源和组织管理等多元视角，分析系统的约束条件，确定需求与可能的最大边界。可行性研究包括的主要内容包括：其一，技术可行性，即现有的硬件、系统软件、应用软件和技术人员等技术条件能否达到所提出的要求；其二，经济可行性，即研制系统所需资金的可得性和系统的经济合理性；其三，社会可行性，即所建设的系统能否实现，在当前环境下能否很好地运行，原始数据的来源有无保证，等等。

第四，确定系统开发的目标，明确系统应当具备的功能、服务范围和质量，给出系统的初步架构。

第五，选择开发方案，确定开发进度。

通过上述步骤，最后形成系统规划的技术成果，包括系统开发立项报告、系统可行性研究报告和系统开发计划书。

（二）系统开发

金融风险管理信息系统的开发，可以采取自行开发、委托开发、合作开发、利用现成的软件包开发和信息系统外包五种策略。自行开发就是依靠自己的信息科技队伍独立完成系统开发的各项工作；委托开发就是委托具有丰富开发经验的机构或专业开发技术人员，按照自己提出的需求完成系统开发的任务；合作开发就是自己与具有丰富开发经验的机构或专业开发技术人员合作，共同承担系统开发任务，共享系统开发成果；利用现成的软件包开发就是为了避免重复劳动，提高系统开发效率和效益，购买现成的应用软件包；信息系统外包就是同外部专业化的信息系统供应商签约，由其完成系统开发项目。这些开发策略各有利弊，有关主体可以根据自己的约束条件和实际情况加以选择。

金融风险管理信息系统的开发是一个结构化的系统工程，包括以下四种活动：

1. *系统分析*

系统分析，是按照系统的观点，在对终端用户的需求进行深入调研的基础上，综合运用系统科学、计算机科学、金融风险管理科学和软件工程等多学科知识，描述和研究金融风险管理的有关活动和终端用户的各种需求，绘制一组描述系统逻辑的图表，建立目标系统逻辑模型，在逻辑上给出系统的功能，解决系统"做什么"的问题。系统分析的主要工作，包括以下内容：

（1）分析用户的需求。用户分属于不同的层级、部门和岗位。他们的需求具体包括对系统功能和性能，以及硬件配置和开发周期等方面的要求。要摸清和掌握用户的需求，就需要对用户进行系统的深入调研，不要漏掉任何有价值的意见。然后，汇总和分析调研结果，归纳和提炼出用户共性和个性化的需求，给出需求分析报告。

（2）分析组织结构与业务流程。通过分析，掌握各个层级组织、岗位在金融风险管理中的职能和职责，金融风险管理流程的各个环节对系统的要求，各个业务流程的不同环节在处理业务上对系统的要求。

（3）分析系统数据流程。基于业务流程，分析数据的流动、处理和存储过程，并用包含外部实体、数据流、数据存储和处理逻辑四个基本成分的数据流程图进行描述，建立包括数据项、数据结构、数据流、处理逻辑、数据存储和外部实体六个方面的数据字典。

（4）建立系统逻辑模型。系统逻辑模型用一组图表来表示，使用户能够一目了然地知晓系统的概貌。系统分析人员在与用户就系统逻辑模型进行充分交流讨论后，对之加以完善定型。

（5）提出系统分析报告。对上述分析的结果进行总结，将用户的需求梳理归纳成文，便完成了系统分析报告。

2. *系统设计*

系统设计，是在系统分析的基础上，按照系统逻辑模型的要求，进行系统的总体设计和详细设计，解决系统"如何做"的问题。总体设计包括系统功能结构图设计和功能模块结构图设计；详细设计包括代码设计、数据库设计、人机界面设计、处理流程设计和系统物理配置方案设计等。

3. 系统实施

系统实施，是实现系统设计中提出的系统物理配置方案，完成一个可以运行使用的金融风险管理信息系统。系统实施，包括以下工作内容：

（1）硬件的获取，即选购计算机硬件，包括用户端计算机、输入输出设备、存储设备、辅助设备和通信设备等。

（2）软件的获取或开发，即选购或开发系统软件、数据库管理系统和应用于金融风险管理的软件。如果选择开发软件，则需要较长的时间。

（3）用户准备，即在必要时，根据系统所要求的组织变革，对现有的用户进行组织调整和岗位调整，并对用户进行培训。

（4）聘用和培训人员，即根据系统在数量上和质量上对风险管理人员和信息科技人员等的新要求，在有关人员不足时聘用新员工，对现有人员和新聘员工进行培训。

（5）地点和数据准备，即确定和准备好系统硬件安装的物理场所，组织人员按照数据库的物理模型进行数据的收集、整理和录入，以支持应用软件的调试。

（6）编制程序，即根据用户的需求，以系统分析和系统设计所给出的结构图、判断表等为依据，选择适当的程序设计语言及软件开发环境和工具，编制程序。程序可以自己编制，也可以选择外包或购买。

（7）系统测试，即对软件计划、软件设计和软件编码进行测试，具体包括单元测试、系统测试和验收测试，经测试来确定系统是否达到预期效果，排查和纠正可能的错误。

（8）系统切换，即一般情况下存在一个旧系统，在完成系统测试后，将新系统交付使用，就需要以新系统来替代旧系统，即进行系统切换；系统切换可以在并行切换、直接切换或阶段性切换中进行选择。但是，对我国很多中小型商业银行来说，金融风险管理信息系统的建设工作起步较晚，并不存在一个旧系统，因此，在完成系统测试以后，无须与旧系统进行切换，而是直接交付使用。

4. 系统运行与维护

金融风险管理的信息系统一旦完成切换或交付使用，即投入运行。在系统运行的过程中，用户和技术专家需要对系统运行情况进行评估，以便及时发现系统存在的问题。这些问题包括但不限于：①数据问题，即数据不完整或不充分等；②系统软件问题，即与用户的需求不完全匹配等；③系统的最大负荷能力、恢复和重启能力不能满足要求；④用户能力问题。

针对评估中发现的这些问题,要采取维护措施,更改系统的软件、程序和文档,补充和处理有关数据,从而纠正错误,完善和改进系统,满足实现全面风险管理的要求。

第三章 市场风险的控制管理

第一节 利率风险管理及其创新工具

20世纪60年代以后，一些西方国家和新兴市场国家先后取消了金融管制的政策，推动了利率市场化的进程。进入20世纪80年代，在国际金融市场上，利率可以在相当短的一段时间内发生显著的改变，利率变动会对经济活动主体的收入或净资产价值产生不利影响，由此产生利率风险。如何管理利率风险，如何在利率频繁波动的环境下稳健经营，成为金融机构和非金融机构极为关注的问题。

一、利率风险及其管理

（一）利率风险的概念与影响

1. 利率风险的概念

利率风险，是指利率变动对经济主体的收入或净资产价值的潜在影响。这种影响是双重的：它既包含有利的利率变动，会增加经济主体的收入和资产价值或者减少债务负担和利息支出，也包含不利的利率变动，会对其产生消极影响。但一般说来，由于经济主体对意外损失的关切往往要比对意外收益的关注更加强烈，因此在谈到利率风险管理时，主要都是针对利率变动给经济主体带来损失的可能性。

（1）金融行业的利率风险。一般来说，大多数的储蓄金融机构和保险公司的盈利都存在利率风险暴露，因为这些机构和公司负债的到期日比资产的到期日要短，重新定价的时间也比资产快。如果利率上升，公司资金成本率的上升就会比资产收益率上升得要快，因此会降低净利息收入，面临着潜在的再融资风险。

在欧洲市场上，通常的做法是以固定利率吸收存款，同时以浮动利率对外进行贷款。这里就有一个问题，当其用这笔存款发放贷款时，如果未来的市场利率下降，一旦存贷利差为负值，贷款机构就会面临利息损失的风险。比如说，银行吸收的存款资金是按2年期的固定利率计息的,并用这笔存款发放贷款,贷出去的资金也是2年期,却是按照每季度(3个月)调整一次的浮动利率进行计息,这就会给银行带来一定的利率风险。因为即使贷出去的资金在第一期3个月的浮动利率高于存款资金的固定利率,但在以后的几个季度内,贷出去的资金浮动利率不一定总是高于存款资金的固定利率。

(2)非金融行业的利率风险。对于一般的企业来讲,其在资金的借贷中主要是作为资金的借入者,这与既是债权人又是债务人的金融储蓄机构显然有着本质的不同。市场利率的上升,就意味着其资金成本的上升,即生产成本的上升;市场利率的下降,则能使它的生产成本随之下降。

2. 利率风险的影响

(1)对收益及费用的影响。任何进行资金借贷和投资的企业都暴露于利率总体水平发生不利变化的风险之中,利率上升意味着浮动利率借款者的借款费用增加,利率下降意味着浮动利率投资者的投资收益减少。由于大多数中小型企业只能以浮动利率借款,因而借款者将暴露在利率上升的风险之中,他们的利率风险暴露数额就是他们所借入的全部资金。

(2)对资产价值的影响。债券价格与收益率之间存在着某种反向变动关系:利率上升,债券价格便下降;利率下降,债券价格便上升。同时,随着利率的变动,债券持有人的资本也会相应地增加或减少。因为,理论上讲,资产或负债的价值等于折现后的未来的现金流量。利率上升等于提高了这些现金流量的折现率,就会降低该资产或负债的市场价值。相反,利率下降就会提高资产和负债的市场价值。对一个持有固定收益债券直到到期日为止的投资者来说,债券在到期日以前的价格波动对于他没有任何意义,因为他只要在债券到期时就可以收回事先约定的本金及利息数额。但是对一个持有收益类型债券的投资者来说,由于该类债券具有隐含期权的特性,利率的波动也就意味着其资本收益的非稳定性。这就是在债券投资上的利率风险。

任何投资于固定利率债券的投资者,或任何为交易目的持有固定利率债券的银行,都经常暴露在利率上升或者是预期利率上升而引起的价格风险之中。

(二)利率风险的传统管理方法

在利率风险管理的实践中,人们逐渐地探索出各种不同类型的管理工具和管理策略,这些利率风险管理工具和管理策略各有其自身的特点。

1. 选择有利利率形式

选择有利利率形式的基本原理是:在对有关国际货币资本借贷进行磋商时,经济活动主体根据对未来利率走势的预测，选用对自己有利的利率形式，据以签约成交。

选择有利利率形式的具体做法是：对国际货币资本的借方而言，如果预测利率未来将会上升，则选择固定利率；反之，如果预测利率未来会下降，则选择浮动利率。与借方相反，对国际货币资本的贷方而言，如果预测利率未来会上升，则选择浮动利率；反之，如果预测利率未来会下降，则选择固定利率。

通过上述做法，国际货币的借方与贷方不仅可以将蒙受经济损失的可能性完全转移给交易对方，而且可以为自己争取到获得额外经济利益的机会。这里最为关键的是要求有关经济主体能够对利率的未来走势做出准确预测，否则，将很难达到风险管理的效果。

2. 增订特别条款

借款人可以在浮动利率的借款协议中，通过增订特别条款，以避免利率波动的风险，具体做法主要有以下两种：

（1）设定利率上下限。在增订特别条款时，通过设定利率上限或利率下限的方法，使得借款利率在借款期限内只能在利率上下限之间波动，从而规避利率风险。利率上限也被称为帽子利率，利率下限也被称为领子利率。当市场利率高于帽子利率时，以帽子利率作为借款利率；当市场利率低于领子利率时，则以领子利率作为借款利率。如果在浮动利率的贷款协议中增订了帽子条款，即规定了利率浮动的上限，借款人通常要向贷款人支付一定的费用；如果增订了领子条款，即规定了利率浮动的下限，借款人通常可以得到优惠利率的贷款。领子或帽子协议为浮动利率的借款人防止利息成本的波动提供了一定的保护。是否在贷款协议中订立该条款，取决于借款人对待利率风险的态度以及借款人对利率未来走势的预期。

（2）转换利率形式。在增订特别条款时，借款人还可以在浮动利率的贷款协议中，转换利率形式。当利率的波动达到协议中规定的最高限或最低限的时候，借款人可以将浮动利率贷款转换为固定利率贷款，从而避免利率进一步波动的风险。由于在签订协议时增加了这样的特别条款，银行要额外地承受超出协议限定之外的利率波动风险，因此必须对这种利率波动的风险进行套期保值，由此产生的额外费用体现在贷款银行提供这种服务的价格里。因此，借款人在签署这项协议之前，要对其利弊慎重权衡。

3. 利率敏感性缺口管理

缺口分析旨在衡量在一个特定的期间内，利率敏感性资产和利率敏感性负债的差异。当银行的利率敏感性资产超过利率敏感性负债时，银行处于"正缺口"，其净利息收入随利率的增加而增加；当银行的利率敏感性资产少于利率敏感性负债时，银行处于"负缺口"，其净利息收入随利率的上升而减少；当缺口为零，即利率敏感性资产与利率敏感性负债相等时，净利息收入不受利率变动的影响。

因此，在利率风险管理的过程中，主要可以采取两种策略：①对利率变动进行准确预测，并相应调整利率敏感性缺口，以实现利息收入增加或者股权价值增加的目的；②不论利率如何变化，保持利率敏感性缺口为零，以保证收入稳定或股权价值稳定。第一种方法是一种进攻型的策略，但要冒利率变动方向与预测方向不一致的风险。第二种方法是一种保守型的策略，但可以保证稳定的收益或股权价值。在经营中采取何种方法，取决于银行对利率变动趋势的预测能力、缺口控制能力、经营战略、经营风格等诸多因素。

利用缺口分析管理利率风险，需要制定定期缺口分析报告，以衡量资产和负债的利率敏感性，因此，有时又把利率敏感性缺口称作"定期缺口"，以和资产、负债到期日不相匹配的"期限缺口"相区别。在分析报告中，各种机构对于资产和负债利率敏感性的分类标准不尽相同。一些规模较小的单位往往以 1 年为标准，而一些规模较大的机构常根据贷款或存款的到期日与重新定价的时间来划分，设计出一系列的时间区，如分为 1 天到 7 天、8 天到 1 个月、1 个月到 3 个月、3 个月到半年、半年到 1 年等若干时间段，确定每个时间段到期或可重新定价的资产和负债的数额，并由此确定该时段的利率敏感性缺口，用于分析和管理利率风险。把各个时段利率敏感性缺口相加，可以得到整个考察期的总缺口。利率敏感性总缺口，可以用于分析和管理整个考察期内的总风险。

4. 持续期缺口管理

持续期是衡量和管理利率风险的重要手段，可以利用持续期对其资产和负债组合进行管理，以规避利率风险。持续期缺口管理的基本思路是，通过保持持续期零缺口，即保持资产组合的持续期精确地等于负债的持续期，使得在利率变动的情况下资产组合的价值变动与负债组合的价值变动相等，从而有效地保护资产和负债免受利率变动的风险，实现银行的经营目标。

传统的利率风险管理方法旨在控制缺口（利率敏感性缺口或期限缺口），在消除风险因素的同时，也放弃了利用利率的有利变动获取资产增值或额外收益的可能性。随着竞争压力的不断增加，为了稳定地获取更多利润，除了利用传统的利率风险管理方法以外，越来越多的机构还开始利用远期利率协议、利率期货、利率掉期以及利率期权等金融创新工具对利率风险加以管理。

二、利率风险的创新工具

（一）远期利率协议

远期利率协议（FRA）是一种远期合约，交易双方在订立协议时商定未来某一时间的协议利率，并规定协议生效时，由一方向另一方支付协议利率与到期结算日时参照利率之间的利息差。

1. 远期利率协议的特点

远期利率协议，是一种为防范将来利率波动而预先固定远期利率的金融工具，协议中有买方和卖方。远期利率协议的买方是名义借款人，其订立远期利率协议的主要目的是规避利率上升的风险；远期利率协议的卖方则是名义贷款人，其订立远期利率协议的主要目的是规避利率下降的风险。这种交易的一个主要特点是它并不涉及协议本金的收付，而只是在某一特定的日期即清算日，按规定的期限和本金，由一方向另一方支付根据协定利率和协议规定的参考利率之间的利息差额的贴现金额。

远期利率协议是一种由银行提供的、在场外交易的利率远期合同，它没有固定的份额标准，适用于一切可兑换货币；交易金额和交割日期都不受限制，并且不需要保证金。远期利率协议一般由银行在其交易室操作，交易者之间的联系、洽谈、成交是通过电话、传真、计算机网络来进行的。

2. 远期利率协议的利弊

（1）远期利率协议的优点：

第一，灵活性强。远期利率协议无须在交易所成交，没有固定的交割日和标准的交易金额，任何具体的需求都可以由交易双方协商达成协议。

第二，交易便利。由于远期利率协议交易的本金不发生现金流动，且利率是差额计算，所以资金的流动量较小，现金流动的压力小。

第三，操作性强。远期利率协议不会出现在资产负债表上，对银行来说具有操作性强的优点。当银行的资本比率压力较大时，它能不改变资产负债表的流动性而调整到期利率头寸，这对提高资本比率和改善银行业务的资产收益率十分有益。

（2）远期利率协议的缺陷：

第一，信用风险较大。在期货、期权交易方式下，参与者直接与交易所达成合约，与交易所结算，并且在交易所存有保证金，因此信用风险很小。而远期利率协议能否顺利执行取决于参与者的信用，有些参与者，尤其是非银行金融机构，可能在利率发生有利于自己的变化后拒绝向对方支付利息差额。

第二，远期利率协议为场外交易，有些评级不高的企业很难找到交易对象，或者必须接受严格的担保条件和加价。远期利率协议的每一笔交易都相对独立，不能出卖或冲销原协议，只能与另一笔远期利率协议调换，因而给结清合约带来不便。

第三，远期利率协议和利率期货一样，虽然避免了利率的不利变动带来损失的可能性，但也放弃了利率发生有利变动带来额外收益的可能性。

（二）利率期货

利率期货，是指买卖双方按照事先约定的价格在期货交易所买进或卖出某种有息资产，并在未来某一时间进行交割的一种金融期货业务。

利率期货是有利息的有价证券期货，进行利率期货交易是为了固定资本的价格，即得到预先确定的利率或收益。利率期货将利率的实现通过期货协议确定下来，避免因利率出现始料未及的变化而影响金融资产价格或投资收益，故成为利率风险管理的一种方式。

利率期货在回避利率风险方面的特殊功能使这种创新工具迅速发展，很快引起各国的兴趣，各国纷纷建立自己的利率期货市场，如芝加哥期货交易所、伦敦国际金融期货交易所、巴黎期货交易所、东京证券交易所、新加坡国际商品交易所、悉尼期货交易所都开办了利率期货交易，并形成全球连续交易的网络，交易量快速上升。利率期货的品种繁多，并不断推陈出新，如各种商业票据期货、大额定期存单期货、欧洲美元定期存款期货、市政债券指数期货以及各国政府债券期货。利率期货在期限结构、信用等级等方面因竞争激烈而不断更新，经过多年的发展，利率期货市场已成为当前最大的金融期货市场。利率期货市场在发展中不断规范，具有标准化、低成本、集中交易等特点，给买卖双方提供了极大的便利。

利率期货交易分为三类：套期保值交易、套头交易和投机交易。套期保值交易是避免利率变动的主要类型。利率期货套期保值交易主要为空头（卖空）套期保值交易和多头（买空）套期保值交易两种。

1. **空头（卖空）套期保值交易**

空头（卖空）套期保值，是指投资人预期利率上升可能带来损失而在期货市场上卖出利率期货的一种套期交易。比如投资人打算在将来卖出他所持有的固定收益证券，如果预期利率将上升，那么证券价格的下跌必然给其持有人带来损失。为将证券价格固定在目前的水平，投资人可卖出利率期货进行保值。再比如对那些为锁定未来借款成本的投资人而言，也可以进行这样的套期交易。若投资人打算在将来借入一笔贷款，为避免利率上升而增加借款成本，在预期利率将上升的情况下，可卖出利率期货，如短期国库券期货。如果到期日利率上升，现货市场借款成本增加，但期货市场利率上升能使投资人的期货合约获得盈利，从而抵销因利率上升造成的损失。

2. **多头（买空）套期保值交易**

多头（买空）套期保值，是指投资人预期利率下跌可能带来损失而买进利率期货的一种套期交易。比如投资人打算在将来买入具有固定收益的某种证券，若预期利率将下跌，那么证券价格的上涨必然带来损失。为避免证券投资收益减少，投资人可买进利率期货进行保值。如果到期日利率确实下跌，那么证券投资收益将受到损失，但由于在期货市场上买进利率期货而获得收益，现货市场的损失将由期货市场的盈余弥补。

（三）利率期权

利率期权，是指以各种利率相关产品或利率期货合约作为交易标的物的一种金融期权业务。利率期权的买方获得一项权利，在到期日或期满前按预先确定的利率（即执行价格）和一定的期限借入或贷出一定金额的货币。

利率期权可以采用远期利率协议的形式。例如，一项有效期限为 3 个月的利率期权，借贷期限为 6 个月，被称为 3×9 利率期权，可用来防范 3 个月之后为期 6 个月的利率风险。利率期权执行时，也可采用远期利率协议的方式交割，市场利率与执行价格之间的差额以贴现的形式支付给期权的买方，因此利率期权也被认为是以远期利率协议为载体的期权，又称为远期利率协议期权。

1. 利率期权的类型

利率期权是 20 世纪 80 年代以来交易最活跃的金融期权之一，品种繁多。就大类来看，既有现货期权，也有期货期权；既有短期利率期权，也有长期利率期权；既有在场内交易的期权，也有在场外交易的期权。一般把利率期权分为以下类型：

（1）利率看涨期权。利率看涨期权是指借款人担心将来利率上升，买入该期权，以便有权在到期日或在期满前按事先约定的利率借入资金。到期后，如果利率真的上升，并且高于协定利率，买方就会执行期权以获取收益。如果预期利率并未上升或虽然上升但仍低于协议利率，该项期权将不被执行，买方损失期权费。

（2）利率看跌期权。利率看跌期权是指贷款方预计未来利率将下降，可能会造成利差损失，买入该期权，以便有权在到期日或在期满前按事先约定的利率放贷资金。当利率下降并低于协议利率时，买方有权行使权利以获取利差收益；否则，买方将放弃期权权利，损失期权费。

（3）利率封顶期权。利率封顶期权是指在浮动利率下，期权的买卖双方事先约定一个最高利率，当市场利率高于协定利率时，期权的卖方给予买方补偿。可见，利率封顶期权对买方更为有利，其目的在于降低风险，减少损失。

（4）利率保底期权。与利率封顶期权相对应，利率保底期权规定了一个利率下限，当市场利率下跌并且低于协定利率时，期权的买方就会从卖方那里得到经济补偿，其目的在于锁定投资收益。

（5）利率双向期权。利率双向期权是利率封顶期权和利率保底期权的复合。它同时固定了利率的上下限，并在一定程度上把利率风险控制在理想的范围之内。通过利率双向期权的施行，期权买卖双方的利益均得到保护，当然期权费也较单向的利率期权费要高一些。

2. 利率期权的应用

与利率期货的套期保值不同，利率期权的套期保值实际上并不是将未来某日的价格锁定在某一既定水平，而只是将价格变动的方向控制在对自己有利的一面。

第二节 汇率风险管理的原则与战略

从事进出口贸易、国际投资、国际信贷、国际支付活动的企业、银行、个人，以及国家外汇储备的管理与营运等，通常在国际范围内收付大量外汇或拥有以外币表示的债权债务，或以外币标示其资产与负债的价值。由于各国使用的货币不同，加上国际汇率频繁波动，就给外汇持有者或使用外汇者带来不确定性，即带来汇率风险。为了有效地防范汇率风险，在管理汇率风险的过程中应遵循收益最大化、全面重视、管理多样化等原则，并结合实际情况，制定合适的汇率风险管理战略，从而减少甚至消灭风险带来的损失。

一、汇率风险的基本认知

（一）汇率风险的含义

汇率风险也称外汇风险，是指一定时期的国际经济交易当中，以外币计价的资产（或债权）与负债（或债务），由于汇率的波动而引起其价值涨跌的可能性。风险的承担者包括政府、企业、银行、个人及其他部门。

从国际外汇市场外汇买卖的角度来看，买卖盈亏未能抵销的那部分，就面临着汇率波动的风险。通常将这部分承受汇率风险的外币金额称为"受险部分"或"外汇敞口"，包括直接受险部分和间接受险部分。直接受险部分，是指经济实体和个人参与以外币计价结算的国际经济交易而产生的汇率风险，其金额是确定的；间接受险部分，是指因汇率变动、经济状况变化及经济结构变化的间接影响，使那些不使用外汇的部门及个人也承担风险，承担风险的金额是不确定的。在当代金融活动中，国际金融市场动荡不安，汇率风险波及的范围越来越大，已影响到所有的经济部门。

在理解汇率风险的概念时，要弄清楚以下两个问题：

1. 汇率风险的对象

企业或者个人持有的外币资产和负债都存在因汇率变动而遭受损失的可能性，但不是所有的外币资产和负债都要承担，只有其中一部分才承担汇率风险，这部分承担汇率风险的外币资金通常被称为"受险部分""敞口""风险头寸"。具体地讲，在外汇买卖中，风险头寸表现为外汇持有额中"超买"或"超卖"的部分，在企业经营中则表现为其外币资产与外币负债不相匹配的部分，如外币资产大于或小于外币负债，或者外币资产与外币负债在金额上相等，但是在长短期限上不一致。

2. 风险构成的要素

涉外企业的业务，一般要涉及两种货币，即本币和外币，或者两种不同的外币。从国外进口或对外投资时，需要支付外汇，即用本币（或者某种外币）向银行购买特定的外汇；向国外出口或引进外资时，要接受外汇，并通过银行结汇换成本币（或者另一种外币），用以核算企业的经济效益。由于国际贸易信贷的发展及外汇结算方式的特点，外汇收支结算需要或长或短的一段时间，即使是即期交易也有两天的时间间隔，而这段时间里汇率完全可能发生变化，造成风险损失。因此，风险头寸、两种以上的货币兑换及时间共同构成汇率风险因素，三者缺一不可。

（二）汇率风险的类型

1. 交易风险

交易风险，是指在以外币计价的交易中，由于外币和本币之间以及外币与外币之间汇率的波动，使交易者蒙受损失的可能性。属于外币计价的交易主要包括：第一，以外币计价的商品、劳务的进出口交易；第二，以外币结算的借款或贷款；第三，面额为外币的其他金融资产交易。

交易风险又可分为外汇买卖风险和交易结算风险：

（1）外汇买卖风险。外汇买卖风险又称金融性风险，产生于本币和外币之间的反复兑换。这种风险是因买进或卖出外汇而存在的。外汇银行承担的汇率风险主要就是这种外汇买卖风险。银行以外的企业所承担的外汇买卖风险存在于以外币进行借贷或伴随外币借贷而进行的外贸交易情况之中。

（2）交易结算风险。交易结算风险又称商业性汇率风险，是指以外币计价进行贸易及非贸易业务的一般企业所承担的汇率风险，是伴随商品及劳务买卖的外汇交易而发生的，主要由进出口商承担。交易结算风险是基于将来进行外汇交易而将本国货币与外国货币进行兑换，由于将来进行交易时所适用的汇率没有确定，因而存在风险。进出口商从签订合同到债权债务的清偿，通常要经历一段时间，而这段时间内汇率可能会发生变动。于是，未结算的金额就成为承担风险的受险部分。

2. 会计风险

会计风险，也称为换算风险，是指跨国企业为了编制统一的财务报表，将以外币表示的财务报表用母公司的货币进行折算或合并时，由于汇率变动而产生的账面上的损益差异。虽然会计风险与交易风险不同，它仅仅是一种账面上的损益，但它会影响到企业向股东和公众公布财务报表的数值，可能会招致股价和利润率的下跌，从而给企业带来融资能力等方面的障碍。外汇会计风险来源于会计制度的规定，并受不同国家会计制度的制约。由于汇率的变化，引起公司的资产负债表中某些外币项目金额上的变动。公司在计算报表时，为了把原来用外币计量的资产、负债、收入和费用，合并到本国货币账户内，必须把这些用外币计量项目发生额用本国货币重新表述。这种称作折算的重新表述，要按照公司所在国政府、会计协会和公司确定的有关规定进行。

会计风险表现的方式较多，主要有以下三类：

（1）存量会计风险。存量会计风险指企业在海外持有和销售的库存，在汇率变化时，其相应价值和成本折算成母公司所在地货币时发生变化的可能性。

（2）固定资产会计风险。固定资产会计风险指企业购置、折旧和更新资产时，由于汇率变化而产生的风险。

（3）长期债务会计风险。长期债务会计风险包括各种应偿还而未偿还的长期借款，如公司债、长期票据、长期借款，由于汇率变化而产生汇率风险。

3. 经济风险

经济风险又称经营风险，是指由于外汇汇率变动使企业在将来特定时期的收益发生变化的可能性，即企业未来现金流量的现值的损失程度。收益变动幅度的大小，主要取决于汇率变动对企业产品数量及价格成本可能产生影响的程度。例如，当一国货币贬值时，出口商一方面因出口货物的外币价格下降有可能刺激出口使其出口额增加而获益，另一方面如果出口商在生产中所使用的主要原材料为进口品，因本国货币贬值会提高本币表示的进口品的价格，出口品的生产成本就会增加。结果该出口商在将来的纯收入可能增加，也可能减少，该出口商的市场竞争能力及市场份额也将发生相应的变化，进而影响该出口商的生存与发展潜力，此种风险就属于经济风险。

该定义有两个需要注意的方面：①它所针对的是意料之外的汇率变动，意料之中的汇率变动不会给企业带来经济风险；②它所针对的是计划收益，由于意料之中的汇率变动对企业收益的影响已经在计算计划收益的过程中加以考虑，所以经济风险并未包括汇率变动对企业收益的全部影响。

虽然交易风险、经济风险与会计风险都是由于未预期的汇率变动引起企业或个人的外汇资产或负债在价值上的变动，但侧重点各有不同。

（1）从损益结果的计量上看，交易风险可以从会计程序中体现，用一个明确的具体数字表示，可以从单笔独立的交易，也可以从子公司或母公司经营的角度来测量其损益结果，具有静态性和客观性的特点。而经济风险的测量不是来源于会计程序，而是来源于经济分析，侧重于企业的全局，从企业整体经济上预测、规划和分析，它涉及企业财务、生产、价格、市场等各个方面，因而带有一定的动态性和主观性的特点。

（2）从测量时间来看，交易风险与会计风险的损益结果，只突出了企业过去已经发生的交易在某一时点的汇率风险的受险程度。而经济风险则要测量将来某一时间段出现的汇率风险。不同的时间段的汇率波动，对各期的现金流量、经济风险受险程度以及企业资产价值的变动将产生不同的影响。

经济风险避免与否很大程度上取决于企业的预测能力，预测的准确程度将直接影响该企业在生产、销售和融资等方面的战略决策。因此，它对企业的影响比交易风险和会计风险大，不但影响公司在国内的经济行为与效益，还直接影响到公司的涉外经营效益或投资效益。在各种汇率风险中，交易风险和经济风险是企业最主要的汇率风险。

二、汇率风险的管理原则

外汇风险，是涉外经济中不可避免的一种市场风险，对一国政府、企业乃至个人都会产生很大的影响，外汇风险管理因此成为企业经营管理的重要组成部分。外汇风险管理的目标在于减少汇率波动带来的现金流量的不确定性，控制或者消除业务活动中可能面临的由汇率波动带来的不利影响。为了实现这一目标，在外汇风险管理中应该遵循一些共同的指导思想和原则。这些原则包括收益最大化原则、全面重视原则、管理多样化原则。

（一）收益最大化原则

收益最大化原则，要求涉外企业或跨国公司精确核算外汇风险管理的成本和收益，在确保实现风险管理预期目标的前提下，支出最小的成本，追求最大化的收益。这是企业进行外汇风险管理的基石和出发点，也是企业确定具体的风险管理战略、选择外汇风险管理方法的准绳。外汇风险管理本质上是一种风险的转移或分摊，例如采用远期外汇交易、期权、互换、期货等金融工具进行套期保值，都要支付一定的成本，以此为代价来固定未来的收益或支出，使企业的现金流量免受汇率波动的侵扰。一般来说，外汇风险管理支付的成本越小，进行风险管理后得到的收益越大，企业对其外汇风险进行管理的积极性就越高，反之亦然。

（二）全面重视原则

全面重视原则，要求涉外经济的政府部门、企业或个人对自身经济活动中的外汇风险高度重视。外汇风险有不同的种类，有的企业只有交易风险，有的还有经济风险和会计风险，不同的风险对企业的影响有差异，有的是有利的影响，有的是不利的影响，因此涉外企业和跨国公司需要对外汇买卖、国际结算、会计折算、企业未来资金运营、国际筹资成本及跨国投资收益等项目下的外汇风险保持清醒的头脑，做到胸有成竹，避免顾此失彼，造成重大的损失。

我国的企业由关起门来搞建设到走出去面向全球市场，从听计划、听指挥到独立自主、自负盈亏，经历了重大的变革和突破。在这个建立面向市场的经营机制过程中，关键是解放思想、转变观念。由于企业刚开始实行跨国经营或者扩大国际经营范围，在外币资金的调拨和头寸管理中不可避免地出现更多的风险，外汇风险无时不在、无处不在，外汇风险可能带来营运资本和现金流量的损失，影响企业的正常经营和核心竞争力，企业不能不防、不能不管，这需要经营者在头脑中牢固树立风险管理这个概念，补上外汇风险管理这一课。全面重视原则即要求企业首先要有风险管理的意识，从管理战略上给予外汇风险管理高度的重视。

（三）管理多样化原则

管理多样化原则，要求涉外企业或跨国公司灵活多样地进行外汇风险管理。企业的经营范围、经营特点、管理风格各不相同，涉及的外币的波动性、外币净头寸、外币之间的相关性、外汇风险的大小都不一样，因此每个企业都应该具体情况具体分析，寻找最适合于自身风险状况和管理需要的外汇风险战略及具体的管理方法。实际上，没有一种外汇风险管理办法能够完全消除外汇风险，所以，认为某一种风险防范措施必然比另一种措施更优越、效果更佳的论断是失之偏颇和较为武断的。

在选择风险管理办法时，需要考虑企业发展战略、风险头寸的规模和结构、涉外业务范围和性质、相关国家的外汇管理政策、金融市场发达程度等约束因素。随着时间的推移，外部约束因素会不断变化，因此，企业的外汇风险管理战略也需要相应的更改，企业不能抱残守缺，长期只采用一种外汇风险管理方法。

三、汇率风险的管理战略

（一）全面避险的管理战略

在采取全面避险的管理战略时，企业试图对经营中出现的外汇风险一律进行套期保值，强调绝对安全，不留任何来自汇率方面的不稳定因素。

采取这种战略的企业，属于风险厌恶者，他们是全心全意的生产经营专家，不是金融或外汇专家，不希望自身的经营业绩受到汇率变动的影响。他们不愿意承受由汇率造成的额外损失，也不想获得汇率带来的额外利润，只愿集中精力执行其生产和经营计划。完全套期保值战略使企业实现了风险中立目标，汇率不管朝哪个方向波动都将与企业的现金流量无关。采取完全套期保值战略，是公司对外宣布自己稳健经营的一个信号，对维护企业的社会形象和声誉具有特别的意义，对某些需要赢得稳健投资者支持的企业来说，这一战略无疑是最佳的选择。然而，完全套期保值的代价是三种风险管理战略中最高的，因为汇率波动是双向的，对企业的风险而言利弊皆存，完全套期保值不仅要支付高昂的成本，而且还牺牲了汇率波动可能带来的收益。

此外，有的企业有条件采取这种战略，因为他们的经营特点决定其拥有低成本的风险管理优势。例如，有风险的外汇币种有发达的衍生工具市场，在市场上处于价格优势，有可能把风险管理成本转移到产品销售价格中去。与保持外汇风险的其他对手相比，这些企业不会因完全套期保值而处于不利地位。一般来说，稳健经营要求高的商业银行大多采取这一战略，基本上实现外汇风险中立，保有的外汇风险头寸很少。

（二）消极的管理战略

采取消极的管理战略的企业对其面临的外汇风险听之任之，不采取任何措施进行控制或消除，"无为而治"。选择消极保值战略的企业看似无为，实际上是在谋求50%概率的汇率变动的有利影响，以便享受这份免费的午餐。当然，这种战略的弊端是，如果汇率变动对其不利，企业就要承受由此产生的所有损失。

采取这种战略的企业一般是风险爱好者，其选择依据具体如下：

第一，认为自己获得的信息多，对外汇市场行情的判断比较准确，有把握识别外汇风险对自己有利还是不利，故保留外汇风险以尽可能获得额外的风险收益。

第二，相信市场机制的作用。如果外汇市场遵守利率平价和购买力平价，市场是高度有效的，企业的实际经营、现金流量与汇率波动无关，那么采取任何措施进行保值或投机都是不必要或无效的，只是多花冤枉钱。

第三,外汇风险不大,给企业造成的不利影响只伤皮毛、不触筋骨。如果外汇风险管理花费的成本很大,套期保值的成本超过了不进行风险管理的损失,企业反倒不如不进行风险管理。

但在现实中,这种战略受到很大的挑战,因为企业经营不可能与汇率波动无关,特别是从短期看,汇率波动很少符合利率平价和购买力平价,它不仅带来企业资产名义上的价值波动,还影响营运资产和真实资产的实际价值。因此,除特殊情况外,涉外企业一般较少采取这种消极保值战略。

（三）积极的管理战略

积极的管理战略,指企业积极地预测汇率走势,并根据不同的预测对不同的涉险项目分别采取不同措施的风险管理策略。例如,在预期汇率变动对其不利时,企业采取完全或部分避险的管理手段;在预期汇率变动对其有利时,企业承担汇率风险以期获取风险报酬。

采取积极保值战略的企业可以分为两类:第一,利用汇率的波动谋取利润的投机者;第二,以平衡外汇风险头寸为目标的套期保值者。采取这种战略的企业,一般会把外汇风险管理纳入企业总体的经营管理战略,对外汇风险管理进行周密的安排,有一整套的管理制度和约束机制,而且对风险管理水平有较高的要求,否则,由此带来的损失和代价将可能远远大于完全套期保值战略和消极保值战略。

现实中,大部分企业都选择积极保值的风险管理战略。对于外汇风险,采取部分弥补、部分保留的策略。不同的企业往往根据自己的经营特点和管理经验,对比外汇风险大小和"允许的"外汇风险承受能力,确定是否需要进行套期保值,以及对哪些币种的外汇风险、多大的金额进行套期保值。这种决策必须建立在精确的成本收益核算基础上。不管怎样,企业的外汇风险管理战略一定要服务于企业整体目标的大局,需要结合业务特点和财务状况做出适当的选择。

第三节 证券投资风险及其管理策略

"现在我国社会经济已经逐渐保持在了高速发展状态,随之社会上涌现出各种各样的金融投资产品。再加上人们在金融创新方面的意识也有所提升,所以越来越多的人都想使自身的资产得到增值。其中被投资者使用最多的就是证券投资。"① 证券投资，是现代投资活动中的重要组成部分。随着经济全球化的发展，资本可以在全世界流动，证券市场已从局部、区域性市场发展成全国性乃至国际性市场。国际政治、经济的风云变幻更可以通过证券市场这个链条在全球范围内迅速传播、扩大，从而使证券投资风险成为各种经济矛盾、问题的集中体现。

一、证券与证券投资风险

（一）证券

从一般意义上来说，证券是指用以证明或设定权利而做成的书面凭证，它表明证券持有人或第三者有权取得该证券拥有的特定权益，或证明其曾经发生过的行为。证券按其性质不同，可分为凭证证券和有价证券。凭证证券又称无价证券，是指本身不能使持有人或第三者取得一定收入的证券。以下主要论述有价证券：

1. 有价证券的特征

有价证券是指标有票面金额，证明持有人有权按期取得一定收入并可自由买卖的所有权或债权凭证。有价证券具有如下特征：

（1）证券的产权性。拥有证券就意味着财产的占有、使用、收益和处置的权利。

（2）证券的收益性。它是指持有证券本身可以获得一定数额的收益，这是投资者转让资本使用权的回报。

（3）证券的流通性。它又称变现性，证券的流通是通过承兑、贴现、交易实现的。

（4）证券的风险性。这是指证券持有者面临着预期投资收益不能实现，甚至使本金也受到损失的可能。

2. 有价证券的种类

有价证券包含的种类繁多，在投资活动中发挥最主要作用的是股票和债券。

（1）股票，是有价证券的一种主要形式，是指股份有限公司签发的证明股东所持股份的凭证。股票有三个基本要素：发行主体、股份、持有人。

（2）债券。债券有四个方面的含义：发行人是借入资金的经济主体；投资者是出借资金的经济主体；发行人需要一定时期还本付息；反映了发行者和投资者之间的债权债务关

---

① 孙卫军，金芝. 证券投资风险的分析及防范[J]. 中国集体经济，2022（1）：99.

系，而且是这一关系的法律凭证。

作为筹措资金的手段，股票与债券都是有价证券，两者的收益率相互影响。它们的区别见表3-1[①]所示：

表3-1 股票与债券的区别

	股票	债券
权利	所有权凭证，股票所有者是发行股票公司的股东，一般拥有投票权，可以通过选举董事行使对公司的经营决策权和监督权	债权凭证，债券持有者与债券发行人之间是债权债务关系，无权参与公司的经营决策
目的	发行股票是股份公司为创办企业和增加资本的需要，筹集的资金列入公司资本	发行债券是公司追加资金的需要，它属于公司的负债，不是资本金
期限	一旦投资入股，股东便不能从股份公司抽回本金，因此，股票是一种无期投资，或称永久投资	一般有规定的偿还期，是一种有期投资
收益	股息红利不固定，一般视公司的经营情况而定	有规定的利率，可获得固定的利息
风险	风险较大	风险相对较小

（二）证券投资风险

证券投资风险，是指证券价格的不确定变化导致行为人遭受损失的不确定性。收益和风险是证券投资的核心问题，投资者的投资目的是获得收益，投资收益是未来的，而且一般情况下事先难以确定，未来收益的不确定性就是证券投资的风险。

收益与风险的基本关系是：收益与风险相对应。一般来说，风险较大的证券其要求的收益率相对较高；反之，收益率较低的证券，风险相对也较小。但是绝不能认为，风险越大，收益一定越高。通常认为，证券投资的收益与风险共生共存，承担风险是获取收益的前提；收益是风险的成本和报酬，它们之间呈正比例的互换关系。投资者只能在收益和风险之间加以权衡，即在风险相同的证券中选择收益较高的或在收益相同的证券中选择风险较小的进行投资。这种关系表现为：预期收益率=无风险利率+风险补偿。

预期收益率是投资者承受各种风险应得的补偿。无风险收益率是指把资金投资于某一

---

① 本节图表引自刘园. 金融风险管理[M]. 北京：首都经济贸易大学出版社，2019：154.

没有任何风险的投资对象而获得的收益率,我们把这种收益率作为一种基本收益,再考虑各种可能出现的风险,使投资者得到应有的补偿。

全面理解证券投资面临的风险,应注意以下内容:

第一,客观条件的变化是证券投资风险的重要成因,尽管证券投资主体无力控制客观状态,却可以认识并掌握客观状态变化的规律性,对相关的客观状态做出科学的预测,这也是证券投资风险分析的重要前提。

第二,证券投资风险是指可能的后果与证券投资主体预期发生负偏离,负偏离是多种多样的,且重要程度不同。在复杂的现实经济生活中,"好"与"坏"有时很难截然分开,需要根据具体情况加以分析。

第三,尽管风险强调负偏离,但实际中肯定也存在正偏离。由于正偏离是人们的渴求,属于风险收益的范畴,因此在证券投资风险分析中也应予以重视,以它激励证券投资主体勇于承担风险,获得风险收益。

1. 证券投资风险的来源

证券市场是市场经济中的一种高级组织形态,同时也是高风险市场,因为证券价格具有很大的波动性、不确定性。

(1) 证券的本质,决定了证券价格的不确定性。从本质上说,证券是一种价值符号,其价格是市场对资本未来预期收益的折现,其预期收益受利率、汇率、通货膨胀率、所属行业前景、经营者能力、个人及社会心理等多种因素影响,难以准确估计,表现在价格上具有较强的不确定性。证券的这一本质属性,决定了以它为交易对象的证券市场从形成起就具有高风险性。

(2) 证券市场运作的复杂性,导致了证券价格的波动性。证券市场的运作过程,实际上是市场供给与需求之间由不平衡到平衡、由平衡到不平衡的循环往复过程。但与其他商品市场不同的是,证券市场的供需主体及决定供需变化的因素与机制更加复杂。从市场参与者来看,从政府到企业、从机构到个人,形形色色,非常广泛,他们在市场中的地位、对市场的熟悉程度、对市场的要求千差万别。从市场构成来看,包括发行主体、交易主体、中介机构等,代表着不同的利益群体,内部运作机制各不相同。从交易工具来看,有债券、股票、基金及金融衍生产品等,各类工具在性质、交易方式、价格形成机制等方面既自成体系又彼此联系。在这一环境中,证券市场的价格显得更加难以捉摸,不断波动甚至暴涨暴跌。

(3) 投机行为,加剧了证券市场的不稳定性。在证券市场的运作过程中,投资与投机行为是相互伴生的。投机资本追逐利润的行为加剧了市场价格波动。当投机行为超过正常界限，变成过度投机，则市场风险凸显。

（4）证券市场风险控制难度较大。证券市场涉及面广、敏感度高，社会、文化生活中的许多变化都会对风险积聚产生影响，任何重大政治、经济事件都可能触发危机，对市场中的所有风险因素难以全面把握、控制。主观上，受监管能力及自律程度的局限，各类甘冒风险博取赢利的不规范行为难以杜绝，而对违规行为的发现、纠正则需要一段过程。

2. 证券投资风险的类型

总体来说，证券投资风险可分为系统性风险和非系统性风险两大类。

（1）系统性风险，指由于某种因素使证券市场上所有的证券都出现价格变动的现象，给一切证券投资者都会带来损失的可能性。这种影响是全局的，会导致整个市场的证券行市发生变化。经济的、政治的和社会的变动是系统风险的根源。

系统性风险，可分为利率风险、市场风险、购买力风险、国际政治风险和外汇风险。当然，这种划分并不是绝对的，有些利率风险、市场风险、购买力风险和外汇风险可以通过多样化和分散化来避免，这时它们就属于非系统风险。

系统风险的主要特点包括：①由共同的因素所引起；②影响所有证券的收益；③不可能通过证券多样化来回避或消除，因此它又称为不可多样化风险。这种风险对不同证券的影响程度是不一样的，有的证券价格易为整个经济环境所干扰，而另一些则抗干扰能力强一些。譬如一些耐用消费品生产厂家的股票价格就易受到经济变动的影响，当整个经济出现不景气时，消费者首先取消的是昂贵的耐用消费品购买计划，进而影响到厂家的生产和利润，使这些企业的股价也随之变动。而粮食等基本消费品生产加工经营企业，无论经济是否景气，它们的收益均显得比较稳定，股价变动也要小一些。

（2）非系统风险，仅涉及某一特定的证券，指某些个别因素对某一证券造成损失的可能性。它与系统风险不同，专指个别证券所独有并随时变动的风险，主要包括经营风险和财务风险等。

非系统风险的主要特点包括：①由于特殊因素所引起；②只影响某种证券的收益；③可以通过持有证券多样化来消除或回避，因此它又称为可多样化风险。例如持有多种股票，当有些价格下跌、股息减少时，另一些股票的价格可能上升，这样就可能使风险彼此冲销。

总风险是由系统风险和非系统风险合并而成的。但此合并并非简单的相加，而是依照几何学中的欧几里得定理结合而得。用公式表示为：

$$（总风险）^2 = （系统风险）^2 + （非系统风险） \tag{3-1}$$

3. 证券投资风险的评估

评估证券风险是管理证券风险的前提。从某种意义上说，它比分析和衡量投资的预期收益更为重要。因为只有对各种证券的投资风险有一个大致的把握，才能在众多的投资对象中选择最佳的投资目标。

证券投资风险评估的原则，具体如下：

（1）风险评估的结果只能是一个大致的参考值。风险评估结果可以作为比较各种证券风险度的参考值，投资者由此可以大体了解哪种证券的风险较大，哪种证券的风险较小。虽然风险评估的目的是测量某种不确定因素导致的投资收益减少的程度，但是，不能指望它可以给出一个十分精确的答案，使评估结果与将来的实际情况完全一样。

（2）风险评估的结果很可能会发生变化。风险的变异性决定了任何一种证券的风险程度都是可以改变的。风险程度低的证券可能会因为某些因素的变化而成为风险高的证券；反之，风险程度高的证券也会因为一些因素的变化而成为低风险的证券。所以，对风险的评估要有连续性，要定期核对、修正其评估结果。

（3）注意不同证券的风险的特殊性。评估风险的方法通常是根据风险变动的一般规律或计量经济学的定理设计的。然而，在不同的时间、不同的地点、发生在不同类型证券上的风险，总有一定的特殊性。所以，在应用风险评估的结果进行投资决策时要注意到这一点，避免以简单的形式逻辑推理代替逻辑思维做出选择。

二、证券投资的管理策略

（一）分散投资法

分散投资法，是投资者在证券投资中普遍采用的方法。"不要把所有的鸡蛋都放在一个篮子里"，是对分散投资最形象的比喻。分散投资的意义在于降低投资风险，保证投资者投资收益的稳定性。因为当一种证券不景气时，另一种证券的收益可能上升，从而使得投资者所持有的各种证券的收益和损失在相互抵销后仍能获得较好的投资收益。许多共同基金的基本经营方针就是如此。分散投资的含义包括以下四个方面的内容：

1. 分散投资对象

投资者应将其投资资金广泛分布于不同种类的投资对象上。例如可用一部分资金购买安全性较强的政府债券，一部分资金购买公司债券，一部分购买股票。在证券发行者所属的行业方面，也应适当分散投资，不应仅集中于某一行业，而应该对工业、交通、金融等行业都有所涉及。购买某一行业的证券时，在发行企业的选择方面也要力求分散，不能把投资注意力只集中在一个企业上，要购买不同企业的证券，特别要注意购买产品众多的企业的证券，因为这种企业在产销市场上容易站稳脚跟，经营的安全性更强。只有这样，才能形成较为合理的投资结构。

2. 分散投资地域

投资者不应仅仅持有某一地区发行的证券，而应对国内各地区以至国际金融市场上发行的证券都有所选择，从而减少或避免由于某一地区政治、经济的动荡而可能出现的投资损失。

3. 分散投资时机

由于证券市场瞬息万变，人们很难准确把握证券行市的发展变化，所以必须在投资时机上予以分散。投资者在投资时可以慢慢投入，经过几个月或更长的时间才完成投资。这样一来，就可以在一定程度上避免由于投资时机过于集中或把握不准投资时机而带来的风险。若购买股票，投资者还可以根据经济周期变动对股价的影响，利用股价循环的不同阶段购买股票，以达到分散投资时机的目的。

4. 分散投资期限

市场利率变化是影响证券行市的重要因素。由于不同时期市场利率的变动方向和变动幅度不同，从而导致了不同期限结构的证券行市的变动方向和变动幅度也大不一样。实现证券期限分散化，就可以减少利率变动对投资者所持有证券的行市的影响，从而降低利率风险。

分散投资法对投资者而言简便易行，适用性较强。从理论上说，当投资组合分散到市场所有证券上时，即形成一个市场组合，组合投资的收益将代表该市场的一个加权平均收益率。这种收益率是投资者对整个市场因存在系统风险而要求的最低报酬率。然而在实际市场中，由于信息不完全及交易费用的存在，组合并不是越分散越好。一个充分分散的基金，其投资包括 15~25 种证券。

（二）杠铃投资法

杠铃投资法，是将全部投资资金集中投放于短期证券和长期证券上的一种保持证券头寸的方法。用图形表示形似两头大中间小的杠铃，故得此名。

运用这种投资方法，长、短期证券的期限由投资者自行选择，当然也有购买中期证券的情况，但为数寥寥。从投资资金的投放看，在长、短期两种证券中也不是平均分配的，而是根据市场形势做出决定，同时，还要视市场利率变化、证券行市涨跌情况进行调整。如果预期长期市场的利率会下降、长期证券的价格将要上涨时，就把投资重点放在杠铃的长端上，卖出一部分短期证券，购入长期证券。等到长期市场利率下降、长期证券价格上涨到一定幅度时，再卖出长期证券，购入短期证券。通过长期证券的先买后卖，投资者就可获利。同样，当预期短期市场利率可能下降、短期证券价格将上涨时，就把投资重点放在杠铃的短端上，卖出一部分长期证券，购入短期证券。待短期市场利率已经下降、短期证券价格上涨时，便可卖出短期证券以获利。

使用杠铃投资法，客观上对投资者提出了很高的要求。因为只有在投资者具备了较高的投资分析水平，能对利率走势做出比较准确预测的情况下，才有可能获得较好的投资效果。一旦对利率的预测与实际情况发生偏差，就会蒙受损失。但由于影响利率变动的因素很多，要准确把握和预测利率变化方向并非易事。因此，杠铃投资法无疑加大了投资管理的难度。但从风险和收益的关系角度看，这也是控制证券风险的一种积极办法。

（三）长、短期投资法

长、短期投资法，是将全部投资资金集中投放于一种期限的证券上，以保持证券头寸的方法。

长期投资法，是指将投资资金全都用来购买长期证券（可能是股票，也可能是债券），而对短期证券则不予问津。这种方法可以获得较高的收益，但不利于保持较强的流动性。

短期投资法正好与长期投资法相反，采用这种方法，是把资金全部都用于购买短期债券。由于短期债券变现容易，因此可以满足流动性的要求，一旦投资者需要资金，能够迅速转让，满足生产经营的需要。但它在获取投资收益方面，则要逊色于长期投资法。这种方法比较适合那些支配长期资金能力有限或能用于投资的仅仅是暂时闲置资金的投资者。

（四）固定模式投资法

固定模式投资法多为进行股票投资时所采用。所谓固定模式投资法，是指根据对股票价格变动的趋势的把握，按一定的模式进行投资。在运用此类方法投资时，通常都遵循减少风险、分散风险和转移风险等风险控制原则，利用不同种类股票的短期市场价格波动，在股票价格上升时抛出、股票价格下跌时买进，获取收益。固定模式投资法主要有以下类型：

1. 平均投资计划法

采用这种方法，是在股票价格上涨时分批卖出股票，而在股价下跌时分批买进股票。采用平均法有以下两点好处：

（1）可以防止交易过量。如一次以其全部资金购入某种股票或卖出全部股票，以后股票市价若下跌或上涨，则投资者没有了回旋的余地。采用平均法则可降低其平均购进成本或提高其平均出售价格，且有时间充分考虑是否终止以后的买入或卖出。

（2）可以减少投资损失。一次买进后如股价下跌，投资损失必然很大，但若分批购进，股价纵然跌落，损失仍可较轻。

在股价波动剧烈时期，平均法适宜在股价呈主升趋势时采用，在股价呈持续猛跌趋势时则不宜采用。即使是预期股价呈上升趋势，投资者也必须准确预测出上升趋势所处的时间，否则股价在上升阶段停留的时间很短，上升之后猛然转跌，则分次卖出比一次卖出所蒙受的损失要大。所以，平均法对预测股价走势提出了很高的要求。

2. 固定比率计划法

采用固定比率计划法，投资者将投资资金分别投放于股票和债券，并使股票金额和债券金额保持固定的比率。它与固定金额计划法的区别在于：固定金额计划法的立足点是要维持固定的股票基金数额，而不考虑股票基金与现金基金（或债券与优先股金额）在投资总额中的比例；而固定比率计划法则着眼于维持这种比率。

3. 固定金额计划法

采用固定金额计划法进行股票投资时，应严格遵循股价上升时卖出、股价下降时买进的原则，以使股票的投资金额固定在一定数量上。采用这种投资方法，把一定数额的资金投资于股票，这部分资金称为股票基金；另一部分资金保持流动能力，称为现金基金，亦可将其投资于债券或优先股。

实施固定金额计划，一般都严格遵循分散投资原则，即每次购入若干种普通股，以减少投资风险。此外，还应尽力避免在股价最高时投资，以减少和避免投资损失。

4. 变动比率计划法

采用变动比率计划法，投资者随着某种股票平均数的变动，相应调整投资总额中股票基金和现金基金所占的比率。变动比率计划法和固定比率计划法的根本区别在于：固定比率计划法要求股票和债券的投资比率是不变的，而变动比率计划法要求投资比率是可变的。

运用变动比率计划法调整股票基金和现金基金的具体操作过程是：当某种股价平均数上升一定幅度时，便相应卖出一定数额的股票，从而使得股票在投资总额中的比率减少；反之，当某种股价平均数下降一定幅度时，则相应买入一定数额的股票，使得股票在投资总额中的比率增大。

通过以上对固定模式投资法中的方式介绍，可总结出其基本原理：

（1）各种方式都把资金分为两部分，即进取性投资和保护性投资。前者投资于价格波动较大的股票，其收益率一般比较高，风险也比较大。后者投资于股价比较平稳的股票或投资基金，收益平稳，风险也比较低。

（2）在两种资金之间确定一个恰当的比率，并随着股价的变化按照定式对两者的比率进行调整，使两者的搭配能实现预期的收益水平和风险控制目标。

（3）投资者根据市场价格水平的变化，机械地进行股票买卖活动。

第四章 信用风险的控制管理

第一节 信用风险的产生与识别

信用风险是金融市场上最为古老的一类风险,也是银行面对的基本风险之一。从银行诞生之日起,信用风险就始终是银行所面临的最主要威胁,也因此成为银行风险管理的核心内容。20世纪70年代开始的金融自由化浪潮使得银行面临前所未有的利率波动和市场波动,利率风险和市场风险开始急剧凸显,使得银行风险管理的重心开始向利率风险和市场风险转移。进入20世纪90年代,信用风险管理的重要性再次引起理论界、实务界及监管部门的高度关注。

一、信用风险及其产生原因

信用风险,是指债务人或交易对手未能履行合同所规定的义务或信用质量发生变化,影响金融工具价值,从而给债权人或金融工具持有人带来损失的可能性。

传统的观点认为,信用风险是指交易对手无力履约的风险,即债务人未能如期偿还其债务造成违约,而给经济主体经营带来的风险。这里的风险被理解为只有当违约实际发生时才会产生,因此,信用风险又被称为违约风险。然而,随着现代风险环境的变化和风险管理技术的发展,传统的信用风险定义已经不能充分反映现代信用风险及其管理的性质与特点。传统贷方总是将信用风险当作成本、一种需要防范的风险,而且往往为此放弃信用交易。然而今天,信用及其风险可以重新出售。他们把信用风险视为可以打包并买卖的有价值的商品。信用评级公司、金融担保机构及许多相关专业公司都成了信用链条上的关键环节。

(一) 信用风险的类型划分

从不同的角度,可以将信用风险分为以下类型:

1. 按照信用风险的性质划分

按照信用风险的性质,可将信用风险分为违约风险、信用等级降级风险和信用价差增大风险。

（1）违约风险，是指借款人或交易对手违约给金融机构带来的风险。

（2）信用等级降级风险，是指由于借款人信用等级的变动造成的债务市场价值变化的不确定性。

（3）信用价差增大风险。信用价差，是指为了补偿违约风险，债权人要求债务人在到期日提供高于无风险利率（一般用同期的国债到期收益率来表示）的额外收益。信用价差增大风险，是指由于资产收益率波动、市场利率等因素变化导致信用价差增大所带来的风险。

2. 按照信用风险涉及的业务种类划分

按照信用风险所涉及的业务种类，可将信用风险分为表内风险与表外风险。源于表内业务的信用风险称为表内风险，如传统的信贷风险；而源于表外业务的信用风险称为表外风险，如商业票据承兑可能带来的风险。所谓表外业务（OB），是指商业银行所从事的、按照现行的会计准则不计入资产负债表内、不形成现实资产负债但能增加银行收益的业务。

3. 按照信用风险是否可以分散划分

按照信用风险是否可以分散，可以分为系统性信用风险和非系统性信用风险。系统性信用风险，源于系统性风险因素，如经济危机导致借款人无力偿还贷款；非系统性信用风险，是指特定行业或公司的特殊因素导致借款人不愿或无法履行合同给金融机构带来的信用风险。

4. 按照信用风险的受险主体划分

按照信用风险的受险主体来分，可以分为企业信用风险、金融机构信用风险和个人信用风险。

（1）企业作为受险主体，其面临的信用风险主要来自其他企业和金融机构。当一家企业的客户要求对商品或服务延期付款时，该企业就会面临来自该客户的信用风险。一旦客户到期拒付，潜在的信用风险就会变为实际损失；如果客户要求推迟偿付，信用风险程度就会加深。企业也可能面临来自银行等金融机构的信用风险。如果一家企业的资金充裕并将其全部存入一家银行，当该银行破产清算时，该企业存款就会有损失。

（2）金融机构主要包括银行、保险公司、证券公司等。金融机构作为受险主体，所面临的信用风险主要来自企业、个人与国家。

（3）个人作为受险主体，其信用风险主要来自民间借贷、金融投资。来自民间借贷的信用风险是指借款人到期不还本付息。来自金融投资的信用风险包括企业发行的股票和债券风险、中介机构信用风险和购买国债的风险。

（二）信用风险产生的原因

关于信用风险产生的原因，主要是经济实际运行中债权人和债务人之间由于还债能力、还债意愿、债务管理等方面存在问题而产生的违约情况。

1. 债务人的主观因素

债务人的主观因素，主要包括两种情况：一种是债务人有能力归还本息但故意逃避责任，不予归还；另一种是债务人暂时没有能力偿还，但是没有主动承担义务的责任感，一直拖着欠账，不努力改进。这两种情况都和债务人的品行有很大关系，是一种很大的信用风险，往往对债权人造成严重的经济损失。

2. 债务人的客观因素

在信用活动中，债务人并不总是能够履行债务契约，按时还本付息的。由于种种问题，即使债务人主观上愿意早日清偿债务，但客观原因使之不可能。具体原因如下：

（1）未预期的利率和汇率变动。未预期的利率变动会造成信用工具价格的下跌，这被称为资本风险或市场风险，它还可能增加债务人的负担，使其无法按时还本付息，造成所谓的违约风险。当信用活动涉及不同国家的借贷时，未预期的汇率变动正如未预期的利率变动一样，会使债权人面临一定的信用风险。

（2）未预期的通货膨胀。在信用风险中，未预期的通货膨胀给债权人带来的风险常被称为购买力风险。由于通货膨胀率的水平高于人们预期的水平，无论是利息收入还是本金在最终得到支付时所具有的购买力会低于最初投资时所预期的购买力。所以在一国发生高通货膨胀时，信用秩序常常比较混乱，旧的信用关系不能得到很好解决，新的信用关系很难建立，债权人在这种情况下往往不愿意进行新的借贷，这就是购买力风险对信用活动的冲击。

（3）未预期的宏观经济形势变动。因经济周期变动、产业结构变动等宏观经济因素的影响，债务人所在的产业或行业遭受较大的冲击或调整，从而影响其偿债能力。

（4）资金使用不当。债务人常常由于资金使用不当而无法偿还债务本息。例如，当债务人具有长期资金而进行多次短期投资时可能出现实际利息收入低于预期收入的情况，这在信用风险里常被称为收入风险。另外，也可能由于债务人投资项目选择失误、投资方向错误（如投资于某种价格将下跌的股票）等，使债务人无法偿还债务本息。

二、信用风险的识别

信用风险，源于借款人的不良表现，或是因为借款人没有能力，或是因为借款人不愿履行事先定好的合约而给银行造成损失。客户违约给银行带来严重的信用风险将危及银行正常的清偿能力。因此，银行必须对借款人的财务状况、抵押品的现值、还款意愿等与还款有关的因素保持高度关注，通过一些独特的手段识别信用风险。信用风险识别，是指通过对银行的外部经营环境、客户、交易对手的了解、考察和分析，识别出可能导致银行债务人或交易对手违约或信用质量发生变化、影响银行债权或其他金融工具的价值，并由此引致银行损失的各种因素。

按照业务特点和风险特性的不同，商业银行的客户可划分为法人客户与个人客户。

（一）法人客户信用风险的识别

法人客户根据其机构性质，可以分为企业类客户和机构类客户。企业类客户，根据其组织形式不同可划分为单一法人客户和集团法人客户，以下主要讨论企业类客户的两种形式。

1. 单一法人客户信用风险的识别

（1）单一法人客户的基本情况分析。在对银行客户进行信用风险分析时，必须对客户的基本情况和与银行业务相关信息有全面的了解，以便从中判断客户的类型、基本经营情况和信用状况等。商业银行应要求客户提供基本资料，并对客户提供的身份证明、办理授信的法人资格、财务状况等资料的合法性、真实性和有效性进行认真核实，并将核实过程和结果以书面形式记载。

（2）单一法人客户的财务状况分析。财务分析是对企业经营活动中的经营成果、财务状况以及现金流量情况的分析。通过分析达到评价企业经营管理者的管理业绩、经营效率，评估企业所创造价值，估计企业的财务风险和信用风险等目标。财务分析是一项系统工程，主要内容包括财务报表分析、财务比率分析以及现金流量分析。

第一，财务报表分析。财务报表分析主要是对资产负债表和损益表进行分析，有助于商业银行深入了解客户的经营状况以及经营过程中存在的问题。根据国际最佳实践，财务报表分析应特别注重四项主要内容：①识别和评价财务报表风险，主要关注财务报表的编制方法及其质量能否充分反映客户实际和潜在的风险；②识别和评价经营管理状况，通过分析损益表可以识别和评价公司的销售情况、成本控制情况以及盈利能力；③识别和评价资产管理状况，主要包括资产质量分析、资产流动性分析以及库存、固定资产等资产投资组合分析；④识别和评价负债管理状况，主要分析资产负债期限结构。

第二，财务比率分析。商业银行应当善于使用各种财务比率来研究企业类客户的经营状况、资产负债管理状况等。财务比率主要分为四大类：①盈利能力比率，用来衡量管层将销售收入转换成实际利润的效率，体现管理层控制费用并获得投资收益的能力；②效率比率，又称营运能力比率，体现管理层管理和控制资产的能力；③杠杆比率，用来衡量企业所有者利用自有资金获得融资的能力，也用于判断企业的偿债资格和能力；④流动比率，用来判断企业归还短期债务的能力，即分析企业当前的现金偿付能力和应付突发事件和困境的能力。

第三，现金流量分析。现金流量是指现金在一个公司内的流入和流出，现金流量分析的目的是判断企业现金流量的充足性，寻找企业存在的潜在问题。比如通过现金流量分析可以判断企业是否过度交易，或者资本费用是否过多。现金流量表和损益表、资产负债表不同，企业很难用弄虚作假和寻机性会计的方法粉饰现金流量表。因此，现金流量表上的信息比利润、资产、公积金等数据更为可靠。

（3）单一法人客户的非财务因素分析。非财务因素分析是信贷风险分析过程中的一个重要组成部分，它与财务分析相互印证、相互补充。考察和分析企业的非财务因素，主要从管理层风险、行业风险、生产与经营风险、宏观经济环境等方面进行分析和判断。非财务因素主要包括以下方面：

第一，客户管理层分析。重点考核客户管理者的人品、威信度、经营管理能力、公司治理状况等。

第二，行业风险分析。每个借款人都处于某一特定的行业，每一特定行业因所处的发展阶段不同以及受宏观经济变动影响不同，致使其产生特有的行业风险。尽管这种风险具有一定的阶段性特征，但在同一行业中的借款人可能需要共同面对某些基本一致的风险。

第三，生产与经营风险分析。行业风险分析只能够帮助银行对行业整体的共性风险有所认识。一般来说，可以从企业总体经营风险、产品、原料供应、生产、销售等方面进行分析。

第四，宏观经济及自然环境因素分析。政府的宏观调控、经济环境、法律环境、科技进步以及战争、自然灾害和人口等各种自然和社会因素，均可能给借款人带来意外的风险，从而对借款人的还款能力产生不同程度的影响。

（4）单一法人客户的担保分析。担保是指为维护债权人和其他当事人的合法权益，提高贷款偿还的可能性，降低银行资金损失的风险，由借款人或第三人对贷款本息的偿还或其他授信产品提供的一种附加保障，为银行提供一个可以影响或控制的潜在还款来源。银行与借款人及其他第三人签订担保协议后，当借款人财务状况恶化、违反借款合同或无法偿还贷款本息时，银行可以通过执行担保来争取贷款本息的最终偿还或减少损失。担保方式主要有保证、抵押、质押、留置和定金。

第一，保证。保证是指保证人和债权人约定，当债务人不履行债务时，保证人按照约定履行债务或者承担责任的行为。贷款保证的目的是通过第三方为借款人按期、足额偿还贷款提供支持。在对贷款保证进行分析时，银行最关心的是保证的有效性。

第二，抵押。抵押是指债务人或者第三人不转移对财产的占有，将该财产作为债权的担保。债务人不履行债务时，债权人有权依照法律规定以该财产折价或者以拍卖、变卖该财产的价款优先受偿。债务人或者第三人为抵押人，债权人为抵押权人，提供担保的财产为抵押物。

第三，质押。质押又称为动产质押，是指债务人或者第三人将其动产移交债权人占有，将该动产作为债权的担保。债务人不履行债务时，债权人有权依照法律规定以该动产折价或者以拍卖、变卖该动产的价款优先受偿。在动产质押中，债务人或者第三人为出质人，债权人为质权人，移交的动产为质物。

第四，留置。留置是指债权人按照合同约定占有债务人的动产，债务人不按照合同约定的期限履行债务的，债权人有权依照法律规定留置该财产，以该财产折价或者以拍卖、变卖该财产的价款优先受偿。留置担保的范围包括主债权及利息、违约金、损害赔偿金、留置物保管费用和实现留置权的费用。留置这一担保形式主要应用于保管合同、运输合同、加工承揽合同等主合同。

第五，定金。定金是指当事人可以约定一方向对方给付定金作为债权的担保。债务人履行债务后，定金应当抵作价款或者收回。给付定金的一方不履行约定债务的，无权要求返还定金；收受定金的一方不履行约定债务的，应当双倍返还定金。

2. 集团法人客户信用风险的识别

集团客户是指企业集团客户，企业集团是指由相互之间存在直接或间接控制关系或其他重大影响关系的关联方组成的法人客户群。确定为同一集团客户内的关联方可称为成员单位。根据集团内部关联关系不同，企业集团可以分为纵向一体化企业集团和横向多元化企业集团；根据集团内部企业紧密程度不同，企业集团可以分为紧密型企业集团和松散型企业集团。

（1）集团客户的信用风险特征。集团客户授信业务风险一般是指出于对集团客户多头授信、过度授信和不适当分配授信额度，或集团客户经营不善以及集团客户通过关联交易、资产重组等手段在内部关联方之间不按公允价格原则转移资产或利润等情况，给债权银行带来损失的可能性。

（2）集团客户信用风险识别的要点：

第一，收集全面信息。充分利用已有的内外部信息系统，例如中国人民银行的信贷登记查询系统、中介征信机构、互联网、媒体等，及时全面收集、调查、核实客户及其关联方的授信记录。

第二，尽职调查。与客户建立授信关系时，授信工作人员应当尽职受理和调查评价，要求客户提供真实、完整的信息资料，包括客户法定代表人、实际控制人、注册地、注册资本、主营业务、股权结构、高级管理人员情况、财务状况、重大资产项目、担保情况和重要诉讼情况等，以有资格机构审计过的财务报表为基础，通过各种方式获取第一手材料，必要时可要求客户聘请独立的具有公证效应的第三方出具资料真实性证明。

第三，识别客户关联方关系时，授信工作人员应重点关注：客户的注册资金、股权分布、股权占比的变更情况，通过间接持股方式形成的关联关系，通过非股权投资方式形成的隐性关联关系，客户核心资产重大变动及其净资产10%以上的变动情况，客户对外融资、大额资金流向、应收账款情况，客户主要投资者、关键管理人员及其亲密亲属的个人信用记录等。

（二）个人客户信用风险的识别

与法人客户的授信业务相对应，个人信贷业务所面对的客户主要是自然人，其业务的特点表现为单笔业务资金规模小，但客户个数较多。

1. 个人客户的类型划分

个人客户通常可以按照不同的标准，进行以下分类：

（1）老客户与新客户。老客户又可分为高端客户、优质客户与普通客户。

（2）按信贷产品种类，分为抵押房贷、车贷、信用卡消费及其他个人消费贷款客户等。

（3）客户年龄。不同年龄段客户的还款能力与还款意愿具有相当大的差异。

（4）按客户的信用评分，不同信用评分的客户，其还款能力与还款意愿同样具有相当大的差异。

（5）其他可用于个人客户分类的变量。

2. 个人客户信用风险的识别要点

（1）收集信息。要求个人客户提供各种能够证明个人年龄、职业、收入、财产、信用记录、教育背景等的相关资料和基本信息。银行可以通过与借款人面谈、电话访谈、实地考察等方式了解调查借款人信息的真实性。

（2）获得信用记录。从外部权威的个人信用评级机构（如人民银行个人信用信息基础数据库）及其他如税务、海关、法院等权威部门获得个人的信用记录。

（3）综合分析个人信用风险。将银行内部数据系统已有的相关信息、客户提供的资料以及外部权威机构的资料加以汇总，综合分析识别各种可能引致个人客户信用风险的来源、违约概率及其后果。对个人信用风险的识别流程一般是通过银行的个人信用评分模型自动处理的。

第二节　信用风险管理的核心——信用评级

无论何时对信用风险进行度量，都需要考虑三个变量：违约概率、违约风险敞口和违约损失率。

违约是一个离散变量，即分为违约和不违约两种。违约定义为以下两种情况的一种或者两者同时出现：银行认定除非采取追索措施，如变现抵质押品（如果存在），借款人可能不能全额归还对银行集团的债务；借款人对银行集团的主要信贷债务逾期90天以上。违约依靠违约概率来测量。违约概率即交易对手不履行交易合约的概率情况，数值范围在0到1之间。

违约风险敞口，是指当交易对手发生违约时，该资产的经济价值或市值。

违约损失率，是指因违约所造成的损失部分占全部的比例，其与回收率相加为1。例如，如果违约造成的回收率仅有40%，则违约损失率为60%。

一、信用评级机构

信用评级机构是依法设立的从事信用评级业务的社会中介机构，是金融市场上重要的服务性中介机构，它是由专门的经济、法律、财务专家组成的对证券发行人和证券信用进行等级评定的组织。当前，信用评级机构与金融市场的关系日渐紧密，其对某个证券发行人的评级下调可以直接导致相应证券市场价格的大幅下跌乃至崩盘，故而投资机构及投资者对于其评级、意见给予了极高的重视。甚至这样一个商业组织对某一个国家的主权信用评级给出下调意见便可导致区域性乃至国际金融市场的重大变化，希腊的主权信用评级下调即反映了这一特点。

标普、穆迪和惠誉并称为世界三大评级机构。三者评级均有长期和短期之分，但级别序列各有不同。

一般来说，信用评级并不是给证券的投资建议。标普认为，信用评级是标普对债权人总体信誉的评价，或对债务人在某一特定债务证券或其他金融债务上的信用的评价（基于相关的风险因素）。对证券进行评级时，评级机构对潜在的负面损失的关注甚于对潜在的上涨收益的关注。穆迪认为，评级就是对发行者未来按时支付固定收益证券的本金和利息的能力和承担相应法律义务的评价。由于标普和穆迪都被认为在信用评级方面具有专长且能做出公正的评价，并且能够获得公司的内部资料，因此它们的评级被市场参与者和监管机构广泛接受。当监管机构要求金融机构必须持有投资级债券时，金融机构就是根据标普和穆迪这样的信用评级机构做出的评级来确定债券的投资等级的。

信用评级主要分为发行人信用评级和特定债项评级两种。其中，发行人信用评级是对债务人总体偿债能力的评价。发行人信用评级包括交易对手信用评级、公司信用评级和主权信用评级。在这种情况下，评级机构在其评级体系和标志中对长期和短期贷款做出了区分。短期评级适用于商业票据（CP）、大额存单（CD）和可赎回债券。在特定债项评级中，评级机构还要考虑到发行人的属性，以及发行的具体条款、抵押品的质量和担保人的信誉度等。

评级过程包括定量分析、定性分析和法律分析。定量分析主要是根据公司的财务报表进行财务分析。定性分析关心的则主要是管理水平，既要深入分析公司的行业竞争力，又要全面考察该行业预期增长能力，以及对商业周期、技术变革、监管变化和劳资关系等的敏感程度。

为了对企业进行评级，分析师需要分析国际和宏观经济事件、行业前景、监督趋势，并详细了解公司特征，最终得出企业的特定债项结构。对管理层的评估具有主观性，它不仅探讨管理层如何促进经营目标的实现，还考察管理层对风险的承受度。评级机构与债券发行人管理层会晤以审查其经营和财务上的规划、政策和战略是评级过程的一部分。具有相关行业专门知识背景的评级委员会会对所有信息予以审查和评论，然后对评级结果进行投票。评级结果公布前，发行人可以提交新信息并申请重新予以评级。通常评级机构于收到评级申请后的 4~6 周内公布评级结果。

通常情况下，评级机构每年进行一次审查，并根据新的财务报告、业务信息以及与管理层的会晤等进行必要的修正。如果有理由相信审查可能导致信用评级的变化，评级机构将会发出"信用观察"或"评级审查"通知。评级改变须得到评级委员会的批准。

1975 年，美国证券交易委员会首次将全国公认的统计评级机构的评级结果纳入联邦证券监管体系，标普等三大信用评级机构才日渐形成垄断之势。时至今日，信用评级机构的评级结果已对国际金融交易市场产生直接影响，某种程度上能够决定融资利率高低，甚至能够决定融资能否顺利完成。

（一）标普评级

标普是第一家为抵押贷款支持债券、共同基金、资产支持证券评级的公司。标普的长期评级主要分为投资级和投机级两大类，投资级的评级具有信誉高和投资价值高的特点，投机级的评级则信用程度较低,违约风险逐级加大。投资级包括 AAA、AA、A 和 BBB,投机级则分为 BB、B、CCC、CC、C 和 D。信用级别由高到低排列,AAA 级具有最高的信用等级;D 级最低,视为对条款的违约。

从 AA 至 CCC 级,每个级别都可通过添加"+"或"-"来显示信用高低程度。例如,在 AA 序列中,信用级别由高到低依次为 AA+、AA、AA-。

此外,标普还对信用评级给予展望,显示该机构对于未来(通常是 6 个月至两年)信用评级走势的评价。决定评级展望的主要因素包括经济基本面的变化。展望包括"正面"(评级可能被上调)、"负面"(评级可能被下调)、"稳定"(评级不变)、"观望"(评级可能被下调或上调)和"无意义"。

标普还会发布信用观察以显示其对评级短期走向的判断。信用观察分为"正面"(评级可能被上调)、"负面"(评级可能被下调)和"观察"(评级可能被上调或下调)。

标普的短期评级共设六个级别,依次为 A-1、A-2、A-3、B、C 和 D。其中 A-1 表示发债方偿债能力较强,此评级可另加"+"号表示偿债能力极强。

(二)穆迪评级

穆迪长期评级针对一年期以上的债务,评估发债方的偿债能力,预测其发生违约的可能性及财产损失概率。而短期评级一般针对一年期以下的债务。

穆迪长期评级共分九个级别:Aaa、Aa、A、Baa、Ba、B、Caa、Ca 和 C。其中 Aaa 级债务的信用质量最高,信用风险最低;C 级债务为最低债券等级,收回本金及利息的机会微乎其微。

在 Aa 到 Caa 的六个级别中,还可以添加数字 1、2 或 3 进一步显示各类债务在同类评级中的排位,1 为最高,3 为最低。通常认为,从 Aaa 级到 Baa 三级属于投资级,Ba1 级以下则为投机级。

穆迪的短期评级依据发债方的短期债务偿付能力从高到低分为 P-1、P-2、P-3 和 NP 四个等级。

此外,穆迪还对信用评级给予展望评价,以显示其对有关评级的中期走势看法。展望分为"正面"(评级可能被上调)、"负面"(评级可能被下调)、"稳定"(评级不变)以及"发展中"(评级随着事件的变化而变化)。

对于短期内评级可能发生变动的被评级对象,穆迪将其列入信用观察名单。被审查对象的评级确定后,其名称将从名单中去除。

目前,穆迪的业务范围主要涉及国家主权信用、美国公共金融信用、银行业信用、公司金融信用、保险业信用、基金以及结构性金融工具信用等评级。

（三）惠誉评级

惠誉的规模较其他两家稍小，成立于 1913 年，是唯一的欧资国际评级机构。

惠誉的长期评级用以衡量一个主体偿付外币或本币债务的能力。惠誉的长期信用评级分为投资级和投机级，其中投资级包括 AAA、AA、A 和 BBB，投机级则包括 BB、B、CCC、CC、C、RD 和 D。以上信用级别由高到低排列，AAA 等级最高，表示最低的信用风险；D 为最低级别，表明一个实体或国家主权已对所有金融债务违约。

惠誉的短期信用评级大多针对到期日在 13 个月以内的债务。短期评级更强调的是发债方定期偿付债务所需的流动性。

短期信用评级从高到低分为 F1、F2、F3、B、C、RD 和 D。

惠誉将"+"或"-"用于主要评级等级内的微调，但这在长期评级中仅适用于 AA 至 CCC 六个等级，而在短期评级中只有 F1 适用。

惠誉还对信用评级给予展望，用来表明某一评级在一两年内可能变动的方向。展望分为"正面"（评级可能被上调）、"稳定"（评级不变）和"负面"（评级可能被下调）。但需要指出的是，正面或负面的展望并不表示评级一定会出现变动；同时，评级展望为稳定时，评级也可根据环境的变化调升或调降。

此外，惠誉用评级观察表明短期内可能出现的评级变化。"正面"表示可能调升评级，"负面"表示可能调降评级，"循环"表明评级可能调升，也可能调降或不变。

惠誉的业务范围包括金融机构、企业、国家、地方政府等融资评级，总部分设于纽约和伦敦两地，在全球拥有 50 多家分支机构和合资公司，为超过 80 个国家和地区的客户提供服务。

（四）我国信用评级机构

中国信用评级行业诞生于 20 世纪 80 年代末。我国第一家信用评级机构——上海远东资信评估有限公司诞生于 1988 年，但是由于没有统一的法律法规约束，信用评级市场一直处于比较混沌的状态。

最初的评级机构由中国人民银行组建，隶属于各省市的分行系统。20 世纪 90 年代以后经过几次清理整顿，评级机构开始走向独立运营。1997 年，中国人民银行认定了 9 家评级公司具有在全国范围内从事企业债券评级的资质。2005 年，中国人民银行推动短期融资券市场建设，形成了中诚信、大公国际、联合资信、上海新世纪和上海远东 5 家具有全国性债券市场评级资质的评级机构。2006 年后，逐渐淡出市场。

在被美国收购的评级机构中，中诚信、联合资信在全国各省均设有分公司，它们可以从事国内的所有评级业务,市场份额合计超过 2/3。美国评级机构借助被收购公司的分支机构,迅速将触角伸展到全中国,直接或间接从事所有评级和相关业务。穆迪、标普、惠誉先后在中国设立了独资经营的子公司。2018 年 5 月,穆迪设立穆迪(中国)有限公司;2018 年 6 月,标普设立标普信用评级(中国)有限公司;2018 年 7 月,惠誉在中国成立惠誉博华信用评级有限公司。2019 年 1 月 28 日,中国人民银行营业管理部发布公告称,对标普全球公司在北京设立的全资子公司——标普信用评级(中国)有限公司予以备案。2019 年 1 月 28 日,中国银行间市场交易商协会亦公告接受标普信用评级(中国)有限公司进入银行间债券市场开展债券评级业务的注册。这标志着标普已被批准进入中国开展信用评级业务。

二、标普与穆迪信用评级体系

标普和穆迪公司的主要业务均在美国,但在世界各地也有许多分支机构。表 4-1[①] 和表 4-2 分别是标普和穆迪对长期信用评级的定义。最高的四个信用等级(标普的 AAA 级、AA 级、A 级和 BBB 级,以及穆迪的 Aaa 级、Aa 级、A 级和 Baa 级)被普遍认为是投资级。

表 4-1 标普各信用级别的定义

AAA	AAA 级是标普给予的最高级别。债务发行人履行其债务偿还承诺的能力极强
AA	被评为 AA 级的债务同 AAA 级的债务只有很小的差别。债务发行人履行其债务偿还能力也很强
A	相对于较高评级的债务,A 级债务较易受外在环境及经济波动状况变动的不利影响,但是债务发行人偿还债务能力仍然较强
BBB	目前有足够的偿债能力,但是恶劣的经济条件或外在环境很可能使其偿债能力变得较为脆弱
BB	相对于其他投机级评级,违约的可能性最低。但是,持续的重大不确定性,或恶劣的商业、金融、经济条件可能令其没有足够的偿债能力
B	违约可能性比 BB 级高,但是债务发行人目前仍有能力偿还债务。恶劣的商业、金融或经济条件可能削弱债务发行人的偿债能力和意愿
CCC	目前有可能违约,债务发行人依靠良好的商业、金融或经济条件才有能力偿债。如果商业、金融或经济条件恶化,债务发行人则没有能力偿还债务
CC	目前违约的可能性较高

---

① 本节图表均引自王勇,关晶奇,隋鹏达. 金融风险管理 [M]. 北京:机械工业出版社,2020:188-189.

AAA	AAA级是标普给予的最高级别。债务发行人履行其债务偿还承诺的能力极强
C	已经提出破产申请或采取其他类似行动,但债务发行人仍在继续偿付债务
D	与其他级别不同,D级不是对违约的预期。只有当违约确实发生时,债务才会被评为D级
+或-	从AA到CCC级,各级都可以加标+或-予以微调,以反映信用级别内部的微小差异

表4-2 穆迪各信用级别的定义

Aaa	Aaa级债券是质量最好的债券。Aaa级债券投资风险最小,又称"金边"债券。利息支付有充足的或极稳定的利润做保证,本金是安全的。即使各种保证本息按时支付的因素可能发生变化,这些变化也不会削弱债券的稳健地位
Aa	无论以何种指标衡量,Aa级债券都应被认为是高质量的。一般,Aa级债券与Aaa级债券共同构成高等级债券。由于利润保证不如Aaa级充足,给予保证的因素的波动性可能大于Aaa级,或者还有其他因素使之面临的长期风险高于Aaa级,因而Aa级债券的级别比Aaa级低
A	A级债券具有许多优良的投资品质,被认为是中上等级的债券。其有足够的因素保证本金和利息的安全,但人们会怀疑其偿付本息的能力在将来某个时候有所削弱
Baa	Baa级是中等级别的债券(安全性既不高也不低)。利息支付和本金安全在当前是有保证的,但一段时间之后,保证因素可能消失或变得不可靠。事实上,这类债券缺乏优良的投资品质,而且带有一定的投机性
Ba	Ba级债券具有投机性,其未来情况没有良好的保证。一般情况下,其本息偿付的保证是有限的,因此,无论未来情况较好或较差,这类债券的本息偿付能力都有可能被削弱。不确定性是这类债券的特征
B	B级一般缺乏值得投资的品质。本息偿付或长期内履行合同中其他条款的保证都是极小的
Caa	Caa级别信誉较差,有违约的可能性或当前就存在危及本息安全的因素
Ca	Ca级具有高度的投机性。这类债券经常发生违约或有其他明显的缺点
C	C级债券是最低级别的债券,这类债券的本息安全情况非常糟糕,根本不能达到真正的投资级别

在一些特殊的投资项目中,金融机构按照要求只能投资于投资级的债券或债务工具。标普的BB级、B级、CCC级、CC级、C级(穆迪公司的Ba级、B级、Caa级、Ca级和C级)被认为具有明显的投机性。

为了反映各主要信用级别内的微小差异,标准普尔和穆迪采用一些额外的符号来反映信用状况的差异,如标普利用加号或者减号修正AA级到CCC级的评级。类似地,穆迪则利用数值符号1、2、3细分由Aa级到Caa级的各信用级别。例如,符号1表明在同级债务中的最高级,因此穆迪的B1相当于标普的B+。

统计企业债券发行后1~15年内每个信用级别债券的债券发行人的平均累计违约率,可以看出答案。违约率是根据1981年至2004年的数据计算的。答案就是:评级越低,累计违约率越高。Aaa 级和 Aa 级债券的违约率非常低，10 年之后只有不到 1% 的债券违约。然而 10 年后，大约有 35% 的 B 级债券违约。这样的历史数据似乎能为机构评级做个基本验证，即在很高级别，如 Aa 级以上的机构评级与违约事件具有非常高的负相关性，但这种负相关性随着评级下降而渐趋不明显。

机构评级还有另一个作用：帮助风险分析师客观结合违约的可能性，考察已被评级机构评级或被银行以相同方式评级的企业。

虽然几家主要的评级机构的债务工具评级方法都是类似的，但有时候它们对同一债务工具的评级会有所不同。对信用评级行业的学术研究发现，在大样本中仅有过半的被评为 AA 级（或 Aa 级）和 AAA 级（或 Aaa 级）的企业被两个顶级评级机构评为相同的评级。同样的研究发现，比起标普和穆迪，较小的评级机构给出的信用评级往往较高，它们很少给出较低评级。

三、信用等级转移矩阵

信用转移，是指债务人或客户的信用质量发生变化，例如从 AAA 级降低到 AA 级等，或从 BBB 级提高至 A 级等。信用转移在现代信用风险管理科学的发展中起着承前启后的重要作用，是现代信用风险管理的基石之一，也是进行信用风险管理的关键技术。

信用等级转移矩阵反映了债务人信用在不同信用等级间的变动，揭示了债务人信用风险变化的趋势，出发点就是通过了解（预测）未来每一时间段内一个金融机构所有可能的信用质量状况从而进行有效的信用风险管理。

信用转移风险与债务人的信用质量发生变化的不确定性相关。在特定的时间范围内，债务人的信用质量可能改善或恶化。一般情况下，企业不会突然发生违约，例如，AA 级的企业很少会突然违约，但可能会下滑至 A 级或更低的级别。非违约型的信用恶化概率比违约型的要大得多。

客户的经营状况和财务指标，是与宏观经济环境及企业内部管理密切相关的，其现金流量表状况也是随时发生变化的。当银行发放一笔贷款给客户时，客户的信用等级可能是非常优秀的，但随着时间的推移，客户信用等级必将发生变化。其信用级别有可能上升，也有可能下降。如果有足够的支持数据库，那么可以较容易地得到客户信用等级变化的矩阵，即信用转移矩阵。

第三节　信用风险度量、缓释与转移

一、信用风险度量

"信用风险是金融风险中最重要的风险之一。随着金融业的迅猛发展，金融创新的进程不断加快，对信用风险的评价和管理越来越重要。"[①] 当前主流的风险管理界将信用风险度量模型分为两大类，即古典的信用分类模型和现代信用风险分类模型，以及两者之间的过渡模型。

（一）古典信用风险模型

经典的传统模型，基本可概括为专家法、评级法、Z值法、A值法四种。

1. 专家法

专家法，是由银行的信贷管理人员根据自己的专业技能、经验、判断做出信贷决策的方法。专家法有很多种，也需要考虑如下多种因素的影响：

（1）借款人因素：声誉、杠杆、收益波动性、担保品。

（2）与市场有关的因素：商业周期、宏观经济政策、利率水平等。

（3）5P体系：个人因素、目的因素、支付因素、保障因素、企业前景因素。

其中最有代表性的是信贷的"5C"方法。专家会综合分析5项因素，即品德、资本、能力、抵押品和经济环境条件，做出权衡，然后做出贷款与否的决定。

2. 评级法

美国货币监理署曾开发出一种贷款评级方法，其推行的银行分类监管是最重要的特征之一。货币监理署认为，监管应该根据每个银行的特点量身定做，这些特点包括银行的规模、业务复杂性和风险状况。由于美国国民银行的规模不同，造成其业务复杂性和风险状况有很大差异，从而需要的监管方法也应该有所差别。该理念在监管实践中得到了充分的体现，即将国民银行按照风险状况分为两大类，即大型银行和中型/社区银行。大型银行指资产总额超过250亿美元的银行或者银行控股公司的下属银行；中型/社区银行指资产总额不超过250亿美元的银行或者银行控股公司的下属银行，社区银行又根据其业务特点

---

① 李世伟，丁胜. 信用风险度量模型［J］. 中国科技信息，2009（1）：159.

和风险特征进一步分为两个子类：简单的社区银行和复杂的社区银行。多年以来，美国的银行已经扩展了OCC的评级方法，开发出了各自内部更细致的分级方法。

3. Z值模型

Z值模型是用来预测企业是否面临破产的模型。模型中的Z值是通过财务比率计算出来的，这些财务比率都能从不同角度反映企业财务的健康程度。而计算财务比率用到的基础数据可以从企业的公开报告中获得。构建Z值模型的第一步是选择能把正常企业与破产企业区分开来的关键指标，第二步是计算每一指标的加权系数。如果Z值较高，那么企业就比较健康；如果Z值较低，则企业潜在的破产可能性较大。

Z值模型的主要问题：①模型是线性的，但各个比率之间的关系可能非线性；②财务比率基本来源于企业以账面价值为基础的数据。

Z值模型明显的缺陷：因为财务比率要依赖企业的公开报表提供的数据来计算，而处于财务困境中的企业往往会使用"投机性会计"来粉饰企业的会计报表，以误导公众，扭曲企业的财务状况，因此，处于财务困境中的企业，其计算出的Z值具有一定的欺骗性。

4. A值模型

A值模型，又称巴萨利模型，是一个以更客观的判断为基础的企业破产预测模型。模型中列出了与破产有关的各种不良现象，并给每个现象规定了一个最高分值，评价时，给企业打出每一项相应的分数，然后相加，分数越高，情况越差。总分100分，如果某一企业分数超过25分，就有破产的可能。

A值模型的比率包括：①（税前利润+折旧+递延税）/流动负债（银行借款、应付税金、租赁费用）；②税前利润/营运资本；③所有者权益/流动负债；④固定资产净值/负债总额；⑤营运资本/总资产。这五个指标的总和便是该模型的最终指数。低指数或负数均表明公司前景不妙。

各比率的作用：①衡量公司业绩；②衡量营运资本回报率；③衡量股东权益对流动负债的保障程度；④衡量扣除无形资产后的净资产对债务的保障程度；⑤衡量流动性。

A值模型比Z值模型应用更普遍。A值模型的最大优点在于易于计算，同时，它还能衡量公司实力大小，广泛适用于各种行业。

信用风险模型可以进一步分为两类：预测模型和管理模型。预测模型用于预测客户前景，衡量客户破产的可能性。Z值模型和A值模型均属于此类，两者都以预测客户破产的可能性作为目标，不同之处在于所考量的比率和公式略有不同。管理模型不具有预测性，它偏重均衡地解释客户信息，从而衡量客户实力。营运资产分析模型和特征分析模型属于此类。营运资产分析模型旨在通过资产负债表衡量客户的实力与规模，特征分析模型则偏重利用各类财务、非财务信息评价客户风险大小。管理模型不像预测模型那样目标单一，同时具有很大的灵活性，通过适当的调整可以用于各种场合。

（二）现代信用风险模型

当前银行内部评级所采用的模型分析方法，分为三种：基本分析、学术模型、机构专属模型。其中，机构专属模型是由金融机构根据其特有资源自行开发的。

1. 现代信用风险模型的分类

现代信用风险模型的理论基础不尽相同，主要分为四类：①基于期权的模型；②基于风险价值 VaR 的模型；③基于保险原理的模型；④宏观模拟方法。

（1）基于期权的模型，即利用期权理论，求解贷款的价值或违约概率；代表性的模型是 KMV 公司的信用监控模型。

（2）基于风险价值 VaR 的模型，代表性的模型是摩根公司、KMV 公司、瑞士联合银行等于 1997 年推出的"信用度量术"，它利用借款人的信用评级、下一年评级发生变化的概率、违约贷款的回收率、债券市场上的信用风险价差和收益率，为非交易的贷款或债券计算出假想的价值和价值波动性，从而计算个别贷款和贷款组合的风险价值。

（3）基于保险原理的模型。信用风险度量和管理的新工具中也引入了保险领域的思想和方法。引自寿险的代表模型是奥尔特曼开发的贷款和债券的死亡率表，模型的指导思想与确定寿险保险费政策时的精算思想一致。建模思路来自财产保险的代表模型是瑞士信贷银行金融产品部开发的信用风险附加法模型，它与出售家庭火险时为评估损失和确定保险费率而使用的模型一致。后者的优势是只需要相当少的数据输入，劣势在于不涉及信用等级的变化，而且假设违约与资本结构无关。

（4）宏观模拟方法。宏观模拟方法的代表性模型是麦肯锡公司的信用组合，模型纳入经济周期的影响，把宏观因素对违约概率和评级转移概率的影响纳入模型，克服了一些模型把不同时期转移概率假定为固定数值所带来的问题。

2. 现代信用风险模型的特点

（1）现代信用风险模型都有关于信用风险大小的明确的定义，可以认为上面三种模型对风险的定义是类 VaR 思想的，它们可以给出在一定定义框架下信用风险绝对大小的度量，所以可称它们是基数的。

（2）通常，现代信用风险模型可以综合运用会计信息和股票价格数据作为分析的依据。会计信息，它记录的是企业在历史上的表现；公司的股票价格数据，它反映的是投资者（或整个市场）对该公司未来的预期。与古典信用分析模型不同的是，现代信用风险模型综合利用这两类信息，特别是采用盯市的思想。企业采用盯市的思想有其深刻的经营战略意义。

（3）现代信用风险度量模型，最显著地区别于古典信用分析方法的特点，在于它是基于资产组合的基础之上的风险度量。这一点和盯市思想一样，具有根本转变银行经营战略的深刻意义。那么，体现这两组相对思想转变过程的模型则可归入过渡类，其中最为重要的是奥尔特曼等人研究的信用等级转移概率矩阵模型。

二、信用风险缓释

识别、评估、度量和监测信用风险不过是掌握风险性质及风险大小的手段而已，最终目的在于是否采取以及采取何种技术手段有效缓释风险，这是信用风险管理周期中唯一直接影响实际风险状况的环节。采用哪种信用风险控制方法，首先要分析信用风险的性质和大小。一般有风险规避、风险缓释和转移、组合管理等方法。采用信用风险规避方法，主要是针对高风险低收益或低风险低收益客户，通过限制客户准入等措施来管理；采用组合管理方法，主要针对存在低相关性且风险可控的客户，通过组合内部分散化效应，抵消特定因素风险；采用信用风险缓释方法，主要是针对那些风险与收益匹配的中等风险客户，通过抵质押、保证、净额结算、信用衍生品等缓释工具转移信用风险，实现主动、灵活地管理信用风险。

信用风险缓释，是指商业银行运用合格的抵质押品、净额结算、保证和信用衍生工具等方式转移或降低信用风险。商业银行采用内部评级法计量信用风险监管资本，信用风险缓释功能体现为违约概率、违约损失率或违约风险敞口的下降。信用风险缓释技术被全面有效地运用于授信业务，可使银行节约资本资源。巴塞尔协议体系鼓励银行运用合格信用风险缓释工具，并按照风险缓释程度，降低监管资本要求；银行如能合理评估缓释技术作用，运用合格缓释工具的种类和范围可相应地扩大。不过巴塞尔协议体系也明确指出信用风险缓释技术本身也可能带来新的风险，因此对信用风险缓释技术降低资本要求提出了最低标准要求。

当前，信用风险缓释技术已成为银行从事信用风险管理的重要组成部分，尽管很早以前银行便已采用了抵质押、担保等信用风险缓释工具，但直到《巴塞尔协议Ⅱ》发布以后，银行监管机构才将信用风险缓释工具的使用规范化和系统化，并鼓励银行有效运用信用风险缓释工具，降低信用风险。

自《巴塞尔协议Ⅱ》之后，迄今为止在初级内评法（FIRB）下认可的风险缓释工具包括抵质押交易、表内净额结算、保证与担保、信用衍生工具。具体信用风险缓释工具特征。

(一) 运用抵质押品缓释信用风险

银行开展授信业务中，常使用的抵质押品分为金融抵质押品、应收账款、商用/居住用房地产以及其他抵质押品。抵质押品是通过对风险分散和补偿，提高贷款偿还可能性。贷款抵押并不一定能确保贷款得到偿还，取得贷款担保也并不能保证贷款如期偿还。银行可影响或控制一个潜在还款来源，但并不能确保会产生足够的现金流量来偿还贷款。被迫处置抵押物，如将其出售或转让，资产的现金价值往往会受到侵蚀，因为资产在处理时，只能按照清算价值进行转让。并且，一旦银行被迫出售抵押物或向保证人行使追索权，其花费的成本与精力将使一笔贷款由盈利变为亏损。因此银行控制的作为第二还款来源的担保，并不能保证有足够的现金来偿还债务。担保形式主要有抵押、质押、保证和附属协议。

是指借款人或第三人在不转移财产占有权的情况下，将财产作为债权的担保。银行持有抵押财产权益，当借款人不履行价款合同时，银行有权以该财产折价或以拍卖、变卖该财产的价款优先受偿。银行采用多项技术缓释信用风险，资金敞口可以通过第一优先资产的全部或部分现金和证券做抵押，可使用第三方担保，可通过购买信用衍生工具缓释，也可以使用交易对手的存款进行冲销。为使用风险缓释技术获得资本转让，一方面，应确保所有交易、表内净额结算、担保和信用衍生工具使用的法律文件对所有交易方具有约束力，并确保在所有相关国家内可执行；另一方面，使用各项风险缓释技术须满足监管当局检查要求。

各家银行要求借款人为贷款提供抵押物的政策都有相关规定。一般来说，假如借款人的信用状况不是特别好，都应要求借款人提供价值充足的抵押物，而且用作抵押的财产应在市场上易变现、流动性好、质量稳定、便于监控。对于贷款抵押，应从两个方面进行分析和评估：第一，法律方面，即贷款抵押的合法性和有效性，包括抵押物是否真实、合法，抵押物的权属；第二，经济方面，即贷款抵押的充分性和可靠性，包括抵押物的评估、抵押物的流动性、抵押物的变现价值、银行对抵押物的管理等。

抵押物的变现主要有拍卖、折价和变卖三种方式。影响抵押物变现的因素主要有抵押物品质、抵押物损耗、抵押物专用性、变现原因以及变现时的经济状况和市场条件。此外，抵押物的保险情况、抵押物变现过程中所花费的时间和费用，以及银行处理同类抵押物的经验，都影响抵押物出售时能够实现的价值。由于存在各种影响抵押物变现的因素，银行抵押物实际获得的现金，扣除全部销售成本后，很可能会大大低于预期价值。银行确认借款人提供的抵押物具有合法性、真实性和有效性，才与借款人订立抵押合同。银行应当保证抵押合同真实反映了双方意愿，合同格式合规，主要条款清楚，法律责任明确，合同签字双方是合法、有效的法定代表人或其他授权委托人，合同要素应完整齐全。抵押合同应由双方在银行或借款人主要营业场所当面共同签订。抵押合同签订后，银行应密切关注抵押物的风险因素变化，密切关注抵押物财产权变动情况，注意抵押物存在状态及其情况，建立抵押物安全保管措施，对抵押物进行定期估价，不仅要对抵押物的账面价值和数量进行核对，而且要对抵押物的实际价值、内在质量以及市场价格变动情况进行跟踪，对处分抵押物的费用因素等进行科学认定，当抵押物价值低于借款合同规定的水平时，应要求借款人补充新抵押物。

指借款人或者第三人将其动产或权利移交银行占有，将该动产或权利作为债券的担保。当借款人不履行债务时，银行有权将该动产或权利折价出售来收回贷款，或者以拍卖、变卖该动产或权利的价款优先受偿。

银行要关注质物是否与贷款种类相适应，要对质物的品质进行审查，如动产质物是否易封存、易保管，权利质押中权利凭证的真伪是否易辨别，还要审查对质物的估值是否合理，质物变现是否方便，从控制风险的角度出发，银行对质物的市场价值应持保守态度。考虑到贷款到期后市场供求状况、变卖时价格因素和转让难易程度等因素，中国的银行一般规定动产质押的质押率（贷款金额与质物的价值比）不得超过60%或70%。

在质权存续期间，银行如使用、出租、处分质物，要经借款人同意，否则要对借款人的损失承担赔偿责任；如债务履行期届满，借款人请求银行及时行使权利，而银行怠于行使权利致使质物价格下跌而造成的损失，则应由银行承担赔偿责任，因此，质物管理好坏对银行利益有直接影响。银行应密切关注质物风险因素变化，并建立相应安全保管措施。

贷款保证是由保证人以自身财产提供的一种可选择的还款来源，并且只有当保证人有能力和意愿代替借款人偿还贷款时，贷款保证才是可靠的，因此，对贷款保证的分析和评估也分法律和经济两方面：前者包括保证人是否具有合法资格、保证期间、保证合同的法律效力，后者包括保证人的资信状态、代偿债务的能力以及保证的履约意愿。

由于担保合同是主合同的从合同，具有从属性，又由于在一般责任保证中，保证人享有先诉抗辩权，只有在债权人对债务人提起诉讼或仲裁并强制执行后仍未得到清偿的情况下才须对未清偿部分承担责任。因此，在主合同发生变更的情况下，势必影响到担保合同。一般情况下，保证合同采用的形式有三种，即保证合同、保证条款以及保证人单方面出具书面承诺。一份完整的保证合同应包括如下内容：被保证的主债权的种类、数额；债务人履行债务的期限；保证方式；保证担保的范围；保证期间；当事人需要约定的其他事项；等等。如果没有约定，当事人可以做出补充约定，或者按照法律推定。

在银行的公司授信业务中，存在着很多最高限额担保合同，即在最高授信额度内，保证人对基于授信额度协议或者一揽子授信协议提供保证而签订的保证合同。其除具有一般保证合同的特征外，还具有如下特征：

第一，最高限额保证所担保的债务可能已经发生，也可能没有发生，即最高限额保证的生效与被保证的债务是否发生无关。

第二，最高限额保证所保证的债务为一定期间内发生的债务，普通保证所保证债务通常为确定债务，而最高限额保证则是对债务人在一定时期内所发生的若干个债务提供保证，保证范围不受债权笔数影响，其债务发生具有多次性，存在多个实际发生债务。

第三，最高限额保证是对所承担保证责任的最高约定，没有约定最高额的是普通保证。最高限额保证的保证是对债务人在一定时期内连续发生的多笔债务提供担保，但其所承担的保证责任以最高额为限。

第四，最高限额保证所担保的不是多笔债务的简单累加，而是债务整体，即最高限额保证决算后，被保证的多笔债务的余额构成最高额保证的保证范围。该范围为一个整体，最高限额保证人对该债务整体承担责任。

第五，最高限额保证合同一般适用于债权人与债务人因经常性的、同类性质的业务往来，多次订立合同而形成的债务，如经常性借款合同或某项商品交易合同关系等。

保证人的财务实力是保证人履约的基础，一些银行在保证的资格条件中，对保证人的偿债能力做了限定，如信用等级低的公司提供的保证必须经贷款审批委员会审查批准；出现资不抵债、有逾期或拖欠利息的公司，不能作为贷款保证人；对借款人的全资下属公司或参加借款人合并报表的下属公司提供保证的，要审查确认其保证能力。

（二）运用净额结算协议缓释信用风险

表内净额结算，是指银行使用交易对象的债权（存款）对该交易的债务（贷款）做扣减。根据《巴塞尔协议Ⅱ》，在标准法下，如银行有法律上可执行贷款和存款净额结算安排，在符合相关条件下，可进行表内净额结算，计算净风险敞口资本要求。这些条件包括：第一，无论交易对象是无力偿还债务或破产，有完善法律基础确保净额结算协议实施；第二，在任何情况下，能确定同一交易对象在净额结算合同下的资产和负债；第三，在净头寸基础上监测和控制相关敞口；第四，监测和控制后续风险，在净头寸基础上监测和控制相关敞口。

利用净额结算，银行可以很好地降低信用风险。具有净额结算协议的信用等值额显著低于没有净额结算协议的信用等值额，可以大大缓解银行机构的信用风险。

三、信用风险转移

信用风险是商业银行在经营管理中面临的主要风险，信用风险转移（CRT）是指金融机构，一般是指商业银行通过使用各种金融工具把信用风险转移到其他银行或其他金融机构身上。随着金融及市场的发展，非金融机构也可能进入信用风险转移市场进行交易。信用风险转移市场的参与机构还主要是各种金融机构。主要的市场参与者包括商业银行、各种机构投资者和证券公司。在信用风险转移市场出现以前，商业银行在发放贷款以后只能持有至贷款违约或到期日，信用风险管理方式主要是贷前审查、贷后监督和降低信贷集中度等手段，而信用风险转移市场的出现使得商业银行可以根据自身资产组合管理的需要对信用风险进行转移，从而更主动灵活地进行信用风险管理。

在信用风险转移市场中，那些把信用风险转移出去的机构称为信用风险转出者（或称保险购买者、风险出售者或被保险者），那些接受信用风险的机构称为信用风险接受者（或称保险出售者、风险购买者或保险人），主要的信用风险转移工具包括贷款销售、资产证券化以及近年来发展迅速的信用衍生产品。

（一）信用风险转移的方式

1. 融资型信用风险转移

融资型信用风险转移指的是，在向金融市场或金融机构转移信用风险的同时实现资金的融通。工商企业可以通过办理保理业务或者福费廷业务，将应收账款无法收回所带来的信用风险转移给专业性的金融机构。保理业务是为以赊销方式进行销售的企业设计的一种综合性金融业务，企业通过将应收账款的票据卖给专门办理保理业务的金融机构而实现资金融通。福费廷业务是指在延期付款的大型设备贸易中，出口商把经进口商所在地银行担保的远期汇票或本票，无追索权地售给出口商所在地的金融机构，以取得现款。商业银行利用外部市场转移资产业务信用风险的融资型手段有贷款出售和贷款资产证券化两种。贷款出售指商业银行将贷款视为可销售的资产，将其出售给其他机构。

贷款资产证券化是贷款出售的更高发展形势，是资产证券化的主要内容之一，在资产证券化中，发起人将资产出售给特殊目的机构，并转化成以资产产生的现金流为担保的证券，通过证券的发售而实现资产的流动变现。商业银行利用资产证券化，在将资产转移出去达到融资目的的同时，也转移了资产的信用风险。

2. 非融资型信用风险转移

与融资相分离的信用风险转移手段有信用担保、信用保险和信用衍生产品。信用担保是灵活的信用风险转移工具，通过双边合约，担保人作为信用风险的承担者，当第三方（债务方）不能履行其义务时，承担相应的补偿或代为支付的义务，金额限于潜在风险敞口的损失。信用保险就是企业通过和保险机构签订保险合同，支付一定的保费，从而在指定信用风险范围内蒙受损失时获得补偿。信用衍生产品指的是一种双边的金融合约安排，在这种安排下，合约双方同意互换事先商定的或者是根据公式确定的现金流，现金流的确定依赖预先设定的在未来一段时间内信用事件的发生。信用事件的定义非常严格，当前主要采用国际掉期与衍生工具协会（ISDA）的定义，通常与违约、破产登记、价格出现较大的下跌等情形相联系。

信用衍生产品转移信用风险的过程可以通过信用衍生产品市场的最常见品种——信用违约互换（CDS）来说明。信用违约互换是指交易双方达成合约，交易的买方（信用风险保险的买方）通过向另一方（信用风险保护的卖方）支付一定的费用，获得在指定信用风险发生时对其贷款或证券的风险敞口所遭受损失进行补偿的安排。从某种意义上讲，一份信用违约互换合约类似于一份信用保险合同，但信用违约互换合约所指的信用事件所涵盖的信用风险远远广于信用保险合同的涵盖范围。更重要的是，信用保险合同一般是不能转让的，而信用违约互换合约可以在市场上转让，从而使信用管理具有流动性，体现其转移信用风险的基本功能。

商业银行是信用衍生产品市场上最重要的买方。商业银行利用信用衍生产品可以使自己在借款方不知情的情况下转移贷款的信用风险，又不必将该笔资产业务从资产负债表中转出，从而和客户的关系不受影响。此外，为防止贷款过于集中而造成过大的信用风险敞口，商业银行也必须控制对老客户和重点客户的贷款，由此就会面临控制和分散风险与业务发展扩张之间的进退两难的困境，即"信用悖论"。信用衍生产品市场有利于商业银行走出"信用悖论"。商业银行可通过信用衍生产品市场购买信用保护，转移信用风险，在发展信贷业务的同时，实现对信用风险的有效管理。

信用衍生产品市场的发展，使信用衍生产品的供需关系得到了最新界定，也使信用风险在现代金融市场有了更丰富的内涵。信用风险不仅指传统的交易对手直接违约而引起损失的可能，而且包括交易对手信用评级的变动和履约能力的变化而导致其债务市场价值变动所引起损失的可能性。更为重要的是，信用衍生产品使信用风险从贷款、融资、债券交易中分离出来，从而将资产业务的信用风险和市场风险真正分开，为独立地管理信用风险创造了条件。

（二）信用风险转移的工具

信用风险转移的工具可以从两个方面进行分类：第一，转移的信用风险是单笔贷款还是贷款组合；第二，风险的接受方是否出资。在二级市场出售贷款是出资的风险转移，而某些信用风险转移工具如保险合约，虽然将风险进行了转移，但在风险被转移时接受方并不提供资金。

1. 不出资风险转移

是否出资的信用风险转移工具可以从风险出让者或风险承担者角度来区分，从前者看就是风险出让者是否在交易中收到资金，从后者看就是风险承担者在交易中是否提供前端资金。如果从风险承担者角度界定出资风险转移概念，其主要的工具为信用违约互换。信用违约互换的结构非常接近于担保的结构，但是，它们有三个重要的区别：①CDS 引发支付的信用事件的范围在衍生合约下更广；②CDS 不要求风险出让者证明自己已经遭受了损失以获得支付；③CDS 是以标准化的文件为基础以鼓励交易。

（1）担保。担保是一种双边合约，合约下风险承担者（担保人）有义务为风险出让者的利益尽力。担保是灵活的风险转移工具，因为它们可以根据需要设计成抵补具体的敞口或交易。通常，担保人要尽力履行债务人的义务，如果后者不能履行，则金额限于潜在敞口的损失。担保须严格遵循债务人与风险出让者之间合约的性质与内容。

（2）保险产品（保险债券、信用保险和金融担保保险）。保险债券一般是由美国的保险公司提供，以支持一项债务的受益人的业绩，包括对银行的金融业务。信用保险一般由专业保险公司提供，支持交易信贷而且经常被受益人使用，以取得银行对应收账款的融资。

（3）不出资的合成证券化（组合信用违约互换）。合成证券化将证券化技术与信用衍生产品融合在一起，在组合违约互换中，通过一系列的单笔 CDO 或可供组合中所有信贷参照的单个 CDS，实现风险转移而没有潜在资产合法所有权的变化。不出资的合成证券化（一篮子信用违约互换）与违约互换类似，其中信用事件是一个具体的信用篮子中的某种组合的违约。这种设置可以非常灵活，如以整体篮子第一次违约产品为例，则参考该篮子中的第一笔信用违约发生作为支付的条件。也有第二违约或第三及其他次序违约作为支付条件的。相应地，次序越靠后，这种合成证券化对债权人的保护能力越弱，因而其收取的"保费"也越低。

2. 出资风险转移

（1）贷款交易。在二级贷款市场中，单笔贷款被出售时，需要得到借款人的同意。原始贷款人对借款人是唯一的直接贷款人，并与另一机构签订合约以划分敞口中不符合其偏好的部分。出资的合成证券化即信用联结票据（CLN）是出资的资产负债表资产，该资产提供对参考资产组合的（合成）信用敞口。CLN 将信用衍生品嵌入风险出让者发行的证券。票据的表现并不与参考集合的表现直接联系。投资者接受零息支付，该支付包括风险升水和到期的平价赎回。随着票据发行的收入被直接交给风险出让者，风险承担者面临着风险出让者的交易对手风险，但不是反之亦然。风险承担者要想避免交易对手风险就要利用特殊目的机构,从而就变成了合成CDO。

(2)资产抵押证券(ABS)。在传统的证券化结构中,发起人组合中的贷款、债券或应收账款被转移到特殊目的机构,作为抵押持有支持向投资者发行的证券。资产的信用风险从发起者转移到投资者,保护是前端出资,证券发行的收入则被转移到发起者处。资产抵押证券的结构性特征与高级CDO类似,但潜在的资产集合如抵押或信用卡应收账款是更同质的。为了使发行的证券得到更高的评级,多数证券化结构具有信用和流动性增强。外部信用增强,一般简称增信,包括高级别银行或保险公司的信用证或担保。当潜在资产的期限与发行证券的期限不吻合时,流动性增强用于弥补现金流的不匹配,以补偿利息支付的不安全同步或抵补滚动风险。

第五章 操作风险的控制管理

第一节 操作风险的识别与衡量

一、操作风险的识别

（一）操作风险的含义

对操作风险进行准确、合理的定义是建立完善、有效的操作风险管理体系的前提和基础。在金融业开始应对操作风险时，选择一个适当的定义显得很重要。如果没有定义，就不可能进行操作风险的衡量与识别。与市场风险和信用风险的情况一样，衡量是更好地管理操作风险所必不可少的步骤。而且，如果缺乏相关的风险定义，就无法对风险经理所应担负的监督风险的职责做出正确的说明。含混不清的定义会诱使风险经理将损失归咎为他人的责任，因此很可能造成不同类别的风险经理之间的意见分歧。准确的区分在现实中是很难做到的。因此，管理者应首先对操作风险包括的范围进行界定，以降低企业内部在这个概念上的混乱度。

国际上关于操作风险的定义可以归纳为以下三种观点：

第一，广义的操作风险概念。即市场风险和信用风险以外的所有风险都是操作风险。这个定义同时涵盖了商业风险，而商业风险是企业为了创造股东利益而必须承受的风险。商业风险包括战略决策的失误，比如进入利润率过小的商业领域，而风险经理无法直接控制这类风险。同样，凭借这样一个定义很难识别和衡量所有的风险。因此，一般认为这个定义的范围过大。

第二，狭义的操作风险概念。只有金融机构中与运营部门有关的风险才是操作风险，即由于系统及运营过程中的错误或疏忽而可能引致潜在损失的风险。但是，这个定义只局限于操作过程中，没有包括如内部欺诈、不适当销售等其他一些重要风险，比如偶尔发生的停电也会使银行产生极大的损失。因此，一般认为这个定义的范围过小。

显然，广义观念和狭义概念均不利于操作风险管理工作的开展。

第三，介于广义与狭义之间的操作风险概念，正在逐渐为金融业所接受。这种定义首先区分了可控制事件和由于外部实体如监管机构、竞争对手的影响而难以控制的事件，进而将可控制事件的风险定义为操作风险。这个定义排除了商业风险，而涵盖了如外部欺诈、安全漏洞、监管的影响，以及自然灾害这样的外部风险。

实际上，这个定义已经成为巴塞尔委员会的正式定义。该定义也包括了在交易具有法律上的不可执行性时所产生的法律风险，但不包含战略和信誉风险。

（二）操作风险的类型

操作风险是同经营业务有关的风险。操作风险涵盖的范围很广，为便于分析，在此将操作风险分为内部风险和外部风险两个部分。

1. 内部风险

内部风险，是指在运营业务过程中出现错失的潜在可能性。企业通过人员、流程和技术来完成业务计划，其中任何一个因素都有可能出现某种错失。因此，内部风险可以定义为未来在业务部门内部人员、流程和技术方面出现错失的可能性。这些错失的一部分是可以预期的，并可以将其纳入业务计划中。而剩下的无法预期的错失导致了主要的操作风险。虽然这些无法预期的错失的影响和发生频率都不确定，但可以认为它们是定期发生的。

进一步，可以把内部风险所导致的财务损失分为两个部分：预期到的部分和未预期到的部分。未预期到的部分又可分为两个部分：①一般性损失；②灾难性损失。银行应当为预期到的损失计提一定数量的准备金。

此外，还应当保有充足的资本金以应付未预期部分的损失，或者说对这些风险进行保险。

2. 外部风险

外部风险源于环境因素的变化，比如一个改变了业务格局的新竞争对手、政治和监管制度体系发生重大变化、地震或者其他不能控制的因素等。

操作风险可以进行细致分类，见表5-1[①]。

---

① 本节图表引自刘园. 金融风险管理 [M]. 北京：首都经济贸易大学出版社，2019：221.

表 5-1　操作风险细致分类

内部风险			外部风险	
人力	流程	技术	外部风险	物理
雇员冲突/欺诈	会计错误	数据质量	法律	火灾
雇员失误	能力风险	程序错误	洗钱	自然灾害
雇员违法行为	合同风险	安全漏洞	外部采购	物理安全
雇主义务	产品复杂性	战略风险	政治	恐怖主义
就业法	项目风险	系统容量	监管	盗窃
健康和安全	报告错误	系统兼容性	供应商风险	
罢工	结算/支付错误	系统支付	缴税	
知识/技能缺乏	交易错误	系统失败		
关键职员流失	估价错误	系统合理性		

（三）操作风险的生成

只有对银行活动进行从头到尾的详尽分析之后，才能对操作风险分类有全面的认识。以下通过对衍生品交易过程进行详细分析，探讨操作风险的成因。

在签署协定之前有几个因素，会给企业带来操作风险。一方面，交易可能会高度依赖特定销售人员和客户之间的良好关系；另一方面，交易常常依赖产品设计者高度专业化的技巧，要求产品设计者能设计出更有吸引力的收益和风险结构，这就意味着银行面临"人员风险"。举例来说，能否雇用到专业化的人员。此外，要考虑他们是否有能力满足顾客所提出的要求，或者他们正在处理的业务量过多以致不能满足客户更多的需求。

在对这些交易进行处理的过程中，企业要面对几项新的风险。销售人员可能会有意识地不披露交易风险的全部细节。在员工必须实现既定的奖金目标时，这种风险最可能出现。相似地，销售人员可能会说服客户进行一项根本不适合该客户的交易，这就使企业面临潜在的官司和监管制裁。"人员风险"并不是在交易初期存在的唯一风险。产品开发人员一般会依赖复杂而精密的金融模型对交易进行定价，这就产生了一般称之为"模型风险"的风险。由于将错误的参数输入了模型之中，或者使用了不恰当的模型（比如超出了模型的应用范围）等，模型风险就会增加。

在达成交易并签署了协议之后，在对交易进行记录的过程中，也有可能产生错误。这种错误可能导致交易清算的延误，使企业遭到罚款和遭受其他方面的损失。而且，市场风险和信用风险报告中出现的错误可能会低估该交易风险敞口，反过来这又会引发一些附加交易，而这些附加交易本来是无须进行的，这些就是通常所谓的"流程风险"。

对于在交易之前、之中、之后可能出错的事项还有很多。记录交易的系统可能无法对交易进行处理，或者可能因为系统处理容量不够而无法处理。如果这些步骤中的任何一步都是由外部因素决定的，那么就会引发外部依赖风险。

我们可以按照人员、流程、技术或外部依赖风险来对每种风险加以把握，并且可以根据容量、能力或可获得性来对每种风险做出分析。

（四）操作风险的特性

1. 广泛性

操作风险几乎无处不在，随时随地都有可能发生，其表现形式可能是人为或自然因素造成的大规模干扰，也可以是金融机构经营场所及其附近可能发生的风险。结果可以是由于蓄意或疏忽导致的正常经营活动的中断，也可以是机构员工的不当行为所导致的重大损失或危机，甚至可以是机构与客户、普通员工与管理层之间的争议和不当行为。还有可能是一个机构忽然发现自己卷入诸如会计丑闻、欺诈、不当竞争、恐怖活动、内部破坏、系统攻击、违背法律，或者地震、风暴等事件中去。这些事件大部分都比较隐蔽。这些风险是由失误、疏忽、控制失效等引起的，且大部分风险都属于小概率事件。

2. 长久性

从人类社会的发展进程来看，人类从开始就面临着操作风险。无论过去还是现在、将来，人类面临的首要风险就是实物损失的风险。随着社会的发展，操作风险在人类所面临的风险中仍然占据很重要的地位，但与以前不同，现代操作风险反映了人类社会进步所带来的新的风险。近年来，人们趋向于认为操作风险与人性和人类对科技的依赖直接相关。

3. 与人类活动的高度相关性

就银行而言，操作风险是与银行业一同出现的。例如，早期银行业在开展业务时为了防范抢劫或者盗窃，就必须采取措施保护货币及贵重金属。虽然现在由于环境的变化，操作风险发生了很大变化，但是人类行为仍是操作风险中很重要的一方面。不管是由于人员失误还是人性的弱点，许多重大操作风险最后都可归因于人员行为。

（五）操作风险与市场风险、信用风险的区别与联系

从风险管理的历史发展进程来看，操作风险是在20世纪90年代发生一系列重大事件的背景下开始受到重视的，市场风险、信用风险则由于与操作风险的性质不同，较早地受到重视，并且现在已经逐渐成熟。操作风险的监控才刚刚起步，许多问题都有待解决。

1. 区别

操作风险与市场风险、信用风险的区别，具体如下：

（1）从定义方面来看，市场风险是由市场变化所带来损失的风险，信用风险则指债务人或交易对手未能履行金融工具的义务或其信用质量发生变化，影响金融工具的价值，从而给当事人带来损失的风险。而操作风险跟银行整个体系有关，只要有员工、系统存在的地方，都有可能发生，而且给银行机构带来操作风险的原因多种多样，并随着环境的变化而变化。

（2）从认识的发展阶段来看，市场风险和信用风险无论在定义、量化模型、资本准备还是监管方面，都已经比较成熟，而且在研究中数据充分；而对操作风险的认识则处于起始阶段，甚至连准确统一的定义都没有，同时还面临数据不充分的困难。

（3）从一致性方面来看，对于市场风险，各银行在市场上公平竞争，都面临同种因素引发的风险，只不过程度不同而已。信用风险则因银行所面对的交易对手的不同而不同，但由于信用风险管理技术的成熟，如果各机构能够严格执行，则也有趋同的趋势。操作风险则完全相反，由于其直接与人员、系统、外部事件息息相关，因此每个机构所面临的操作风险各不相同，甚至相差甚远。而且，操作风险的管理水平、发展状况在各机构也并非完全统一，有的机构由于遭受过某种损失，从而在某方面的管理上已经比较成熟，而有的则刚刚开始。

（4）从发生后产生的损失来看，市场风险与交易的风险暴露大小有关，其最大限度是在某一市场所投入的全部资金。信用风险的最大限度则是交易金额。操作风险则不同，被称为"沉默的杀手"，其带来的损失可能对一个机构造成致命的打击。

（5）从损失计量方面来看，最大区别是有效数据的充足与否。市场风险和信用风险由于其性质和历史发展，每个机构都已经建立起庞大的数据库。操作风险则因为记录历史短、概率小而数据较少。另外，市场风险和信用风险计量的一般是直接损失，而操作风险在计量时，考虑直接损失的同时，还应该考虑诸如经营中断、法律成本等间接损失，有时甚至是无法计量的损失，比如信誉损失。

（6）从与企业文化关系角度来看，企业文化直接决定了企业对待风险的态度，这对市场风险、信用风险、操作风险都将产生同样影响。但操作风险与企业文化还有一种特殊的关系，即相互作用。操作风险与管理层、董事会、普通员工，甚至信件收发人员都有关系，其管理所形成的做法、流程、系统等反过来对企业文化也产生影响。

2. 联系

操作风险与信用风险、市场风险也具有密切的联系，具体如下：

（1）操作风险与市场风险、信用风险，都属于机构全面风险管理框架下的部分，它们连同其他风险共同构成了完整意义上的全面风险管理。为了建立起真正意义上的全面风险管理，操作风险在处理结果上应能够同市场风险和信用风险的处理结果建立联系。

（2）在风险管理原则与策略方面，操作风险与市场风险、信用风险在很多方面是通用的。例如经济定价模型、情景分析、期望损失模型、因素驱动模型等。

（3）操作风险与市场风险、信用风险，在一定条件下难以区分，相互交织在一起。由操作风险可能导致市场风险、信用风险，市场风险、信用风险则可以反映出一个机构在操作风险管理上存在缺陷。

（4）操作风险管理、市场风险管理与信用风险管理的侧重点不同，可以在一定程度上弥补相互之间的不足。例如，信用风险管理的很多模型就借鉴了市场风险管理的方法和理论。

二、操作风险的衡量

（一）操作风险量化的发展

操作风险由于记录的历史较短，而且通常记录的仅仅是影响较大、小概率大损失的事件，对于日常经营中发生概率较大但损失较小的操作风险事件缺乏系统的记录，这使得有关操作风险的数据极其匮乏，给操作风险的量化带来很大的困难。但随着近年来市场风险量化方法的逐渐成熟及信用风险量化的不断发展，银行界开始尝试着对操作风险进行量化，并取得了一定的进展。巴塞尔委员会认识到实业界操作风险量化的发展现状，在充分调查、广泛征求意见基础上，在新协议中对操作风险的量化方法也做出了规定。

截至目前，操作风险量化方法大致可以分为两大类，即自上而下的方法和自下而上的方法。自上而下法适用于把集团看作一个整体，或者按照业务种类、产品种类等计算风险资本，具体包括基本指标法、多种指标（标准）法、同类机构比较法等方法；自下而上法则按照单个业务流程计算出所需资本后，再加总计算出整个业务种类甚至整个集团所需的风险资本，具体包括专家判断法、高级计量法、统计法等方法。

量化方法中，或者明确地给出操作风险的损失分布（如统计性方法），或者直接确定资本要求［如基本指标法、多种指标（标准）法、高级计量法］，资本要求是基于对未来操作风险可能造成损失的预测做出的，故实质上也是对操作风险的量化过程。在量化方法中，基本指标法、多种指标（标准）法、高级计量法是巴塞尔委员会于2001年《新巴塞尔协议》征求意见稿第二稿中提出的，在广泛地征求业界的意见后，最终于2004年定稿中得到确认；同类机构比较法、专家判断法和统计性方法则是在银行业长期的实践中形成的。新协议提出的三种方法，复杂程度逐渐增加，对操作风险的量化精度也逐渐增加，银行采用多种指标（标准）法和高级计量法均要满足特定条件，且方法越复杂，条件越严格。

操作风险量化发展历史不像市场风险和信用风险那样悠久，虽然业内经过长期的实践形成了多种量化方法（还有一部分正处于开发阶段），但大多数量化方法仍处于不断完善阶段，不具有实用性。同时，因为操作风险在各机构之间不完全相同，使得部分方法虽然具有实用性，但并不是适用于所有机构，只在某一机构或类似机构中得以运用。新协议提出三种计算操作风险资本要求的方法，允许满足不同条件的银行选择不同的方法，目的也正是在于使得操作风险的量化更具针对性，对特定银行的风险状况更加敏感。

（二）操作风险的衡量方法

1. 基本指标法

基本指标法，指银行按照一个基本指标对银行可能遭受的操作风险计量风险资本。《新巴塞尔协议》中规定银行用总收入作为计算的基本指标，以此为基础乘以一个固定的比例（新协议规定为15%），按照计算出的数据计提操作风险资本。

2. 标准法

标准法中银行的业务分为八个产品线，在各产品线中，总收入代表业务经营规模，也大致代表各产品线的操作风险暴露。计算各产品线资本要求的方法是用银行的总收入乘以一个该产品线适用的系数（用β值表示）。β值代表行业在特定产品线的操作风险损失经验值与该产品线总收入之间的关系。标准法按各产品线计算总收入，而非在整个机构层面计算，例如，公司金融指标采用的是公司金融业务产生的总收入；总资本要求是各产品线监管资本的简单加总。

在标准法下，《新巴塞尔协议》将银行的业务分为八个产品种类：公司金融、交易和销售、零售银行业务、商业银行业务、支付和清算、代理服务、资产管理和零售经纪。对每一个产品种类，用银行的总收入乘以一个该产品种类适用的系数（用β值表示），得到各产品种类的资本要求。在各个产品种类中，总收入是个广义的指标，代表业务经营规模，能够大致代表各产品种类的操作风险暴露。β值代表行业在特定产品种类的操作风险损失经验值与该产品种类总收入之间的关系。产品种类与β系数对应表，见表5-2所示[①]：

[①] 本节图表引自刘园．金融风险管理［M］．北京：首都经济贸易大学出版社，2019：227．

表 5-2 银行产品种类与对应 β 系数

产品种类	β 系数	产品种类	β 系数
公司金融 β1	18%	支付和清算 β5	18%
交易和销售 β2	18%	代理服务 β6	15%
零售银行业务 β3	12%	资产管理 β7	12%
商业银行业务 β4	15%	零售经纪 β8	12%

《新巴塞尔协议》规定国家监管当局可根据本国情况决定是否允许银行采用另外一种形式的标准法。在该方法下，除零售银行和商业银行这两类业务外，用另外一种形式的标准法计算操作风险资本的方法与标准法相同。对于这两类业务，用贷款和垫款乘以一个固定系数"m"代替总收入作为风险指标。零售银行和商业银行业务的 b 值与标准法一样。在该方法下计算操作风险资本的公式为：

$$K_{RB} = b_{RB} \times m \times LA_{RB} \quad (5-1)$$

式中：K_{RB}——零售银行业务的资本；

b_{RB}——零售银行业务的 b 值；

LA_{RB}——零售贷款和垫款之和的前三年年均余额；

m——m 值等于 0.035。

3. 局部使用

《新巴塞尔协议》就基本指标法、标准法、高级计量法三种方法在使用时做出了规定，具体指在符合一定条件时，新协议允许银行就部分业务使用高级计量法，对其余业务使用基本指标法或标准法。

4. 高级计量法

高级计量法即银行在达到《新巴塞尔协议》规定的一般标准、定性标准、定量标准等标准的基础上，通过内部操作风险计量系统计算监管资本要求。新协议中规定银行机构在使用高级计量法时应获得监管当局的批准。

5. 操作风险在险价值

操作风险在险价值，指在详细分析金融机构所有有关流程后，将内部控制措施看作调节点，对每一调节点控制失败时的损失情况进行估计，同时也估计控制失败的概率，由此得到计算在险价值的两个参数。然后确定一定的置信水平，进而得到某一控制点的在险价值。在考虑多个控制点失灵所带来的损失情况下，利用该法通过对各控制点操作风险在险价值进行加总可计算出整个银行机构的操作风险在险价值。

第二节 操作风险控制的工具与防线

一、操作风险控制的根本制度

内部控制制度是商业银行进行操作风险控制所应遵循和采用的根本制度。巴塞尔委员会在《巴塞尔协议Ⅱ》中，将操作风险归纳为四大风险因素和与之对应的七大损失事件：四大风险因素分别是人员、信息系统、内部程序和外部事件；七大损失事件分别是内部欺诈、外部欺诈、就业政策和工作场所安全性、客户/产品及业务操作、实物资产损坏、业务中断和系统失败、执行/交割及流程管理。四大风险因素与七大损失事件之间的对应关系见表5-3[①]。

表5-3 操作风险的风险因素与损失事件分类

风险因素	损失事件	定义
人员	内部欺诈	故意骗取、盗用财产或违反监管规章、法律或公司政策导致的损失，此类事件至少涉及内部一方，但不包括性别/种族歧视事件
	就业政策和工作场所安全性	违反就业、健康或安全方面的法律或协议，个人工伤赔付或者因性别/种族歧视事件导致的损失
信息系统	业务中断和系统失败	业务中断或系统失败导致的损失
内部程序	客户/产品及业务操作	因疏忽未对特定客户履行分内义务（如信托责任和适当性要求）或产品性质或设计缺陷导致的损失
	执行/交割及流程管理	交易处理或流程管理失败和因交易对手方及外部销售商关系导致的损失
外部事件	外部欺诈	第三方故意骗取、盗用财产或逃避法律导致的损失
	实物资产损坏	实物资产因自然灾害或其他事件丢失或毁坏导致的损失

内部控制制度的核心是约束人，约束人的行为和活动。在操作风险的上述风险因素和损失事件中，人的行为和活动是最主要、最基本的风险源。因此，借助内部控制制度来约束人的行为和活动，就可以不给人的主观故意或疏忽失误以"机会"，达到有效管控操作风险之目的。在实施操作层面，内部控制制度约束人的行为和活动主要是通过其核心要素

---

① 本节图表引自刘亚. 金融风险管理学[M]. 北京：中国金融出版社，2017：455.

——控制活动来实现的。控制活动围绕对人的控制，在控制人、财、物三个方面展开诸多具体活动。这些具体活动能够全面覆盖上述风险因素和损失事件。

（一）对人的控制

对人的控制集中在对人的权力的控制和对人力资源管理控制两个方面，借助"职责分工控制""授权审批控制"和"职员控制"三种控制活动来实现。

对人的权力的控制的核心要义是让人的权力是有限的，有限的权力得到有效的制约。对人的权力加以控制，确保权力的恰当运用，就需要相应的制度安排。在控制活动中，"职责分工控制"中的"组织结构控制"就是通过职责在不同部门之间、同一部门的不同岗位之间、同一岗位上的不同人员之间的分工，形成横向的相互牵制和制约，从横向上控制人的权力；"授权审批控制"就是通过划定不同层级在经办事项、履行职责中的权限范围和审批程序，形成纵向的授权人或批准人对被授权人或被批准人的制约，从纵向上控制人的权力；"职责分工控制"中的"业务流程控制"是通过对重复出现的业务规定其处理的标准化程序，形成横向跨越不同部门或岗位、纵向跨越不同层级的不同业务环节之间的相互牵制、相互制衡，纵横兼备地控制人的权力。

人力资源管理控制，具体就是"职员控制"，围绕职员职业生涯，通过选聘使用、休假轮岗、发展晋升、降级淘汰、离任审计等，建立人力资源管理全过程的约束监督机制。

（二）对财的控制

对财的控制的核心要义是"保真""保全"。保真是确保真实，保全是确保全面和安全。对财的控制主要是通过"会计控制"实现的。会计控制中的"确保会计工作的独立性"，可以保证会计在制约监督业务经营管理中不会发生利益冲突；"会计账务处理"伴随和体现了经济交易、资金流入流出的全过程，通过"严格执行会计制度和会计操作规程""会计账务做到六相符"，可以保证会计信息的完整、准确和真实，进而保证会计在制约监督业务经营管理上的有效性；"会计凭证、会计账簿和财务报告的审核复核"，"对会计人员实行强制休假、定期轮换、离岗（任）审计制度等"，可以保证会计自身的制约监督。

（三）对物的控制

对物的控制的核心要义是"保安"，即确保安全。对物的控制主要是通过"实物控制"和"信息系统控制"两种控制活动实现的。在实物控制中，通过限制人对有关实物的物理接触、清点和核对、保全会计记录，可以确保有关实物的安全。在信息系统控制中，通过不同部门、不同岗位、不同流程环节的职责分工，限制人对计算机硬件、存储介质、数据库等的物理接触，实施信息系统安全设置、防病毒、防黑客、防删改、异地备份等系列举措，可以确保信息系统的安全。

二、操作风险控制的三大工具

针对操作风险的控制，巴塞尔委员会提出了风险与控制自我评估（RCSA）、关键风险指标（KRI）和损失数据收集（LDC）三大工具，中国银监会颁发的《商业银行操作风险管理指引》中，对商业银行的操作风险控制也提出了"评估操作风险和内部控制、损失事件的报告和数据收集、关键风险指标的监测"等方法上的要求。这三大工具分别从未来、现在和过去的完整视角对操作风险进行控制。

（一）风险与控制自我评估

风险与控制自我评估是商业银行从未来的视角，旨在防患于未然，对操作风险管理和内部控制的适当程度及有效性进行检查和评估。

风险与控制自我评估包括三方面内容：第一，识别影响银行目标实现的操作风险的损失事件，定期评估各业务条线的操作风险敞口、损失发生的概率及对应的严重程度，并对重要的操作风险确定对应的控制目标，根据控制目标确定相应的控制活动；第二，对各业务条线的操作风险关键控制点进行自我评估；第三，对内部控制的执行力进行自我评估，测试各部门执行内部控制的有效性，对内部控制关键点自我评估的真实性、相关控制活动的有效性进行验证。

在进行自我评估的基础上，商业银行要对每项评估内容进行打分，给出一个分值，然后根据分值，将操作风险管理和内部控制的适当程度及有效性进行排序，最终得出评估结果。商业银行要将这种评估结果应用到操作风险管理考核、操作风险管理流程优化和操作风险报告中，并与其他两大工具相结合，开展操作风险预警管控。

（二）关键风险指标

关键风险指标，是代表某些关键的操作风险领域变化情况并可定期监控的统计指标。例如，每亿元资产损失率、每万人案件发生频率、百万元以上案件发生频率、超过一定期限尚未确认的交易数量、交易失败的次数、失败交易占总交易数量的比例、员工流动率、客户投诉次数、错误和遗漏的频率以及严重程度等。关键风险指标是从现在的视角，用于监测导致损失的各项关键的操作风险损失事件发生的可能性、影响度、控制措施的有效性，并作为反映关键的操作风险变化情况的早期预警指标。

根据指标层级，关键风险指标可以划分为银行层级指标和流程层级指标。银行层级指标是从全行的视角，依据银行的操作风险偏好和容忍度，开发和用于监控银行所关注的关键的操作风险、适用于银行所有部门的指标，例如，百万元以上案件发生频率；流程层级指标是从流程的视角，开发和用于监控流程分析中所识别的风险点、控制点、实际损失状况的指标，适用于银行特定部门或业务流程，例如，异常信用卡审批人员涉嫌欺诈的人数。

关键风险指标与操作风险之间存在明显的相关性，能够真实反映操作风险水平；关键风险指标的变动能够及时、准确地反映操作风险变化情况。关键风险指标能够覆盖当前操作风险的关键领域、关键风险点和重要环节，能够运用现有技术条件进行准确量化，满足操作风险管理的现实需要。

银行层级关键风险指标的开发流程是，运用自上而下和自下而上相结合的方法，基于操作风险与控制自我评估的结果，识别筛选出关键的操作风险领域及关键的操作风险损失事件；结合银行内部操作风险损失数据，运用因果分析模型，形成覆盖全行各级机构和各业务条线的银行层级关键风险指标体系；通过对操作风险偏好以及对特定操作风险的容忍度，为银行层级关键风险指标设定相应的阈值。

流程层级关键风险指标的开发流程是，对各个业务条线的业务流程进行全面梳理，并对所有风险点进行识别，筛选出关键的操作风险损失事件和风险因子；选择业务流程中涉及的操作人员和管理者，应用德尔菲法或头脑风暴法等科学方法，并充分考虑与操作风险的敏感性、相关性、可计量性、实用性和重要性，确定备选指标；根据数据可取得性、指标特性及专家选择等因素，筛选确定最终的关键风险指标体系，设定相应的阈值，同时明确各个指标的含义和数据收集程序。

运用关键风险指标对全行关键的操作风险领域、各个业务条线的业务流程中的关键操作风险进行持续、系统的监测，如果发现有的指标出现异常，就需要对其原因展开调查并进行预警，以及采取相应的行动方案对有关指标所对应的操作风险进行控制或缓释，并对行动方案执行情况及其效果进行跟踪和报告。

（三）损失数据收集

损失数据收集是从历史的视角，遵循设定的标准，对既往已经发生的操作风险损失事件所造成的损失进行收集、整理和分析，以史为鉴，借以防止此后类似损失的发生。这里的损失是指操作风险损失事件（内部、外部原因）所导致的直接经济损失。损失数据收集，需要根据操作风险的定义及分类，遵循一定的内在逻辑，确定需要收集的损失数据的范围和类别。损失数据包括内部损失数据和外部损失数据。

1. 内部损失数据

内部损失数据，须按照公司金融业务、交易和销售、零售银行业务、商业银行业务、支付和结算、代理服务、资产管理、零售经纪 8 条业务线，内部欺诈、就业政策和工作场所安全性、业务中断和系统失败、客户/产品及业务操作、执行/交割及流程管理、外部欺诈、实物资产损坏 7 类损失事件进行对应分类，从而能够综合全面地涵盖所有重要的业务活动，反映所有相应的子系统和地区的风险暴露情况。

完整的内部损失数据，需要具备这些维度的信息：损失事件的定义、损失事件所在的业务条线和地域、损失事件发生的时间、损失事件发生的原因、损失类型（财务损失、非财务损失）、损失金额（针对财务损失）或损失严重程度（针对非财务损失）和损失发生后挽回的损失金额。商业银行在采用高级计量法计算操作风险的监管资本时，必须以至少 5 年观测的内部损失数据为基础；如果是初次使用高级计量法，也至少需要 3 年的内部损失数据。

然而，现实情况是多数商业银行积累的内部损失数据不足，必须使用外部损失数据加以补充，将内部损失数据与外部损失数据结合使用。为此，商业银行需要建立相应的系统性流程，以便确定在什么情况下必须使用外部数据以及使用方法（例如，放大倍数、定性调整或告知情景分析的改进情况）。

2. 外部损失数据

外部损失数据，包括外部公开数据和行业集合数据，具备这些维度的信息：实际损失金额、发生损失事件的业务范围、损失事件的起因和情况以及其他与损失事件相关的信息。由于外部损失数据偏向于严重损失的损失事件，如果将外部损失数据简单地与内部损失数据结合，会导致结合后的损失数据出现较大偏差，需要由专家进行情景分析来形成情景分析损失数据，以此来配合外部损失数据的使用。情景分析损失数据至少能够涵盖严重损失的损失事件下的风险敞口、假设的损失统计分布的参数、多项操作风险损失事件同时发生时的潜在损失。

损失数据收集内在要求建立操作风险损失数据库。建立操作风险损失数据库是操作风险管理的一项基础性工作，其价值在于：在完整收集、记录和梳理既往银行在经营中发生操作风险损失事件的基础上，通过逻辑清晰的分析方法，以数据说话，准确定位问题多发领域，归纳共性特点，探查潜在规律，从而更为全面地实现对操作风险的识别和评估，为操作风险管理提供可靠的依据，真正实现以史为鉴的管理效果。为此，一些知名的国际活跃银行已经开始建立自己的操作风险损失数据库。此外，类似瑞士的操作风险资料交流协会、英国银行家协会等机构也建立了一些官方性质或商业性质的操作风险损失数据库。

3. 建立损失数据库

建立操作风险损失数据库的机制，包括以下几个方面：

（1）损失数据收集。损失数据库的建立需要基于完整的既往信息收集。损失数据收集，需要明确数据收集标准，诸如内部损失数据的损失事件的定义、损失事件所在的业务条线和地域、损失事件发生的时间、损失事件发生的原因、损失类型及损失金额（针对财务损失）或损失严重程度（针对非财务损失）和损失发生后挽回的损失金额，外部损失数据的实际损失金额、发生损失事件的业务范围、损失事件的起因和情况以及其他与损失事件相关的信息。损失数据库的价值取决于收集的损失数据的质量，而损失数据的质量就在于上述信息的完整性和准确性。

内部损失数据的收集方式主要有两种：①损失事件发生的部门自行发现，按照数据收集标准进行采集，向风险管理部上报相关的完整信息；②损失事件发现部门将可能存在的操作风险损失事件上报至风险管理部，由风险管理部决定是否进一步调查和跟进。

损失事件的来源可以分为财务信息源和非财务信息源两类。财务信息源是可以通过财务报表识别的损失事件源；非财务信息源是在财务报表之外加以识别的损失事件源，包括在有关业务工作中对损失事件的发现（如会计部门发现越权审批）、公司检查报告、内部审计报告、外部审计报告、监管发现、客户投诉、媒体披露、内外部举报等。其中外部损失数据的收集渠道，主要有三种：①公共信息渠道；②由一些著名的金融机构开发的操作风险损失数据库；③行业数据库。

（2）损失数据处理。对收集的损失数据进行处理，旨在保证和提升损失数据的质量。一般来说，除了来自外部损失数据库的损失数外，从商业银行内部和外部的公共信息渠道所收集的信息往往零散、重叠、失实和不全，从而不能直接使用，需要进行处理。损失数据整合、损失数据清洗和损失数据挖掘是损失数据处理的三个重要工作程序和处理方法。

第一，损失数据整合，是分别运用聚类和匹配两种方法，对来自不同业务条线的、分散重叠的损失数据进行整合。聚类是将来自不同业务条线的损失数据进行归并，形成完整的信息集合；匹配是对针对同一损失事件但来自不同渠道的重叠数据进行核实匹配，取消重复信息，删除失实数据。在损失数据整合的基础上，还要进一步进行损失数据清洗。

第二，损失数据清洗，重点解决损失数据值缺失和损失数据重复问题。解决损失数据值缺失问题通常采用替代法或推算法；解决损失数据重复问题一般采用匹配重复记录法或专家系统法。

第三，损失数据挖掘，是对已经经过整合、清洗的损失数据进行取样、建模、估计和检验，得出最能反映损失数据变动趋势、损失规律的数据信息，以指导对操作风险的分析和预测。

（3）建立损失数据库。损失数据库是长期存储在计算机内有组织的、可共享的损失数据的集合。在损失数据库里，损失数据一般按照关系数据模型，以矩阵式结构进行组织、描述和存储。损失数据库在存储收集且经过整合、清洗的损失数据的同时，也存储经过挖掘的、能够反映损失规律的损失数据、模型参数。损失数据库可以支持上述两大工具的使用，即支持操作风险与控制的自我评估，监测关键风险指标；可以提供操作风险报告的有关内容；可以支持对操作风险的损失事件起因、损失金额、损失事件发生的频率等进行统计分析，探查操作风险的损失分布及规律，从而准确定位操作风险多发领域，帮助商业银行将有限的操作风险管理资源更为精准地配置到关键领域，使"好钢用在刀刃上"；可以支持以操作风险的损失分布为基础，进一步进行压力测试和情景分析，探求一旦商业银行内部管理水平大幅度下滑以后，可能出现的潜在薄弱部位或环节，并对此设定防范预案，以便防患于未然。

（4）损失数据管理和维护。损失数据的收集是一项长期的持续性工作，损失数据的补充、更新是工作的常态，损失数据也要保全。因此，需要对损失数据加以相应的管理和维护，并需要为此而建立和设定损失数据库的管理制度和工作流程。

三、操作风险控制的三道防线

构建操作风险控制的三道防线也是操作风险控制的一种具体制度安排。巴塞尔委员会在 2003 年 2 月发布了《操作风险管理和监管的稳健做法》的文件。该文件基于对商业银行稳健的操作风险管理做法的观察总结，指出商业银行应建立三道防线管控操作风险。其核心要求是，在商业银行内部打造业务条线、风险管理部门和内部审计部门三个操作风险管理的团队，由之筑起三道操作风险控制的防线。这三道防线既专业化、职业化地独立运作，又相互协调和配合，形成有效控制操作风险的整体架构和机制。

（一）业务条线的管理

业务条线的管理是操作风险控制的第一道防线。业务条线在通过拓展各项业务为商业银行创造价值的同时，也直接承担操作风险。作为操作风险的直接承担者，它们最了解和善于识别业务条线中银行产品、服务和活动所蕴含的操作风险及其风险点，从而最有必要和能力承担起管控操作风险的第一责任。

在构筑和运行这道防线中，商业银行可以借鉴巴塞尔委员会在《巴塞尔协议Ⅱ》中对商业银行业务条线的划分（公司金融业务、交易和销售、零售银行业务、商业银行业务、支付和结算、代理服务、资产管理、零售经纪8条业务线），也可以根据中国人民银行在《商业银行内部控制评价指南》行业标准中对商业银行业务条线的划分（公司业务，包括公司贷款、公司存款、票据融资、国际结算、贸易融资；投行业务，包括投资银行；零售业务，包括个人存款、个人贷款、银行卡、私人银行；资产管理，包括资产托管、养老金、贵金属、理财；资金业务，包括债券投资与交易、外汇交易、货币市场业务、衍生产品交易、债券承销发行；支付与结算运行管理，包括中间业务、电子银行、代理业务），结合自身业务部门及业务条线的设置，梳理出每个业务条线所对应的损失事件；运用损失数据库的数据，分析和区分出低频、高频的一般损失事件、严重损失事件，进一步细化到每个业务条线的不同产品、服务和活动与不同发生频率和严重程度的损失事件的对应关系，从而定位出不同的风险点。

对分属不同业务条线、基于不同损失事件的诸多风险点进行矩阵式、网格化管理，具体如下：

第一，明确各业务部门、各业务岗位、各业务人员在操作风险管理中的责任：严格执行操作风险管理政策和风险限额；有效识别存在于产品、服务和活动中的操作风险；定期进行自我评估，掌握操作风险状况和操作风险管理的有效程度；在授权内制订和执行操作风险管理的具体计划；定期向风险管理部门和首席风险官报告操作风险及其管理的信息，接受被报告者的指导和监督。可以借助建立和贯彻操作规范、编制员工操作手册、列示负面清单、揭示外部欺诈的一般伎俩等方式，使得业务部门、业务岗位、一线员工对操作风险的识别和管理有章可循、有据可依。

第二，建立风险经理、风险管理部门对业务条线进行操作风险管理的指导和监督机制，诸如进行操作风险管理的培训、建立操作风险的例行报告程序、进行操作风险的个别检查等，以保证业务条线对操作风险管理的贯彻落实。

第三，建立一定的激励机制，鼓励一线员工积极、主动、创造性地发现和识别操作风险的新隐患、新变化、新事件，并在第一时间予以报告和防范。

（二）风险管理部门

独立设置的风险管理部门对操作风险的管理是对业务条线管理的有效补充，是操作风险控制的第二道防线。

1. 风险管理部门的基本职责

在操作风险控制中，风险管理部门承担的基本职责有以下三类：

（1）决策类职责，即确立操作风险偏好和管理政策，制定操作风险管理的规章制度，制定操作风险管理的程序与策略。

（2）管理类职责，即构建对操作风险进行矩阵式、网格化管理的体制机制，建立和完善在业务操作中实行职责分工控制的制衡机制，选择操作风险管理模型，设计和实施操作风险评估方法，构建操作风险管理的信息系统和预警系统，识别操作风险的损失事件和风险点，厘定、监测关键风险指标，披露操作风险信息，推动操作风险管理技术的发展。

（3）监督指导类职责，即审查业务条线的操作风险与收益，监控各个业务条线的操作风险承担和管理，设计和实施操作风险报告系统，对各个业务条线的操作风险管理提供专业咨询和指导。

2. 风险管理部门的组织架构

在组织架构上，风险管理部门承上启下，对上接受首席风险官的垂直领导，对下向业务条线派驻风险经理类的专业管理官员。这种组织架构的运作机制如下：

（1）首席风险官和风险管理部门层面，由首席风险官垂直领导风险管理部门，负责协调、促进、监督操作风险管理架构的完整和有效；

（2）风险管理部门与各个业务条线风险经理类的专业管理官员层面，在风险管理部门的支持、指导和监督下，具体进行各个业务条线的操作风险日常管理。

3. 建立操作风险报告系统

风险管理部门建立操作风险报告系统，既是其履行"制定操作风险管理的程序与策略""设计和实施操作风险报告系统"等职责的内在要求，也是构建操作风险管理系统的重要组成部分。

（1）操作风险报告的主要内容。风险管理部门需要设计操作风险报告的标准，确定操作风险报告的内容。操作风险报告一般需要涵盖以下五个方面的内容：

第一，操作风险自我评估的结果以及需要采取的应对措施。

第二，操作风险的损失事件，其中的内部损失事件还要具体说明损失事件所在的业务条线和地域、损失事件发生的时间及经过、损失事件发生的原因、损失类型（财务损失、非财务损失）、损失金额（针对财务损失）或损失严重程度（针对非财务损失）、损失发生后挽回的损失金额，以及重大操作风险损失。

第三，操作风险的诱因，在对所有操作风险损失事件发生原因进行梳理的基础上，通过提炼归纳，在偶然中把握必然，进一步给出不同业务条线操作风险的一般诱因。

第四，关键风险指标，对关键的操作风险变化情况做出分析和解释。

第五，资本金水平，对操作风险所需资本的计量进行评价，给出是否充足以及是否需要进一步改进的意见。

(2) 操作风险报告的一般程序。风险管理部门还要对操作风险的报告程序做出规定。操作风险报告的一般程序如下：

首先，由直接承担操作风险的业务部门，按照风险管理部门要求的报告内容，完成本业务条线的操作风险报告，并提交给风险管理部门。

其次，由风险管理部门基于各个业务条线的操作风险报告，将内部损失数据汇总，整合补充外部损失数据，进行压力测试，然后总结、揭示出全行所面临的关键的操作风险以及潜在的操作风险、已经采取的应对措施及其有效性、操作风险管理程序的运行状态和压力测试的结果，完成全行的操作风险总报告，并上报给高级管理层。

最后，由高级管理层对操作风险报告进行确认和分析，据以把握操作风险的管理策略和管理职责是否在各个层级、各个业务条线、各个分支机构得到了落实和有效履行，操作风险及其管理的整体状况是否符合银行的风险偏好和风险策略，关键风险指标及关键操作风险是否得到了符合要求的监测及有效管控，操作风险管理过程是否能够以适当的频率加以重复。

（三）内部审计部门

由内部审计部门主持，引入外部审计机构参与，对操作风险管理进行独立的评估与审查，是操作风险控制的第三道防线。通过设置这道防线，可以产生"旁观者清"之效，及时发现操作风险管理中的问题和隐患，以便督促业务条线和风险管理部门采取有效的预防、控制和挽救措施。

内部审计部门的评估与审查，具体围绕操作风险管理的操作、程序和系统三条主线展开，涵盖业务条线和风险管理部门这两道防线的运行情况，具体内容，包括操作风险管理程序的有效性、关键风险指标和操作风险损失数据、应对操作风险损失事件和薄弱环节的措施、操作风险管理程序中的内部控制、灾难恢复和业务连续方案的质量和全面性、计提的抵御操作风险所需资本的充足水平、操作风险管理的其他情况。

为了达到预期的评估与审查目的，内部审计部门需要对执行评估和审查的人员进行专业化的培训，确保审计团队及人员具备所需的对审计对象及其业务的理解能力、操作风险管理的把握能力和审计的专业能力。在评估与审查中，内部审计部门及其人员要保持独立性，在必要时，可以引入具备资质的外部机构参与此类评估和审查。

内部审计部门要针对操作风险管理中的定期全面评估与审查制定一整套的标准和方法，使之为业务条线和风险管理部门所熟知，并遵照执行，变被动接受评估与审查为主动自律，从而形成长效机制。同时，内部审计部门也要针对董事会、监事会、高级管理层及外部监管机构在不同时期的主要关切和自身的重点工作，开展不定期抽查和专项检查。

第三节　操作风险管理的风险转移

风险转移就是充分利用业务外包和保险等机制和手段，将自己所承担的操作风险转移给第三方。

一、业务外包

业务外包就是基于反"大而全"和"小而全"的思维和模式，根据对自身绝对优势或比较优势的把握，按照价值链管理的核心要求和构建核心竞争力的战略，商业银行把非核心业务或业务的辅助环节转包给外部专业性机构，从而达到降低经营成本、提高资源利用效率、转移操作风险的目的。

除了具有使商业银行能够专注核心业务、提高资源利用效率、降低经营成本等优势外，业务外包还可以帮助商业银行转移操作风险。这是因为，伴随业务外包，被外包业务中的操作风险也就转移给了承接外包的外包商。因此，商业银行可以自觉地结合操作风险的转移和发展战略，对业务外包进行整体规划和实施。

商业银行通常可以将以下业务外包：

第一，技术外包，诸如呼叫中心、计算机中心、网络中心、策划中心等。

第二，处理程序外包，诸如消费信贷中客户身份及亲笔签名的核对、信用卡业务中客户资料的输入与装封等。

第三，业务营销外包，诸如汽车贷款、住房贷款的推销等。

第四，某些专业性服务外包，诸如法律事务、不动产评估、安全保卫等。

第五，后勤性事务外包，诸如贸易金融服务中的后勤处理作业、凭证保存等。

业务外包在商业银行与外包商之间实际上形成了一种委托—代理关系。外包商在所承接的业务上拥有更多的信息优势，从而导致信息不对称。同时，商业银行与外包商之间在合作理念、企业文化等方面也存在差异，能否有效沟通也存在不确定性。因此，业务外包在转移操作风险的同时，也会带来新的与外包商合作中的操作风险和法律风险。

为此，商业银行应当制定与外包业务有关的风险管理政策，慎重选择好外包商，确保业务外包有严谨的合同和服务协议，明确规定各方的责任义务，强化对业务外包过程的管理。

二、风险保险

商业银行可以为发生频率较低而损失影响较大的操作风险购买保险，将其作为缓释操作风险的一种方法,将操作风险的可能损失转移给保险公司。

操作风险保险主要有以下两种类型:

(一)特定风险保险

该类保险用于转移机构风险、人员风险和外部风险。用于转移机构风险的保险险种有董事与高级职员责任保险、职业责任保险、错误与遗漏保险、就业责任保险、机构综合责任保险等。用于转移人员风险的保险险种有未授权交易保险、雇员忠诚保证保险、管理人员责任保险、雇员行为责任保险、综合犯罪保险等。用于转移外部风险的保险险种有因火灾、气象灾害等引起的非金融性财产保险、营业中断保险、计算机犯罪保险等。

(二)一揽子风险保险

一揽子风险保险,旨在克服特定风险保险在投保时会出现保险遗漏或重叠的弊端,为商业银行提供一揽子保险工具,诸如银行一揽子保险、机构责任保险等。银行一揽子保险主要承保的是盗窃、欺诈敲诈、贪污、空头支票、财产、伪造变造货币等外部欺诈、内部计算机犯罪等。

根据监管当局的要求,商业银行在以购买保险的方式缓释操作风险时,应当制定相关的书面政策和程序。

第六章 流动性风险的控制管理

第一节 流动性风险及其特征分析

一、流动性风险的认知

(一) 流动性风险的定义

1. 流动性与流动性风险

流动性和流动性风险是联系紧密但又有区别的概念，流动性风险或流动性危机首先源于流动性出现问题。因此，在讲述流动性风险问题之前，有必要先考察流动性这一概念。

(1) 流动性的概念包括两层含义和三个要素。两层含义：①资产的流动性，它是指银行资产在不发生损失的情况下，迅速变现的能力；②负债的流动性，它是指银行以较低的成本适时获得所需要资金的能力。三个要素包括资金数量、成本和时间。一家银行若能在一定时间内以合理的成本筹集到所需数量的资金，或银行以合理成本较快地获取一定数量的资金，则具有较好的流动性。

(2) 流动性风险大都指由于流动性不足而导致资产价值在未来产生损失的可能性。当然流动性过剩也会形成流动性风险，因为过多的流动性也代表商业银行没有做到以合理成本筹集到期限相同或相近的所需资金，从而不能很好地满足客户需求。以下所指流动性风险均指流动性不足。

流动性风险，是指一家银行无力为负债的减少或资本的增加提供融资的可靠性保证，即当银行流动性不足时，无法以合理的成本迅速地增加负债或变现资产获得足够的资金，从而影响其支付能力和盈利水平。在极端情况下，流动性不足会造成银行的清偿问题。

2. 流动性风险的表现形式

(1) 银行的一切经营活动正常。信贷资金市场正常运转，银行本身并无严重问题发生。

（2）银行本身出现短期危机。例如银行出现坏账。

（3）银行业整体出现短期危机。这种情况往往是由国际金融危机所导致。

（4）银行陷入长期危机。例如银行不断出现营业亏损，从而存在倒闭的风险。

对银行流动性风险管理的研究通常重点放在第一种情况，后三种情况属于流动性风险的极端表现，往往伴有其他风险的存在。

3. 保持适当流动性的意义

（1）银行保持适当的流动性，可以保证其债权人的债权得到偿付。银行的债权人，无论是小额储蓄者还是大额存单持有者或者其他金融机构，均属于风险厌恶者，他们将资金贷给银行，其首要目的是收回本金，其次才是获得利息。银行必须保证适当的流动性才能确保如期如实偿还本金与利息。

（2）银行保持适当的流动性，才有能力兑现对客户的贷款承诺。银行发出的贷款承诺往往是其贷款余额的数倍。当银行的几个高质量客户提出新的贷款需求时，银行会尽量满足他们的需求，银行保持适当流动性才可以在任何时候兑现其贷款承诺。

（3）银行保持适当的流动性，可以使银行及时把握有利可图的机会。既可以在需要时扩展其资产规模，又可以使银行在不利的市场环境下出售其流动资产，避免资本亏损。

（二）流动性风险的成因

流动性风险表现为流动性供给与流动性需求匹配不一致。当流动性需求超过流动性供给的时候，流动性短缺的问题就暴露出来，客户提取存款的需求得不到满足，就容易导致恐慌性地提兑存款，从而诱发流动性危机。

流动性风险，是由流动性供给与流动性需求共同决定的，商业银行日常的现金支出表现为流动性需求，现金收入表现为流动性供给。这就意味着，长期积累的现金收支情况决定着商业银行在某个时点的流动性净头寸与流动性风险程度。对大多数商业银行而言，对现金的两个主要需求是客户提取存款和客户贷款需求，这些贷款既可能是新增贷款也可能是到期后要求展期的贷款或者过度对贷款额度的使用。其流动性需求还包括偿付银行之间的拆借，诸如央行或代理行的贷款，定期支付所得税和向股东支付红利等。而为了满足前述的流动性需求，相应的商业银行流动性供给来源包括客户存款、客户的偿还款、银行的服务收入和从货币市场上的借款。以上流动性需求和流动性供给决定了在某一时刻商业银行的流动性净头寸。

对正常的银行来说，资产和负债期限的不匹配、利率水平的波动均可能导致流动性风险；而经营不善的银行，除上述原因，信贷风险也会成为其流动性危机的重要诱因，此外，宏观政策也会导致流动性风险的出现。

1. 内部原因

（1）资产负债期限不相匹配。商业银行的负债业务即资金的主要来源有存款、同业拆借、央行存款、从国际货币市场借款和发行金融债券等，其中具有短期性质的存款占了绝大部分比重；而商业银行的资金主要运用于贷款、贴现、证券投资、中间业务、表外业务等，其中贷款业务在商业银行资产构成中占了绝对比重，而这些贷款以盈利性较高的中长期贷款为主。在这种资产负债结构下，当市场发生突然变动，客户大量提取现金的情况下，如果其他要素不变，银行便很难在不受损失的情况下将其资产变现而满足其流动性需求，从而产生流动性风险，因为银行流动性保持是一个在时间上连续的过程，现期的资产来源和运用会影响未来的流动性需求和供给，靠短期拆借来维持流动性只能产生恶性循环。

（2）金融企业的信誉丧失。如果金融企业丧失信誉，必然会引起客户的不信任，产生挤兑及其他影响流动性的行为，使金融机构面临经营危机；相反，金融企业拥有良好的信誉，会增强客户尤其是存款人的信心，这样的金融企业一般流动性较强。

2. 外部原因

（1）货币政策的影响。中央银行的货币政策与商业银行的流动性风险关系密切。当中央银行采取扩张性货币政策时，商业银行较容易获得资金，存款量上升，客户的贷款也就比较容易被满足，在一定程度上避免了流动性风险的发生；而如果中央银行采取紧缩性货币政策，整个社会货币数量和信用总量减少，商业银行的资金来源减少，挤兑的可能性会增加，商业银行就较容易发生流动性风险。

（2）金融市场发育程度的影响。金融市场发育程度直接影响商业银行资产的变现能力及主动负债的能力，从而影响商业银行流动性风险。短期证券和票据是商业银行保持流动性需求的工具，如果金融市场不完备，证券和票据不能以合理的市场价格买卖，会加大交易成本和损失，使商业银行获得流动性的代价太大。同时，活跃的二级市场也为商业银行随时获得流动性提供了途径。

（3）客户信用风险的影响。假设一家银行管理不善，将资金贷给信誉极差的客户，由于借款者经营不善导致坏账而使银行盈利下滑，一旦金融市场传言该银行盈利下滑，该银行将不得不以高昂的代价去保留原有的存款或从市场上购买资金，这会使银行盈利状况进一步恶化，甚至严重亏损。

（4）利率变动的影响。当市场利率水平上升时，其存款客户会将存款提现，转为其他报酬更高的产品，其贷款客户可能推迟新贷款的申请或者加速使用利率较低的信用额度。

所以利率的变动对客户存款需求和贷款需求都会产生影响，以致严重影响到银行的流动性头寸。此外，利率波动还将引起银行所出售资产（换取流动性）市值的波动，甚至直接影响到银行在货币市场的借贷资金成本。

（三）流动性风险的类型

1. 资产流动性风险与负债流动性风险

资产流动性风险，是指资产到期不能如期足额收回，进而无法满足到期负债的偿还和新的合理贷款及其他融资需要，从而给商业银行带来损失的风险。负债流动性风险，是指商业银行过去筹集的资金特别是存款资金，由于内外因素的变化而发生不规则波动，对其产生冲击并引发相关损失的风险。

商业银行筹资能力的变化可能影响原有的筹融资安排，迫使商业银行被动地进行资产负债调整，造成流动性风险损失。这种情况可能迫使银行提前进入清算，使得账面上的潜在损失转化为实际损失，甚至导致银行破产。

2. 外生流动性风险与内生流动性风险

外生流动性风险，是指由于金融风险因素的外部冲击而造成流动性的不确定。外生流动性风险主要来源于国家的经济政策、政府的监管行为等因素的不确定性。这样的外部冲击是影响整个资本市场的事件，其结果是使所有资产的流动性降低，从而增加持有者的变现成本。外生流动性风险类似于系统性风险，不易度量，也难以控制。

内生流动性风险，是指内在原因导致流动性的不确定性。内生流动性风险的来源主要有资产配置的不合理性、资产需求的变化、债务期限的不当安排等。因此，内生流动性风险是部分可控的，可控程度取决于流动性风险的驱动因素。

3. 筹资流动性风险与市场流动性风险

筹资流动性，也称为现金流或负债流动性，或资金流动性，或机构流动性，主要是用来描述金融机构满足资金流动需要的能力。某一业务具有流动性是指其产生的现金流可以满足其支付要求，某机构具有流动性则是指机构经营所产生的现金流可以满足机构的支付要求，其中现金流既包括资产的收益，也包括从金融市场借入的资金。

市场流动性，也称为产品或者资产流动性，主要指金融资产在市场上的变现能力，也就是在市场上金融资产与现金转换的难易程度，它经常用广度或宽度、深度、即时性、弹性等四维概念来刻画。如果交易者能够按有利的价格迅速完成一定量的某种资产的交易，就表明市场的流动性较好。

筹资流动性和市场流动性既相互独立也相互影响；相互独立是因为筹资流动性和机构

本身的流动性管理有关，主要涉及资产和负债的匹配问题；市场流动性与机构持有资产的所在市场有关，更多的是由外在市场决定。同时，两者又相互影响，筹资流动性不足时，金融机构往往需要变现自己的资金来获得现金，这样良好的市场流动性可弥补筹资流动性的不足；反之，如果筹资流动性充足，机构往往可以有更多的余地选择交易时间和交易策略，使得市场流动性更大。

（四）影响流动性风险的因素

影响流动性的风险主要有信用风险、价格（市场）风险、交易（操作）风险、利率风险、声誉风险、战略风险。其中，前三种风险是《巴塞尔协议》重点关注的银行基本风险。

1. 信用风险的转化

信用风险，是指银行的债务人不能履行其合约义务（无力支付或不愿支付）而造成银行相应损失的风险。商业银行本质上经营的就是信用，信用风险是银行面临的最主要的风险。"在流动性和资本监管的新框架下，商业银行风险承担水平的演化，不仅直接影响着货币政策的传导效率，也直接关乎系统性金融风险的治理效应。"[①]

对一家经营不善的银行来说，信用风险往往是流动性危机的直接诱因。如果银行把资金贷给业绩不佳或信誉不高的客户，借款人经营不善无法还款带来银行的坏账，一旦市场上流传银行盈利下滑乃至亏损的传言，该银行将面临流动性困难，不得不以更高的成本去保留原有存款或取得新的资金。如果情况继续恶化，银行将不得不通过低价变卖资产满足其流动性需要，这可能导致其最终破产。

此外，宏观经济的恶化、资产的集中、大企业的倒闭、竞争的加剧等都会让银行面临更大的信用风险，并导致流动性风险的上升。而一旦信用风险上升，银行的信誉和评级都可能下降，从而使其筹资成本大幅度上升。更严重的是，如果信用风险破坏了银行财务上的健康，那么无论出多高的价格都可能无法获得资金，银行的流动性必然枯竭而面临倒闭。多数大的银行危机都包含了严重的信用问题和流动性恶化的共同作用。

2. 市场风险的转化

市场风险又称价格风险，是指由于市场价格水平的变化、价格波动性的变化或价格间的相关性变化引起的金融工具组合价值的不利变动。例如利率与汇率的变动、债券与股票

---

① 苏心仪，刘喜和. 流动性和资本双重约束对商业银行风险承担的影响研究［J］. 华北金融，2022（4）：1.

的价格下跌、衍生产品（期货、期权等）的价格波动等带来的投资与交易损失。

市场风险对于积极进行金融工具交易的大银行最为普遍。市场风险带来的价格变化直接导致银行的损失和流动性水平的下降。资金提供者在评估银行的财务状况和信用时会仔细考察其交易账户的风险，如果市场风险以及它对盈利或资本的影响太大，资金提供者可能要求银行支付更高的利率，或者不愿提供长期融资，甚至不愿提供任何期限的融资。

3. 操作风险的转化

操作风险，是指由不完善或有问题的内部程序、人员及系统或外部事件所造成损失的风险。未能识别和有效管理操作风险可能给银行带来巨大损失。直接影响流动性的系统包括支票和证券清算系统、电子银行、监督借贷和银行卡使用的操作系统。如果产品变动，管理者必须调整系统以确保所有的交易都能处理，如果处理交易的系统未能或延迟执行，重大问题会很快出现。如果客户使用自己的账户遇到困难，他们可能关闭账户，这将降低银行的流动性，因此银行的应急计划中也必须考虑到操作风险。

二、流动性风险的特征

与金融风险中的市场风险、信用风险和操作风险相比，流动性风险特征如下：

（一）流动性风险是一种结果风险

银行的市场风险、信用风险、操作风险与流动性风险是高度相关和互相影响的，有时甚至很难完全区分开来。银行的主要功能是为经济实体提供流动资金而不是制造流动性危机。如果没有基于市场风险、信用风险或者操作风险而使得银行遭受了严重损失，银行很难产生流动性问题。就这个意义而言，流动性风险是次级风险，其常常随着其他一个或者多个金融风险而增大。因此，流动性风险的特性在于，它是一种间接的综合性风险，是银行所有风险的最终表现形式，即一种结果性风险。换言之，虽然流动性风险是银行倒闭的直接原因，但可能并不完全是由流动性管理本身引起的，如果其他各类风险长期潜伏、积聚而得不到有效控制，最终都会以流动性风险的形式表现和爆发出来。

（二）保证金与其他金融风险不同

在现代银行风险管理中，通常通过持有资本（经济资本或者监管资本）来防范净资产价值的潜在损失。在著名的风险价值法（VaR）框架中，要求银行持有的资本数量由 VaR 决定，即计算一定的时间内（一天、十天、一年）的损失分布，然后根据这个损失分布在一定置信水平（99%、99.95%）下的分位数，决定预防意外损失需要持有的权益资本的数量。

但利用 VaR 框架并不能很好地解决流动性风险问题。对流动性风险而言，资本的使用价值是有限的。在解决流动性问题时，银行需要的是现金的流入，这比筹集资本更为容易。银行可以通过减少现金流出累计净值（NCO）与出售无抵押的合格资产以弥补现金流出累计净值这两种方法获取现金流入、保护流动性。但是，银行出售无抵押的合格资产以弥补现金流出累计净值的能力，取决于银行的总资产负债状况、银行在市场中的头寸和市场吸收这些资产的能力。因此，尽管资本充足是银行获得高的信用评级的前提，但如果不改善银行的融资成本和能力，那么在流动性危机发生时资本或许不是合适的缓冲工具，资本雄厚的银行在发生流动性危机时并不一定能迅速出售资产产生流动性，同理，一个银行可能有充足的流动性资产，但经济或者监管资本很少。因此，流动性风险分析必须基于特定银行和市场情景进行。

第二节 流动性风险的衡量方法

商业银行负债经营的特点以及面临的不确定性，使得商业银行的筹资风险伴随其产生、发展的全过程，与此同时，商业银行经营管理理论也同时产生并不断发展和完善。其中，如何评估、管理筹资流动性风险一直是商业银行经营管理理论的核心内容之一。若要有效进行流动性风险管理，必须科学地识别和测量已知的潜在的资金需求，测算资金需求的规模和时间，通过分析、测量，金融机构应充分了解自己的流动性状况，以便及时化解可能出现的流动性风险。

一、筹资流动性风险的度量方法

（一）指标体系分析法

指标体系分析法，是指通过构建基于财务数据的指标体系度量金融机构流动性状况的方法，主要包括流动性指数法、存款集中度法和财务比率指标法三类。

1. **流动性指数法**

流动性指数法，是由美国联邦储备银行提出，主要用以度量银行在特定状况下所面临的风险损失，即与正常的市场状况相比，银行必须立即出售资产时所承担的损失。在正常市场状况下，银行可以经过较长时间的搜索和协商过程，以公平的市场价格出售资产，而在必须即时出售资产的情况下，银行可能不得不以低于公平的市场价格出售。设即时出售资产的价格与公平的市场价格分别为 P_i 和 P_i^*，于是流动性指数的计算公式可以表示为：

$$I = \sum_{?} \omega_i^* \left(\frac{P_i}{P_i^*}\right) \tag{6-1}$$

式中：ω_i^* ——每项资产在金融机构资产总额中所占的比重。

一般情况下有 $P_i \leq P_i^*$，所以流动性指数通常为 0~1。显然，流动性指数越小，表明即时出售资产的价格与公平的市场价格之间差距越大，银行资产的流动性也就越缺乏。

2. 存款集中度法

存款集中度法主要度量银行所面临的提前支取的风险，从而可以反映银行对大额存款的依赖性。存款集中度的计算公式为：

$$L = \sum_{n}^{i=1?} E_i \omega_i \tag{6-2}$$

式中：E_i ——存款规模等级 i 的存款份额；

ω_i ——存款规模等级 i 的权重。

存款集中度的值越大，说明存款集中度越高，即潜在的存款提前支取风险就越大，从而银行所面临的筹资流动性风险就越大。

3. 财务比率指标法

财务比率指标法，可以用下述财务指标来衡量金融机构的流动性状况：

（1）流动性缺口。流动性缺口是银行资产和负债的差额，流动性缺口产生流动性风险。测算流动性缺口既可以通过现有的资产和负债，也可在添加预测的新资产和新负债后进行测算。流动性缺口通常由资产和负债的余额以及它们在一段时间的变化得出，按照惯例，以资产和负债的差额来计算流动性缺口。在任一时点，资产和负债的正缺口一定等于不足的资金额，负缺口一定等于盈余的资金额。

流动性缺口主要受资金需求与资金供给的基本趋势以及季节性、周期性、随机性等因素的影响，所以对流动性缺口的预测可以从上述因素入手予以考察。通常情况下，出现流动性缺口的情形主要是两种：①资金需求量与资金供给量之间不匹配；②资金需求量与资金供给量的不断变化。为了更有效地反映资金需求量与资金供给量的变化对流动性的影响，又进一步提出了边际缺口的概念。边际缺口是通过一个给定时间段内资金和负债变动的差额计算而来，正边际缺口意味着资产的代数变动超过负债的代数变动，正缺口相当于一笔资金净流出。

（2）现金比率。现金比率既可指现金资产与银行总资产的比率，也可表示为现金资产与银行存款的比率。由于银行现金资产具有很高的流动性，这一比率越高，表明银行资产整体的流动性越强，但并非所有现金资产都是可用的，只有超过法定准备金部分的现金资产才是可用的。它具体包括三个部分：①库存现金；②在中央银行的清算存款；③在其他银行和金融机构的存款。这三部分资产统称为银行的超额准备金，也可称为银行的基础头寸。需要注意的是，基础头寸还不等于可用头寸。

可用头寸是银行开展业务的必要条件，是维持银行正常运转中不可少的，是银行随时可以动用的在规模上有数倍效应的资产。可用头寸的绝对额越多、其在银行总资产中所占的比例越高，表明银行资产的流动性越强。问题在于，可用头寸本身不能为银行带来任何收益或收益很少，因此，从盈利性目标考虑，银行通常将可用头寸的持有量保持在必要的最低限度之内，而且可用头寸也只能从一个比较狭隘的含义上反映银行的流动性状况，其局限性比较明显。

（3）流动性证券比率。流动性证券比率是指银行持有的一年内政府债券（包括政府机构债券）与总资产的比率。一年内政府债券是信誉高、期限短、流动性很强的资产，可以在任何时候以最小的交易成本出售。该比率越高，表明银行的流动性越强，当银行出现流动性缺口时，可随时出售短期政府债券以弥补流动性缺口。

（4）存贷款比率。存贷款比率是指银行贷款对存款的比率，它是评判流动性的总指标，也是长期以来银行分析家运用较多的传统指标。贷款通常被认为是流动性最低的资产，而存款则是银行主要资金的来源。贷款对存款的比率越高，就预示着银行的流动性越差，因为不具流动性的资产占用了较多稳定的资金来源；反之，贷款对存款的比率越低，说明银行还有多余的头寸，可以用稳定的存款发放新的贷款或进行投资。然而，正如我们前面已经分析的，存贷款比率并不能反映贷款和存款的结构差别，如贷款的质量和期限、核心存款和易变性存款的比率等，所以其流动性的测度也存在明显的不足。

（5）核心存款与总资产的比率。银行存款按其稳定与否可分为核心存款和非核心存款。核心存款是指那些相对来说较稳定的、对利率的变化不敏感的存款，季节变化或经济环境的变化对其影响较小，所以核心存款是银行稳定的资金来源。不过，一旦银行失去信誉，核心存款也会流失。非核心存款亦被称为易变存款，受利率等外部因素的影响较大。一旦经济环境变化对银行不利，非核心存款往往会大量流失，而此时也正是银行的流动性需求增加的时候，所以衡量银行的流动性时，不能考虑这类存款。

核心存款和总资产的比率在一定程度上反映了银行的流动性能力。一般来说，地区性的中小银行该比率较高，而大银行特别是国际性大银行的这一比率较低。但这并不表明大银行的流动性风险就一定比小银行的高，这也正是该指标的局限性。不过，对同类银行而言，该比率高的银行的流动性能力也相应较高。

（6）贷款总额与核心存款的比率。贷款总额与存款总额的比率是一种传统的衡量银行流动性的指标，但是后来人们发现易变存款不能作为银行稳定的资金来源，所以现在常用核心存款来代替总存款。贷款总额与核心存款总额的比率越小，银行"存储"的流动性就越高，相对来说，流动性风险也就越小。一般来说，贷款总额与核心存款的比率随银行规模而增加，一些大银行的这一比率甚至大于1。这是因为对大银行来说，核心存款与总资产的比率较低，而单位资产的贷款额又比中小银行高。这并不表示大银行的流动性风险一定比中小银行的流动性风险大，因为大银行能更容易地在金融市场上以合理的成本筹措资金，满足流动性需求。

（7）流动资产与总资产的比率。流动资产是指那些投资期限短（不超过1年）、信誉好、变现能力强的资产。这种资产是"临时存储"在资产负债表上，一旦有需要，马上能以合理的价格转换成现金。流动资产与总资产的比率越高，银行存储的流动性就越高，应付潜在的流动性需求的能力也就越强。总的来说，银行的规模越大，该比率越小，原因亦在于大银行并不需要太多的流动性。

（8）流动性资产与易变性负债的比率。易变性负债是指那些不稳定的，易受利率、汇率、股价指数等经济因素影响而变动的资金来源，如大面额可转换定期存单、国外存款，以及我国的定活两便存款、证券账户上的存款等。当市场利率或其他投资工具的价格发生对银行不利的变动时，这一部分资金来源容易流失。流动性资产和易变性负债的比率反映了当市场利率或其他投资工具的价格发生对银行不利的变动时，银行所能承受的流动性风险的能力。该比率越大，说明银行应付潜在流动性需求的能力强；该比率小，则说明应付潜在流动性风险的能力弱。由于小银行获得易变性负债的机会较大银行小，所以小银行的流动性资产与易变性负债的比率要大于大银行，但这样并不意味着小银行的流动性风险比大银行小。由于这一比率没有考虑银行获得流动性的其他途径，且易变性负债受外界不利影响后发生变动的敏感程度经常变化，很难准确预测，故这一比率也不能全面衡量流动性风险。

（9）存款增减变动额与存款平均余额的比率。该比率在不同的经济周期是不同的。但对每一家银行来说，存款的增减变动在一定的经济条件下有一定稳定性和规律性，如果出现异常变动，就应引起重视。例如，某周或某月该比率急剧下降，说明存款大量流出，如果该比率的下降幅度与历史周期相比差异较大，则意味着流动性风险增大。在经济环境变化较大或投资者偏好出现较大变化时，该比率就不能准确反映和衡量银行的流动性风险。

（10）流动性资产和可用头寸与未履约贷款承诺的比率。该比率可衡量银行是否能满足未履约承诺所需要的流动性需求。如果流动性资产与可用头寸之和大于未履约的贷款承诺，说明可以满足已承诺的潜在贷款需求；如果流动性资产与可用头寸之和小于未履约贷款承诺，说明银行现有的流动性不能满足已承诺的贷款需求，银行的流动性风险较大。该比率越大，说明银行应付潜在贷款需求的能力较大。因为未考虑银行可以从其他途径获取流动性的便利程度和成本，所以该比率在衡量银行的流动性风险时也有其局限性。

(11) 证券的市场价格与票面价格的比率。当这一比率小于 1 时，证券的市场价格低于票面价格。若此时出售证券变现，银行就要承担较大的变现损失。所以，当这一比率小于 1 而银行的决策者又不愿意承担这种损失时，银行的流动性能力就会受到影响。这样即使有足够的流动资产，银行也缺乏流动性。唯有等市场利率降到足够低，证券的市场价格不低于票面价格时，银行才能以合理价格变现证券。所以，这一比率虽然在一定程度上衡量了银行的流动性能力，但这种能力很大程度上是由市场因素（主要是市场因素）所左右。从这种意义上来说，利率风险决定了流动性风险。

（二）期限结构分析法

银行对负债只能无条件按期偿付，而对于资产，银行只能在资产到期后才能依法收回，因此，商业银行的资产和负债存在期限结构的匹配问题。商业银行的资产负债期限结构是指，在未来特定时段内，到期资产数量（现金流入）与到期负债数量（现金流出）的构成状况。最常见的资产负债的期限错配情况是，商业银行将大量短期借款（负债）用于长期贷款（资产），即"借短贷长"，因此有可能因到期支付困难而面临较高的流动性风险。

通常认为商业银行正常范围内的"借短贷长"的资产负债结构特点所引致的持有期缺口，是一种正常的、可控性强的流动性风险。资产负债管理可以尽量使资产收入现金流的时间与数额与负债支出现金流的时间和数额相匹配。其衡量办法，主要包括久期缺口和到期日结构法。

1. 久期缺口

一个资产组合的久期等于各单个资产久期的加权平均，其中权重是各单个资产的市场价值占资产组合总市场价值的比重。例如，一个资产组合由数量分别为 x_1, x_2, …, x_n 的 n 种资产组成，该组合的久期分别为 D_1, D_2, …, D_n。则这个资产组合的久期为：

$$D_p = \sum_{n}^{i?} = 1 \left[\frac{X_i}{\sum_{n}^{i=1?} x_i} \times D_i \right] \qquad (6-3)$$

可以利用久期来分析商业银行资产和负债的结构是否合理。如果商业行的资产和负债在一定时期内的平均久期比较接近，表明该时期的流动性状况较好，反之则较差。

2. 到期日结构法

资产负债到期日结构法主要通过比较在不同时段内到期的资产和负债额，以确定缺口的大小，即每个时段内资金来源不足的程度或者资产过剩的程度。

结构性缺口的计算公式为：

$$结构性缺口 = 资产 - 负债 \quad (6-4)$$

当资产大于负债，即流动性缺口为正值时，说明到期资产总额大于到期负债总额，便出现资金盈余，这时不会产生流动性风险；当资产小于负债时，即流动性缺口为负值时，说明到期资产总额小于到期负债总额，便出现资金紧缺，此时流动性风险增大，银行面临着无法从金融市场获得资金以及为满足资金需要必须承担比正常情况更高的成本的风险。为了经营的稳健性，巴塞尔委员会要求银行在计算其到期资产额时，要充分考虑到资产的市场风险及变现成本风险。

该方法主要用于未来流动性分析，操作相对复杂，对数据的要求较高。在估算流动性缺口时，银行需要预测未来各个时段内的新增贷款量、新增存款量及到期的资产和负债等关键变量。实际操作中，我们一般通过资产负债表的到期结构表格，清晰地列明未来各个时段内到期的资产和负债，计算每个时间段的流动性缺口大小。

（三）现金流量分析方法

现金流量分析方法通过考察实际和潜在的现金流量来评估金融机构的流动性大小，特别强调了"实际和潜在的现金流量"的概念，通过对其进行分析，找到流动性风险的来源，并进行有效管理。

常用的流动性需要的测量方法如下：

1. 经验公式法

经验公式法，分别包括对居民和企业存款、贷款的预测公式。

（1）对储蓄存款的预测：

$$居民储蓄存款增长额预测值 = 预测期居民收入额 \times \frac{报告期居民储蓄存款增长额}{报告期居民收入额} \pm 其他因素 \quad (6-5)$$

（2）对企业存款的预测：

$$企业存款平均余额预测值 = 预测期销售计划数 \times \frac{报告期企业存款平均余额}{报告期企业销售总额} \left(1 - 流动资金加速率\right) \pm 其他因素 \quad (6-6)$$

（3）企业贷款预测，又分为工（农）业企业贷款预测及商业企业贷款预测。

工（农）业企业流动资金贷款预测：

$$预测期贷款需求量 = 预测期工(农)业总产值 \times \frac{报告期企业贷款平均余额}{报告期工(农)业总产值} \times \left(1 - 流动资金周转加速率\right) -$$

自有流动资金和
不合理资金占用　　　　　　　　　　　　　　　　　　　　　(6-7)

商业企业流动资金贷款预测：

$$\text{商业贷款预测值} = \text{预测期商品库存额} - \text{商业企业自有流动资金} \pm \text{其他因素} \quad (6\text{-}8)$$

2. 时间数列预测法

时间数列预测法，又可分为平均数预测法与趋势移动平均法。

（1）平均数预测法，又分为算术平均法和加权平均法。

算术平均法：

$$\bar{x} = \frac{x_1 + x_2 + \cdots + x_n}{n} \quad (6\text{-}9)$$

式中：$\bar{x}$——算术平均数；

x_n——变量值；

n——项数。

加权平均法，设变量值为 x_1，x_2，…，x_n，对应的权数为 m_1，m_2，…，m_n，则加权平均数 x 的测算公式为：

$$x = \frac{m_1 x_1 + m_2 x_2 + \cdots + m_n x_n}{m_1 + m_2 + \cdots + m_n} \quad (6\text{-}10)$$

（2）趋势移动平均法。即采用与预测期相邻的几个数据的平均值作为预测值，随着预测值向前移动，相邻几个数据的平均值也向前移动。若考虑各个时期距预测期的时间因素，应该对不同时期的数据赋予不同的权数。

3. 流动性需要计算表法

流动性需要计算表法是以经济判断为基础的。它认为，一家银行一定时期内所需要的流动性是由三个因素引起的：①存款增加或减少引起的资金流入或资金流出；②贷款（或投资）增加或减少所引起的资金流入或流出；③法定存款准备金随存款变化而增加或减少银行的现金资产。只要对三个因素的变化做出尽可能准确的预测，确定一定时期内的流动性需要就不太难。

无论是资产负债的规模不匹配还是期限不匹配，往往都集中体现为现金流量的不匹配。从这个角度看，现金流量分析法是一种比缺口分析法和期限结构分析法更为一般的方法。

(四) 基于 VaR 的流动性风险价值法

基于 VaR 的流动性风险价值法，是借助 VaR 方法，通过计算净现金流量的流动性风险值来评估流动性风险的方法。为计算净现金流量的 L_VaR，首先要给出计算现金流量的公式以及现金流未来变化的概率分布，最后得到一定显著水平下的 L_VaR。一定显著水平下的 L_VaR 表示在该显著水平下流动性不足时的最大可能净现金流量，或流动性过剩时的最小可能净现金流量。

1. 净现金流量与远期支付结构

假设仅考虑单种货币、一个支付系统、一个经济实体。记 d 为一笔交易，$CF(d, k)$ 为交易 d 在 k 日产生的实际现金流，有：

$$CF(d, k) = CF_+(d, k) + CF_-(d, k) \quad (6-11)$$

式中：$CF_+(d, k)$——交易 d 在 k 日产生的现金流入，取正值；

$CF_-(d, k)$——交易 d 在 k 日产生的现金流出，取负值；

$CF(d, k)$——交易 d 在 k 日产生的实际净现金流量，也就是此处拟要考察的对象。

净现金流量 $\{cumCF(d, 1), cumCF(d, 2), \cdots, cumCF(d, k)\}$，$\forall k \in \{1, 2, \cdots, K\}$，称为交易 d 的远期支付结构，其中 $cumCF(d, k) = \Sigma CF(d, t)$。根据定义，远期支付结构就是交易所产生的累计净现金流量。通过远期支付结构可以考察一定时间内一项交易、一个资产组合以及一个机构的偿付能力。

假设一个资产组合的交易集合为 $D = (d_1, d_2, \cdots, d_i, \cdots, d_n)$，$d_i$ 为构成资产组合的每一笔交易。把交易 d_i 在每一日发生的现金流划分为正的现金流 $CF_+(d_i, k)$ 和负的现金流 $CF_-(d_i, k)$，其中 $i \in (1, 2, \cdots, n)$。对于 k 日，将所有交易的现金流入相加可得到资产组合的总现金流入：

$$CF_+(D, k) = \sum_i CF_+(d_i, k) = CF_+(d_1, k) + \cdots + CF_+(d_n, k) \quad (6-12)$$

同样，对 k 日，将所有交易的现金流出相加得到资产组合的总现金流出：

$$CF_-(D, k) = \sum_i F_-(d_i, k) = CF_-(d_1, k) + \cdots + CF_-(d_n, k) \quad (6-13)$$

则 k 日资产组合的净现金流量为：

$$CF(D, k) = CF_+(D, k) + CF_-(D, k), \quad \forall k \in (1, 2, \cdots, K) \quad (6-14)$$

同理，资产组合的远期支付结构可表示为：

$$cumCF(D, k) = \Sigma CF(D, t) \quad (6-15)$$

2. 对净现金流量未来变化分布的估计

目前，估计净现金流量未来变化分布的方法主要有两大类：第一类，概率模型，包括 MonteCarlo 模拟模型和期限结构模型；第二类，行为模型，包括趋势模型、周期模型和关联模型。

（1）概率模型。

第一，MonteCarlo 模拟模型的基本思路是，给定某一变量（如利率、波动率）及其变化范围，对随机过程不断进行足够多的重复模拟之后，即可得到目标时刻净现金流量的概率分布。

第二，对利率变量使用期限结构模型。计算余额与利率之间的相关性。当存款余额与短期存款利率有明显的相关关系时，就可以用短期利率作为变量建立简单的回归模型，也可以通过考察历史余额、时间趋势、利率变动等变量建立更复杂的回归模型。建立了与短期利率相关的模型后，就可以用各种利率期限结构模型来计算存款余额对收益率的敏感性，再运用这些敏感性数据来计算活期存款的存续概率。

（2）行为模型。

行为模型是指通过分析历史时间序列来确定该序列的"行为"特征的方法。这些"行为"特征主要包括趋势、周期性、发生频率以及同其他时间序列的相关关系与自相关。行为模型既可以用来考察一个没有到期日的资产和负债组合，也可以直接考察历史的净现金流量，对其行为特征进行建模拟合以预测未来。

二、市场流动性风险的度量方法

关于市场流动性风险的度量，目前的主流方法是在传统的计算 VaR 值的框架内纳入交易资产的市场流动性因素后而展开的，即所谓的有流动性调整的风险价值法（Liquidity Adjusted Value-at-Risk），简写为 La_ VaR 法。

（一）有流动性调整的风险价值及其计算

有流动性调整的风险价值（La_ VaR）及其计算方法。不考虑市场流动性的传统 VaR 计算法有一个基本的前提假设，即市场的流动性是完全的。在此假设下，资产的盯市价值就表现了其真实的价值，实际的成交价格等于盯市价值，因此使用中间价格计算的损益可以很好地度量市场风险。然而，在现实市场中，市场的流动性是非完全的，此时，中间价格一般不再等于现实市场中的成交价格，即资产的交易价格并不总是在盯市价值处成交。

由于市场流动性因素的存在，实际的交易价格有可能会偏离资产的真实价值，并可能变现成本损失。所以，资产的实际交易价格应分为两个部分：一是代表资产内在价值的中间价格；二是因市场流动性因素而导致的交易成本。如果仅基于盯市价值来计量市场风险的传统 VaR 方法，实际上只考虑了中间价格的波动，因市场流动性风险而导致的变现成本则被忽略，这显然与现实状况不相符合。在此背景下，自然产生了所谓的有流动性调整的风险价值法，即 La_ VaR 法。该方法不仅度量了因中间价格波动所带来的损失，同时也考察了因流动性风险可能带来的交易成本损失。于是，由 La_ VaR 法所计算的 La_ VaR 实质上是对传统 VaR 值的修正。由于这种修正是由市场上所存在的流动性因素引起的，所以把 La_ VaR 称为有流动性调整的 VaR 名副其实。

有流动性调整的 VaR（La_ VaR）实质上度量的是由流动性风险因子和市场风险因子构成的集成风险，而给予流动性风险因子和市场风险因子的集成风险因子 I 可以表示为：

$$I = M + L \qquad (6-16)$$

式中：M——市场风险因子；

L——流动性风险因子。

通过考察传统的 VaR 定义不难看出，一定置信水平下的最大可能损失（VaR），事实上既应包含因中间价格波动所导致的可能损失，也应包括流动性风险所带来的可能损失。所以，从定义上来看，运用传统的 VaR 方法对集成风险因子 I 进行度量并不存在障碍，所得到的计量值 La_ VaR，即有：

$$La\_ VaR = VaR(I) = VaR(M + L) \qquad (6-17)$$

对于上式主要有如下四种解决办法：

1. 传统的 VaR 法

传统的 VaR 法假设市场流动性是完全的，所以认为市场风险与流动性风险无关，市场风险的度量不需要考虑流动性风险，即：

$$VaR(I) = VaR(M) \qquad (6-18)$$

式中：VaR（M）——传统的 VaR 值。

2. 简单加总方法

简单加总方法，实质上假设 M 和 L 完全正相关，即：

$$La\_ VaR = VaR(I) = VaR(M) + VaR(L) \qquad (6-19)$$

式中：VaR（L）——流动性风险的度量值。

对于外生流动性风险的度量，目前普遍采用此式计算。对内生流动性风险的度量同样如此，只是不像度量外生流动性风险那么容易观察。

3. 线性相关系数法

线性相关系数法使用线性相关系数衡量风险因子的相关性，进而得到：

$$L\_VaR = VaR(I) = \sqrt{VaR(M)^2 + VaR(L)^2 + 2\rho VaR(M)VaR(L)}$$
(6-20)

式中：ρ——流动性风险因子和市场风险因子的线性相关系数，这里的 VaR 用正值表示。

尽管公式考虑了相关性，但该方法仍存在两点明显不足：①该式只有在正态分布和 t 分布的假设下才成立，由于流动性风险和市场风险一般不服从正态分布和 t 分布，因此度量 La_VaR 存在模型风险；②由于 VaR 不具有可加性（VaR 方法本身存在不足），所以不满足一致性风险度量准则。

4. 基于 Copula 函数的度量方法

为弥补上述第一点不足，可引入 Copula 函数度量 La_VaR。Copula 函数能够处理流动性风险因子与市场风险因子的非正态特性以及两者之间的复杂相互关系，进而构建两个风险因子的联合分布函数。通过联合分布函数，可以模拟出集成风险因子的概率分布，在此基础上估计一定置信水平下的 La_VaR。另外关于上述提到的第二点不足，可采用另外一种满足一致性风险度量准则的度量方法 ES，用来对 VaR 进行稳健性检验，ES 的计算公式为：

$$ES_R = E\{R \mid R \leq VaR_R\}$$
(6-21)

式中：E——期望函数；

ES 衡量的是收益率发生在低于 VaR 值时候的期望。

（二）外生性 La_VaR 法和内生性 La_VaR 法

市场流动性因素，主要包含买卖价差因素以及资产交易数量和变现时间因素。买卖价差因素主要反映的是资产及市场特性，这些特性不以投资者的意志而改变，并将影响市场上的所有投资者，因而买卖价差因素及其反映的资产及市场特性具有外生性。因此，有资产及市场特性所造成的流动性风险成为外生市场流动性风险；把外生市场流动性风险因素纳入传统的 VaR 计算框架之内而得到的 VaR 值，称为外生性 La_VaR；把计算外生性 La_VaR 的方法叫作外生性 La_VaR 法。由于这里的外生市场流动性风险因素主要指买卖价差因素，所以把买卖价差因素考虑在内计算得到的外生性 La_VaR，称为基于买卖价差的外生性 La_VaR。

类似的，还可以考察资产交易数量与变现时间作为影响市场流动性的另一个重要因素，资产交易数量与变现时间因素，只影响特定的投资者，且与投资者的交易策略密切相关，所以该因素具有内生性。于是，我们可以对应地给出定义：由于投资者的头寸数量超过了一定价格水平下的市场深度而导致的价格变动给投资者带来的损失，称为内生市场流动性风险；把内生市场流动性风险因素纳入传统的 VaR 计算框架之内而得到的 VaR 值，称为内生性 La_ VaR；把计算内生性 La_ VaR 的方法叫作内生性 La_ VaR 法。由于此处的内生市场流动性风险因素，主要指资产交易数量与变现时间因素，并且依赖投资者的交易策略，于是变现者总是根据资产交易数量与变现时间因素寻求最优变现策略，以充分降低市场流动性风险，所以这里把根据最优变现策略而计算得到的内生性 La_ VaR，称为基于最优变现策略的内生性 La_ VaR。

第三节　流动性风险的管理策略

一、资产流动性管理策略

从资产负债表上来看，所有银行的资产基本可以分为四种：现金资产、证券资产、贷款及固定资产，其中固定资产通常只占很小的比重。资产的筹资流动性风险管理，就是将资金如何在前三类金融资产中进行分配，从而保持合理的流动性。

具体地说，资产管理策略就是通过提高资产的变现能力、"储存"流动性来满足银行流动性需求。该策略所采取主要措施是保留一定量的现金、超额准备金和大量持有信誉好、流动性强、易变现的债券或国库券。当银行流动性需求突然增加，超出银行正常资金备付时，可以通过出售部分国债来满足流动性需要。资产管理策略是比较传统但也是银行常用的一种流动性管理策略。该策略的最大优势在于，当银行遭遇到流动性压力时，可以通过资产变现迅速满足流动性需求，银行拥有较大的自主权。但是，持有的流动性过多，会降低银行资产的收益率，因此，银行在"储存"流动性时应当平衡资产的流动性与赢利性。

资产流动性管理的核心和实质，就是使资产保持在最佳的状态。银行保持资产流动性的方法主要有以下三种：

（一）保持足够的准备资产

准备资产包括现金资产和短期有价证券两大部分。现金资产被称为第一准备或一级准备，具有十足的流动性，它包括库存现金、同业存款和在中央银行的存款等。银行持有的短期有价证券被称为第二准备或二级准备，一般是指到期日在一年以内的债券，主要是一年以内的政府公债。短期有价证券具有一定的利息收入，盈利性高于现金资产，但不像现金资产一样具有十足的流动性。与其他类型的资产相比，短期有价证券的流动性是比较高的，即变现的速度比较快、变现的成本较小。商业银行在现金资产不能满足其流动性需求时，就可在证券市场上将短期有价证券转卖出去，获得现金。一级准备加二级准备就是银行的总储备，银行的总储备减去法定准备金就是超额储备。

一家商业银行应当准备的资产数量，主要取决于两个因素：第一，银行监管当局的有关规定；第二，银行所面临的主客观环境。换言之，一家商业银行所要保持的准备资产的多少，是这家银行在遵守银行监管当局有关规定的前提下，根据自己所面对的主客观环境进行决策的结果。这种决策是否正确取决于银行的经营管理水平以及银行经营管理者的素质。

（二）合理安排资产的期限组合

合理安排资产的期限组合，使之与负债相协调。银行资产的期限组合问题，实质上就是资产的结构问题。银行四种不同的资产其流动性程度和期限亦不相同，比如贷款资产流动性期限一般要比证券投资长，而固定资产的流动性期限一般要比贷款长，因此，在这四种不同的资产中，要注意保持合理的比例，使之与负债相协调，并在总体上尽量提高盈利资产变现的可能性。同时，合理安排资产的期限组合，不仅各种不同资产彼此之间要注重期限的比例关系，要与对应的负债相协调，还包括在同一资产内也要注意期限上的最佳组合，与相应的负债相协调。

（三）通过多种形式增加资产流动性

对于一些原本流动性很差的资产，要通过多种形式增加其流动性。前述的保持足够的准备资产、合理安排资产的期限组合，属于传统方法，增加资产流动性是在金融创新条件下产生的新型方法。比如，一部分抵押贷款或应收信用卡账款可以通过证券化的形式在市场上出售，从而大大提高了这部分贷款资产的流动性。换言之，资产的证券化使原来流动性很差的贷款具有了较强的流动性。又如，在一定条件下，通过售后回租安排的形式，把银行固定资产转换成流动资产。售后回租安排是指银行出售自己所拥有的办公大楼以及其他不动产，并同时从买主手中将这些资产租回。这样既可以提高银行的资本充足率，又可以把固定资产转换为现金，从而具有了充足的流动性。

二、负债流动性管理策略

按照资产管理策略的观点，负债的数量和结构是由客户决定的，所以流动性是一个资产管理的问题，资产结构的合理搭配是保持流动性的唯一手段。于是，对流动性的满足，无论是提款需求还是贷款需求,都只以既定负债为前提。银行所做的只是通过对资产的种类和规模进行安排,调整各类资产的比例结构,以使其与负债的数量和结构相适应。在资金市场不断完善发展的情况下,银行可以通过市场借入资金来满足流动性需要。因为流动性问题就是对外支付能力的问题,既可以通过保持一定现金资产和可变现资产的方式来解决,也可以通过市场借款来解决。

负债的流动性风险管理的方法,主要包括发行可转让大额定期存单、回购协议、同业拆借、欧洲美元借款及央行借款等。这些方法各有侧重,有扩大资金来源总量的(如可转让大额定期存单),也有短期资金调剂的(如同业拆借、回购协议等),银行要根据不同的情境选择成本最低的方法。

银行负债管理理论的方法主要有以下内容:

(一) 主动性负债

开拓和保持较多的可以随时取得的主动性负债,这是银行负债流动性管理最基本和最主要的方法。这种方法实际上就是非存款负债管理方法,因而也是银行负债管理理论发展的实际基础和具体体现。这种方法广泛运用的四项业务如下:

第一,发行大额可转让定期存单。它是一种兼有定期存款和有价证券性质的负债凭证,与普通定期存单有着明显的区别。一般地,普通定期存单的面额不固定,可由顾客自行确定,不能流通转让,但可以提前支取,可以记名也可以不记名。大额可转让定期存单是美国花旗银行于1961年2月创办的,随着大额可转让定期存单市场的建立和拓展,银行负债流动性管理得到充分的发展。

第二,发行银行债权。一般而言,持有银行债券可以到银行要求提前偿还或到证券交易所去交换,因此银行债权具有较强的流动性。但对银行来说,往往发行的是长期金融债券,原因有三:首先,长期债券可以当作附属资本,从而提高了资本充足率,同时发行费用比股票低,手续也简单;其次,长期债券所筹集的资金可以用于长期投资,收益比较高,同时利息可以计入成本,税前开支比股票成本低;再次,长期债券所筹集的资金不交存款准备金,不支付存款保险费,比存款降低了成本。

第三,同业拆借。即商业银行、非银行金融机构相互之间的短期资金借贷活动,主要是用于头寸调剂,解决临时性的超额储备过多或流动性不足的问题。与一般的借贷业务相比,同业拆借最大的特点是流动性强、期限短,甚至是一天或一夜均有。同时同业拆借利率很低,几乎所有的银行和非银行金融机构都可以参与同业拆借活动,但拆借的资金一般不能做远期使用,主要是救急。

第四,向中央银行借款。中央银行垄断着货币发行权,集中掌握着法定存款准备金,担负着保持货币稳定和维护银行体系稳健运行的职能，是商业银行的最后贷款者，必要时商业银行可以向中央银行借款。中央银行对商业银行的贷款统称为再贷款，主要有再贴现、再抵押贷款和信用贷款三种形式。在西方国家，中央银行对商业银行贷款主要采取前两种形式，信用贷款一般不常见。在美国，商业银行向中央银行（联邦储备银行）的借款主要是通过联邦储备银行的贴现窗口进行的。

（二）开发与创新

对传统的各类存款进行多形式的开发和创新。为了增强负债的流动性、盈利性和安全性，除了对非存款负债管理外，对传统的活期、定期等各项存款，也必须进行多形式的开发和创新。事实上，商业银行从 20 世纪 60 年代以来一直在努力实践着，不断进行存款账户创新。以美国为例，自 1972 年以来金融创新创造的存款账户高达 8 种，即可转让支付命令、自动转账服务账户、超级可转让支付命令账户、货币市场存款账户、个人退休金账户、股金汇票账户、协定存款账户、定活两便存款账户。这些开发和创新的存款账户，从总体上讲大大增加了负债流动性。

（三）开辟新服务

开辟新的有利于流动性的存款服务。为了增加客户存款，增强负债流动性，商业银行应在存款服务上进行创新：第一，加强柜台服务，主要是高效迅速地办理收存兑现、转账结算和提供咨询等，同时热情、友好接待客户；第二，加强外勤服务，存款外勤人员坚持定期不定期主动到企业和居民家中去争取存款，提供咨询、改善形象，与客户建立友谊；第三，为顾客提供各种各样的服务，包括提供市场咨询服务、保险服务、投资服务、信用卡服务、银行支票服务、货币兑现服务等，以密切银行和客户的关系；第四，代理企业向职工发放工资，代理企业及个人缴纳各种费用和代收业务；第五，大力使用电子计算机，为客户提供存取上的便利。

三、资产负债综合管理策略

资产和负债流动性风险管理策略具有明显的片面性和不足。为此，银行开始采取资产负债综合管理的策略，即将资产与负债、资金的来源与使用等相关方面综合起来加以考虑、统筹安排。对于事前可以预测或控制的流动性需求，如正常客户提取存款、基本客户新增贷款等，银行可以通过适当安排资产结构、"储存"流动性来解决；对于一些突发性的流动性需求，如客户临时性大额贷款、提款要求，则通过主动负债的形式解决。现代的资产负债综合管理方法运用了许多新的管理工具和定量分析手段。

（一）资金汇集法

资金汇集法的基本思想是，银行首先将各种负债（资金来源）汇集为一个资金池，再按照银行的业务需要在不同的资产之间进行分配，如图 6-1 所示①。

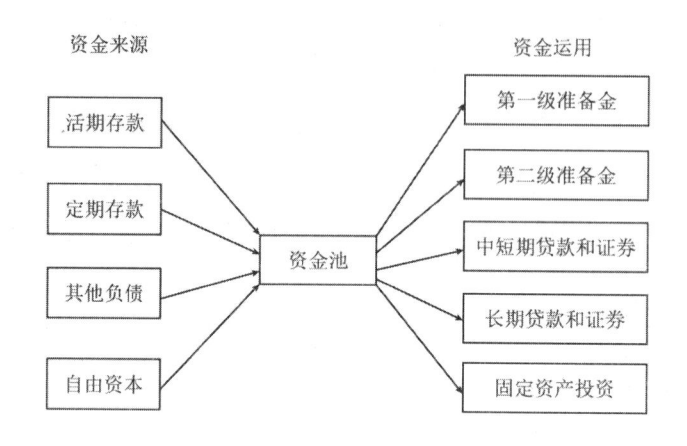

图 6-1 资金汇集法示意图

银行应确定盈利目标和流动性标准，然后按照盈利目标和流动性标准根据图 6-1 的顺序分配资金。第一级准备金由库存现金、央行存款、同业存放和托收资金组成，它是银行流动性的首要来源。第二级准备金是非现金性流动资产，主要包括各种短期的公开市场证券，如国库券、市政债券等。这部分资产不仅能够为银行提供较高的流动性，而且可以带来一定的收益，从而可以增强银行的盈利能力。第一级准备金和第二级准备金共同为银行提供了流动性，剩余资金可以用于投资中长期证券和固定资产。总之，资金在各部分的分配比重应视不同时间、地点、条件而定，同时还应考察各个银行自身的经营重点和经营方针。

资金汇集法重点强调的是资产管理，其缺陷在于忽略了负债方面的流动性，忽略了不同来源的资金具有不同的流动性和稳定性，没有在对资产和负债两个方面进行统筹考虑的基础上去解决流动性问题。

（二）资金匹配法

资金匹配法是针对资金汇集法的不足而提出来的，该法认为银行的流动性状况与其资金来源密切相关。因此，资金匹配法要求银行按资金来源的不同性质确定资金在各项资产

---

① 本节图表引自刘园. 金融风险管理 [M]. 北京：首都经济贸易大学出版社，2019：277.

之间的分配，实际上是按照资金来源的稳定性来进行分配。具体做法如图 6-2 所示：按照不同的资金来源，建立数个"流动性—盈利性中心"。每个中心根据自己资金的稳定性对各个资产项目确定相应的资金分配量。各项资金来源及运用同各个资金中心交叉对应，与之对应的资金分配量应根据盈利目标、流动性标准和资金的稳定性进行相应的配置。

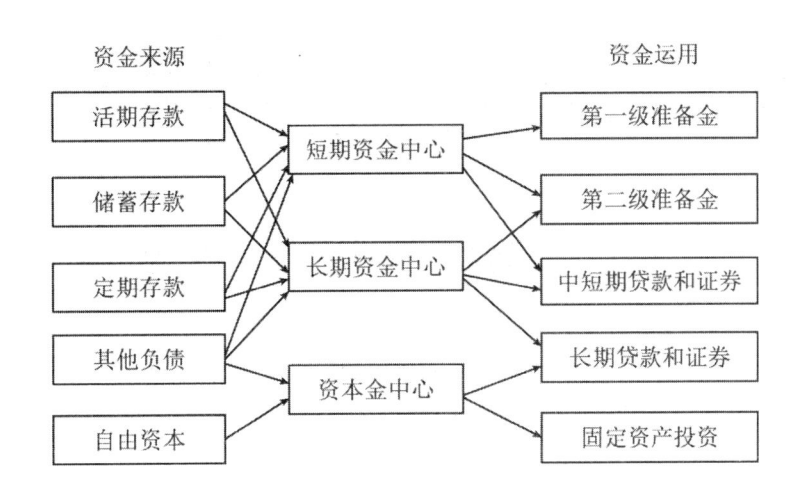

图 6-2 资金匹配法示意

资金匹配法的主要优点，在于从资产负债两个方面统筹安排，从而减少了多余的流动性资产，增加了对贷款和证券投资的资金分配，提高了银行的盈利能力。

（三）线性规划法

线性规划法，就是在一定的流动性条件下，采用运筹学和数学模型来确定各项资产的数量，使银行经营目标最大化。建立线性规划模型，首先要建立目标函数，即需要一个明确的最优化目标。对银行经营而言，资产管理的目标一般是在一定的约束条件下，通过资产配置实现最大盈利。

银行的资产负债综合管理涉及的约束条件主要有四类：第一类，金融监管法规的约束，主要是法定准备金率和资本充足率；第二类，流动性需求的约束；第三类，安全性的约束；第四类，贷款需求量的约束。于是根据目标函数和约束条件，就可以建立相应的线性规划模型，再利用线性规划模型的求解技术即可得到该模型的最优解。该最优解表示在既定约束条件下，为实现盈利最大化的目标，在各种资产之间所做的资金分配。通过上述资金配置过程，就可以实现流动性和盈利性的统一。

第七章
基于互联网金融模式的风险管理创新

第一节　互联网金融及其风险类型

一、互联网金融及其特征优势

互联网技术日新月异的发展和我国"互联网+"战略的推进，互联网与电子商务、金融相互融合渗透，界限日趋模糊，一个新的概念"互联网金融"应运而生，并被社会广泛关注。互联网金融具有广义和狭义两个层面的含义。

广义的互联网金融，泛指一切使用信息技术和互联网手段开展金融服务的产业形态，是金融业与信息技术和互联网络结合而形成的产物，其涉及金融信息化的所有方面和全过程，不仅包括传统金融管理信息化、金融业务平移到互联网上的简单金融业态（如网络银行、互联网证券、互联网保险等），也涵盖互联网虚拟经济自发形成的新的金融服务业态及这种新业态所催生的衍生业态（如第三方支付、网络借贷、股权众筹、互联网消费金融、互联网供应链金融等）。

狭义的互联网金融，主要是指由网络金融化或者由以网络金融化为主导的金融业与互联网混合作用而形成的金融业态。狭义互联网金融，除依赖一般信息技术和互联网络外，还大量运用了移动支付、云计算、大数据、人工智能、区块链等最新出现的计算机网络技术，其基本的模式是通过互联网金融平台对金融市场资源要素的重新整合，构建新型资金融通渠道，采取网络交易手段，发挥金融服务功能。就金融服务本质而言，互联网金融与传统金融在融通金融资源上是并无区别；但互联网金融与传统金融在交易成本结构、交易方式、服务效率、技术手段、组织形态和运营模式上又互相区别。狭义互联网金融的最大特点就是模式创新与平台化发展。模式创新导致业态分化，平台化发展导致互联网金融的发展主要体现为围绕核心平台的生态系统扩展与裂变。以下所涉及的互联网金融如未特别指明均指狭义的互联网金融。

（一）互联网金融的谱系结构

互联网金融是一个谱系概念，它的两端，一端是传统银行、证券、保险、交易所等金融中介和市场，另一端是瓦尔拉斯一般均衡对应的无金融中介或市场情形，介于两端之间的所有金融交易和组织形式，都属于互联网金融的范畴。按照目前各种互联网金融形态在支付方式、信息处理、资源配置上的差异，可以将它们划分成以下一些主要类型：

1. 金融互联网化

金融互联网化，是指传统金融业务的互联网化，体现了互联网对金融中介和市场的物理网点、人工服务等的替代，包括网络金融（网络银行、网络证券、网络保险等）、互联网银行（包括直销银行）、互联网证券和互联网保险等。

2. 第三方支付

第三方支付，从广义上讲，第三方支付是指非金融机构作为收、付款人的支付中介所提供的网络支付、预付卡、银行卡收单以及中国人民银行确定的其他支付服务。狭义上是指具备一定实力和信誉保障的非银行机构，借助通信、计算机和信息安全技术，采用与各大银行签约的方式，在用户与银行支付结算系统间建立连接的电子支付模式。

第三方支付的最大特色是在结算过程中，客户不直接与银行进行支付清算，可以起到类似中央银行集中清算的作用。

3. 互联网理财

互联网理财，是指投资者通过互联网渠道获取理财产品、理财服务，从而获得相应收益的一种理财方式。本质上来讲，互联网理财就是传统线下理财的一种延伸，将线下理财的各类产品或者理财服务通过互联网这一便捷的渠道推向大众。只是互联网渠道具有自己的特性，优化了线下理财产品或者服务，如收益率大幅提升，进入门槛大大降低，操作上便捷灵活等。以阿里巴巴、苏宁、京东为代表的中国主要电子商务企业和以腾讯、百度等为代表的互联网公司均已推出互联网理财产品。

4. 网络借贷

网络借贷按照借贷对象的特点，分为P2P网络借贷和网络小贷两种。P2P网络借贷是个人之间的借贷，其核心技术是内部信用评级和贷款利率定价。以Prosper、Lending-Club（美国）、Zopa（英国）、宜信、陆金所、拍拍贷、人人贷等为代表。网络小贷主要是由电商企业等通过网络平台获取客户、线上放贷的小额贷款。网络借贷模式弥补了正规金融机构一直未能有效解决的个人及中小微企业融资难问题。

5. 众筹融资

众筹融资即大众筹资，人们通过互联网汇集资金，以支持由他人或组织发起的项目，以 Kickstarter（美国）、天使汇、点名时间等为主要代表。众筹融资由项目发起人利用互联网平台发起项目，并且以实物、服务或股权等作为回报，通过大众投资者的力量获得其所需资金，最终实现资金与项目的有效对接。众筹融资的行为主体，主要有三方：资金需求方、大众投资者和平台方。

6. 互联网消费金融

互联网消费金融，是以互联网等现代信息技术为核心，通过将消费金融功能延伸至互联网平台，采用互联网的思维和理念，面向社会各个阶层的消费者，提供创新性、差异化的消费金融产品，是满足消费者跨期消费需求的金融服务。互联网消费金融的本质还是消费金融，它是将互联网、大数据等技术嵌入传统消费金融活动的各环节中。

7. 互联网供应链金融

互联网供应链金融，是指兼具电商平台经营者、资金提供者、供应链掌控者身份的电商或商业银行或核心企业或其他第三方，在对供应链交易长期积累的大量信用数据以及借此建立起来的诚信体系进行分析的基础上，运用自偿性贸易融资方式，引入资金支付工具监管的手段，向从事交易的中小企业提供封闭的授信支持及其他资金管理、支付结算等综合金融服务的一种全新的金融模式。

8. 互联网金融信息服务

互联网金融信息服务，泛指利用互联网技术开展金融信息服务的所有业务，目前发展较快的有在线投资社交平台、垂直搜索、基于区块链的各种信息服务等。

互联网金融谱系的各种业态，随着互联网与金融的互相渗透，催生出各种互联网金融模式。互联网金融的发展提高了金融业务的普惠性，这与中国金融业发展和改革的目标不谋而合，与中国深化金融机构改革的步伐相适应。因此，互联网金融各种业态之间跨交叉特征明显，相互之间界限模糊，并且相互之间呈现动态变化趋势。例如，保险业出现了根据汽车使用情况确定费率的车险，证券研究发现社交网络的活跃度对股票价格有预测力，未来大数据与保险精算、证券投资结合，会促成许多新商业模式的诞生。所以，这里对互联网金融业态的划分，还达不到严格分类应有的"不重复，不遗漏"标准，一些业态之间相互有交叉和重复。

（二）互联网金融的功能与模式

1. 互联网金融的功能

金融的核心功能是实现资金供求双方的匹配，互联网金融在更高效地实现传统金融功能的基础上，进一步扩展了金融的社会功能。

（1）互联网金融深化并拓展了莫顿的金融功能理论。金融的传统功能主要表现：为商品、服务和资产交易提供支付和结算系统、分割股份和筹集大规模资金、在时间和空间上转移配置经济资源、管理不确定性和控制风险、提供价格信息和促进不同部门的分散决策、处理信息不对称和激励问题。

（2）互联网金融拓展了金融的"社会功能"，通过金融普惠，实现创造机会、改善公平、减少贫困、缩小收入差距等社会功能。互联网金融摆脱了时空的限制，提高了金融服务的覆盖面和可获得性，降低了金融服务的成本和金融服务过程中的信息不对称程度。

（3）金融最基本的功能是实现资金的融通，优化资源配置，把社会上资金盈余方（借出方）的闲散资金，通过金融工具配置给资金短缺方（贷入方），在时间和空间上实现资金的优化配置。同时，为了防止贷入方的违约行为，贷出方需要对借入方的信息进行了解，并对所收集的信息进行处理，从而制定相应的风险防范措施。

2. 互联网金融的模式

在实现资金融通的过程中，有三个关键问题构成了金融的支柱：①资金是如何流动的，即支付方式问题；②信息是如何流动的，即信息处理问题；③资金是如何配置的，即资源配置问题。

根据这三个问题的不同，可以将金融划分金融中介模式、金融市场模式、互联网金融模式。金融中介模式和金融市场模式属于传统模式。

（1）金融中介模式。金融中介模式是指利用金融中介机构在资金的贷出方和借入方之间建立桥梁，实现资金的转移和信息的流动，典型的金融中介就是商业银行。商业银行一方面从资金贷出方手中吸收存款，另一方面通过对借入方的信息进行审核来发放贷款，从而实现资金的流动。

在金融中介模式过程中，资金的流动一般通过传统的现金支付和银行支付清算体系来完成。借入方的信息收集主要依靠借入方主动申报和商业银行的尽职调查，信息处理主要是商业银行对借入方的资信状况和还款计划的评估，并根据评估结果来决定将资金贷给哪些借入方，从而实现资金的配置。在这种模式下，金融中介机构既是支付中介，同时也是信用中介，不仅解决了资金的跨期、跨区流动问题，更是在资金的贷出方和借入方之间建立信用的桥梁，但这座桥只是一座"断桥"，因为借入方的信息流到商业银行后就停止了，并没有传递给贷出方，资金供求双方的信息严重不对称。所以，商业银行在吸收存款形成资金池后，单方面对借入方评估后主导了资金配置过程，很容易导致资金错配问题，包括期限错配、额度错配和收益风险错配，这种错配一方面使资金配置效率低下，另外错配风险也是商业银行所面临的主要风险之一。

（2）金融市场模式。金融市场模式是指通过金融市场将资金的供求双方聚集在一起，通过公平、公开、公正的交易机制来实现资金的流动。在此过程中，资金的流动主要通过股票、债券、基金、保险等金融产品的投资和融资功能来实现，支付方式主要靠"银证通"业务和第三方存管业务利用银行支付清算体系来保障；信息的流动则通过金融市场法律法规强制性的要求融资方进行主动披露和券商的尽职调查；投资人根据公开披露的信息对融资方的资信状况和盈利前景进行评价，然后自主地选择投资对象，从而实现资金的优化配置。

在金融市场模式中，券商更像是一个金融中介，主要负责资金和信息的处理和传递，将融资方全面有效的信息传递给投资者供其作投资决策，投资的收益和风险由投资者自主承担，充分发挥了金融市场的价格机制功能。但与此同时也存在着难以解决的难题，一方面，券商与融资方容易利用信息优势，通过合谋来欺诈处于信息劣势的中小投资者；另一方面，金融市场过高的进入门槛将绝大多数融资方拒之门外，使资金配置效率大大降低。

（3）互联网金融模式。与传统的金融中介模式和金融市场模式相比，互联网金融模式在支付方式、信息处理和资源配置方式上都显著不同。资金的贷出方和借入方的个人信息通过互联网实现了充分共享，信息不对称程度大大降低；通过大数据和云计算等互联网技术对信息进行处理，贷出方可以对借入方进行客观评价，然后根据评价结果自主地选择与自身风险偏好相适应的投资对象。

第一，支付方式。互联网金融的支付方式，以移动支付和第三方支付为技术基础，与传统的以银行为主导的支付清算体系相比，显著降低了交易成本。不仅如此，互联网金融中的支付往往还与金融产品挂钩，促进了商业模式的丰富。此外，由于支付与货币的紧密联系，互联网金融中还会出现互联网货币。

第二，信息处理。由于传统的金融模式中资金供求双方存在严重的信息不对称，金融中介和金融市场必须通过法律和技术手段来促进信息流动，相应地也增加了资金供需双方的资金成本。在互联网金融中，大数据被广泛应用于信息处理，有效提高了风险定价和风险管理效率，显著降低了信息不对称程度。借入方的所有信息都在互联网上进行共享，贷出方随时可以对借入方的信息进行审核、筛选，根据其资信状况和风险偏好特征来确定适合自己的投资对象。互联网金融的信息处理方式，是其与商业银行间接融资模式、资本市场直接融资模式的最大区别。

第三，资源配置。在传统金融模式中，信息不对称引起借入方的道德风险和贷出方的逆向选择，最终导致信贷配给和市场失灵，资金配置效率低下。在互联网金融模式下，交易可能性边界得到极大拓展，不再需要通过银行、证券公司或交易所等传统金融中介和市场对资金供求进行期限和数量匹配，而可以由交易双方自行解决，极大地提高了资金配置的效率。假如资金供需双方都可分为风险偏好者、风险中性者和风险规避者三类，因为彼此都了解对方的资金规模、时间和风险偏好特征，很容易通过双向选择进行资金和风险匹配。因为不存在资金池现象，资金错配问题得到极大改善，风险大大降低。

（三）互联网金融与传统金融的异同

1. 相同之处

（1）金融的核心功能相同。互联网金融本质仍属于金融，其主旨依然是在不确定环境中进行资源的跨期、跨区配置，以满足实体经济发展的需求，包括资金融通、支付清算、风险管理、信息提供等。

（2）金融契约的内涵相同。金融契约的本质是约定各缔约方在未来不确定情景下的权利与义务，主要针对未来现金流。比如，股权对应着股东对公司的收益权和控制权，债权对应着债权人向债务人收取款项的权利。金融契约有实物形式，也有电子形式，但不管金融契约以何种形式存在，其内涵不变。

（3）金融风险的内涵相同。金融风险是指金融资产未来收益的不确定性，互联网金融的风险仍然具有隐蔽性、传染性、广泛性和突发性等特点，市场风险、信用风险、流动性风险、操作风险、声誉风险和法律合规风险等概念和分析框架依旧适用。互联网金融同样也存在误导消费、夸大宣传、恶意欺诈等问题，金融监管的基础理论没有变化，审慎监管、行为监管、金融消费者保护等主要监管类型也都适用，尽管具体监管措施与传统金融有所不同。

2. 差异之处

互联网金融与传统金融最大的差异，主要体现在互联网与金融的融合，它包括两个方面：互联网技术的应用和互联网精神的融入。这也是互联网金融的两大特点。

（1）互联网技术的应用。互联网技术主要包括移动通信、大数据、云计算、人工智能、区块链等。互联网技术的引入能显著降低交易成本和信息不对称程度，提高风险定价和风险管理效率，拓展交易可能性边界，使资金供需去中介化，改变金融交易和组织的形式。尤其是互联网技术发展的三个趋势：①信息的数字化，这为大数据在金融中的应用创造了条件；②计算能力的不断提升，摩尔定律仍然有效，而云计算、量子计算、生物计算等有助于突破 IC 性能的物理边界；③网络通信的发展，互联网、移动通信网络、有线电话网络和广播电视网络等高度融合，高速 Wi-Fi 将覆盖全球。这三个趋势不仅会影响金融基础设施，还会促成金融理论的突破。

（2）互联网精神的融入。传统金融具有一定精英气质，讲求专业资质和准入门槛，不是任何人都能进入，也不是任何人都能享受金融服务。传统金融创新主要是金融产品（契约）创新，使用金融工程技术和法律手段设计新的金融产品。有些新产品具有新的现金流、风险、收益特征，实现新的风险管理和价格发现功能，从而提高市场完全性，如期权、期货、掉期等衍生品；有些新产品以更低交易成本实现已有金融产品（及其组合）的功能，如交易所交易基金（ETF 基金）。传统金融创新的理论基础主要有有效市场假说、资产组合理论、资本资产定价模型、套利定价理论、期权定价理论等。互联网精神的核心是开放、共享、去中心化、平等、自由选择、普惠、民主等。互联网金融反映了人人组织和平台模式在金融业的兴起，金融专业和分工不断淡化，发展过程呈现简单化、去中介化（金融脱媒）、民主化和普惠化。

除投融资外，互联网金融的很多创新产品与人们的衣食住行和社交联系在一起，自适应而生成，产品实用化、软件化，强调行为数据的应用，甚至内嵌在 APP 中，一定程度上体现了共享原则，如微信红包、余额宝、网络借贷、众筹融资等。互联网金融创新与传统金融创新，理论逻辑和创新路径完全不同，隐含着监管上的差异。

（四）互联网金融的特征优势

尽管互联网金融在各国的发展不尽相同，并且谱系结构复杂，模式创新多样，但与传统金融相比，其特征优势依然十分明显。

1. 交易成本降低

（1）互联网替代传统金融中介和市场中的物理网点和人工服务，从而降低了交易成本。比如，手机银行本身不需要设立网点，不需要另外的设备与人员等，交易成本显著低于物理网点和人工柜员等方式。

（2）互联网可以促进业务逻辑的优化，从而降低交易成本。例如，第三方支付集成多个银行账户，能提高支付清算效率。在传统支付模式下，客户必须分别与每一家商业银行建立联系。在第三方支付模式下，客户只需与第三方支付公司建立联系，第三方支付公司代替客户与商业银行建立联系。第三方支付公司通过采用二次结算的方式实现了大量小额交易在第三方支付公司的轧差后清算，从而大大降低交易成本。

（3）互联网金融的去中介化趋势缩短了资金融通中的链条，降低交易成本。

2. 交易可能性集合得到拓展

互联网使交易成本和信息不对称逐渐降低，金融交易可能性集合得到拓展，原来不可能的交易成为可能。比如，在网络借贷中，陌生人之间也可以借贷，而线下个人之间的直接借贷一般只发生在亲友间。在众筹融资中，出资者和筹资者之间的交易较少受到空间距离的制约，而传统风险投资遵循"20分钟规则"（风险投资家距被投资企业不超过20分钟车程）。互联网金融所具有的边际成本递减①和马太效应②等特征，也有助于拓展互联网金融的交易可能性集合。

但交易可能性集合扩大伴随着"长尾"风险：①互联网金融服务人群的金融知识、风险识别和承担能力相对欠缺；②这些人的投资小而分散，"搭便车"问题突出，针对互联网金融的市场纪律容易失效；③个体非理性和集体非理性更容易出现；④一旦互联网金融出现风险，从涉及人数上衡量，负外部性很大。因此，金融消费者保护是互联网金融监管的重要内容。

3. 交易去中介化

在互联网金融中，资金供求的期限、数量和风险的匹配，不一定需要通过银行、证券公司和交易所等传统金融中介和市场，可以通过互联网直接匹配。

在传统信贷领域，个人和小微企业在消费、投资和生产中，有内生的贷款需求（如平滑消费、启动投资项目和流动资金需求等）。这些贷款需求属于合法权利（贷款权）。与此同时，个人通过投资使财富保值增值，并自担风险，也属于合法权利（投资权）。但这些贷款权和投资权都很分散，面临匹配难题和交易成本约束。比如，我国很多地方存在的"两多两难"（企业多融资难，资金多投资难）问题，就反映了信贷领域的这种摩擦。网络借贷能缓解贷款权和投资权匹配中的信息不对称，降低交易成本，有存在的必然性。很多传统金融不能满足的贷款权和投资权，通过网络借贷得到了满足。在征信基础比较好的地方（如美国），网络借贷的生命力就显现出来。此外，网络借贷平台与借款者之间的重复博弈能抑制诈骗。在大数据背景下，金融民主化、普惠化与数据积累之间有正向激励机制。

---

① 边际成本递减，是指随着产量增加，所增加的成本将越来越小，例如规模效应。边际成本递减是几乎每种商品的普遍规律，但应明确，对一般商品而言，其递减的范围是有限的，即超过一定的限度，生产一单位商品的边际成本将出现上升。

② 马太效应，一种强者愈强、弱者愈弱的现象，广泛应用于社会心理学、教育、金融以及科学领域。

在证券领域，在目前的技术条件下，投资者可以直接在证券交易所开户，不需要通过证券公司，实现百分之百的网络交易，使证券公司的经纪业务没有存在的必要。另外，"融资工具箱"可能出现。在信息足够透明、交易成本足够低的情况下，一些企业（特别是资质比较好的企业）的融资可以不通过股票交易所或债券市场等，直接在众筹融资平台上进行，而且各种筹资方式一体化。企业可根据自己的需要，动态发行股票、债券或混合型资本工具，供投资者选择。投资者可以实时获取自己组合的头寸、市值、分红、到期等信息，相互之间还能进行证券的转让和交易。

在保险领域，会出现"众保"模式。保险的核心功能是经济补偿，即保险公司基于大数定理为投保人提供针对意外损失的经济补偿。在经济补偿中，没有发生意外损失的投保人通过自己交纳的保费间接补偿了发生意外损失的投保人。在充分竞争的理想情况下，全体投保人支付的保费应该正好能覆盖他们作为一个整体的意外损失敞口（净均衡原理），保险公司居中起到保费转移支付的作用。"众保"模式体现了保险的去中介化。在"众保"模式中，一群风险保障需求相当的人可以通过网络签署协议，约定只要有人发生意外损失，其他人均有义务给予补偿，以开展互助。大数据技术使信息越来越透明，对"众保"模式有促进作用。

4. 混业特征明显

一些互联网金融活动天然就具有混业特征。比如，在金融产品的网络销售中，银行理财产品、证券投资产品、基金、保险产品和信托产品完全可以通过同一个网络平台销售。又比如，网络借贷就涉及银证保三个领域。从功能上，网络借贷是替代银行存贷款。网络借贷还可以视为通过互联网的直接债权融资，美国主要就是SEC监管网络借贷。从保险角度看，网络借贷的投资人相当于购买信用保险产品。当然，互联网金融的混业特征会给监管带来挑战。

5. 信息不对称程度降低

信息是金融业最重要的资源，而互联网金融与传统金融最大的区别在于对信息处理的创新，凭借这一优势，互联网金融改变了产业价值链。这一变革拉近了人与人、商家与客户的距离，大大降低了信息不对称的影响，主要表现在信息来源、信息特征、信息状态和信息处理技术四个方面。

（1）互联网金融的信息来源更为广泛。互联网金融中的信息来自无所不在的互联网，既包括金融交易数据，也包括各种社交网络数据，在自愿分享和共享机制下，信息具有交换性、一致性、传染性和传递性等特征。

（2）互联网金融的信息更加丰富。传统金融数据由于其来源的局限性，一般呈现单一性，如时间序列数据、截面数据和面板数据；而互联网金融数据则表现为大数据，既包含了传统金融数据，更多的则是由各类看似毫无关联的"软信息"转化而来的"硬信息"，数据呈现多维度的特征。

（3）互联网金融市场的信息状态更接近完全有效市场。传统金融市场中的信息容易被金融机构或者交易者本人独占、隐藏甚至恶意修改，而互联网金融信息来自开放的互联网，非常接近理论假设中的完全有效市场，市场机制更能够充分发挥作用，是一种比较理想的状况。

（4）互联网金融的信息处理技术更为先进。在云计算、搜索引擎和人工智能等技术的有效支持下，大数据经过处理最终形成时间连续、动态变化的信息序列，金融交易的信息基础得到满足。比如，大数据被广泛应用于信息处理（体现为各种算法，自动、高速、网络化运算），提高了风险定价和风险管理效率。

总之，互联网金融环境下的信息处理通过把海量信息显性化、集中化和公开化，首先实现了信息在人与人之间的"均等化"，然后通过搜索引擎和云计算对大数据进行处理，能凝练和反映汇聚来的信息，最后使每个人都能及时、免费地获取自己所需要的有效信息。

6. 支付变革及产品货币化

在互联网金融中，支付以移动支付和互联网支付为基础，能显著降低交易成本。另一个可以设想的情景是，所有个人和机构通过互联网在中央银行的超级网银开立账户。这样二级银行账户体系就不存在，货币政策操作方式完全改变。比如，中央银行和商业银行竞争个人和机构的存款，中央银行批发资金给商业银行发放贷款。在互联网金融中，支付与金融产品挂钩，会促成丰富的商业模式。突出的例子是以余额宝为代表的"第三方支付+货币市场基金"合作产品。余额宝通过"T+0"和移动支付，使货币市场基金既能用作投资品，也能用作货币，同时实现支付、货币、存款和投资四个功能。未来，随着支付的发展，在流动性趋向无穷大的情况下，金融产品仍可以有正收益。许多金融产品（或投资品）将同时具有类似现金的支付功能，称为"金融产品货币化"。比如，可能用某个保险产品或某只股票来换取商品。这对货币政策和金融监管都是挑战，需要重新定义货币、支付、存款和投资。

互联网金融中还会出现互联网货币，以比特币为代表的互联网货币的流行说明，点对点、去中心化的私人货币（根据密码学和互联网技术设计），在纯粹竞争环境下不一定比不上中央银行的法定货币。在现代社会，货币不一定总与信用联系在一起。此外，互联网货币天生的国际性、超主权性，丰富了对可兑换的认识。从理论上可以设想，互联网市场体系中产生多边交易所认可的互联网货币，以"自适应"方式存在于互联网，内生于以互联网为主的实体经济交易中,根据规则自动调整发行量(不是像比特币那样事先限定发行量,而是随着互联网市场运转,货币成比例增长)以保持币值稳定。这种情况下,货币政策也会完全改变。目前主流的货币理论假设货币是外生变量,因此有控制的必要。但对这种内生、超主权的互联网货币,货币政策既不是数量控制,也不是价格控制,而是对经济体中总的风险承担水平的控制,更接近宏观审慎监管。

7. 金融和非金融因素融合

互联网金融创新内生于实体经济的金融需求,在一定程度上有"内生金融"的含义。一些实体经济企业积累了大量数据和风险控制工具,可以用于金融活动,代表者是阿里巴巴和京东等电子商务公司。比如,阿里巴巴为促进网上购物、提高消费者满意度,先通过支付宝打通支付环节,再利用网上积累的数据发放小额信贷,然后又开发出余额宝,以盘活支付宝账户的沉淀资金并满足消费者的理财需求。阿里巴巴的金融创新经验表明,互联网金融的根基是实体经济,互联网金融一旦离开实体经济,会变成无源之水、无本之木。不仅如此,分享经济在欧美国家兴起,我国也出现了一些案例。交换活动普遍存在,只要人与人之间资源禀赋不一样或者分工不一样,就存在交换和匹配。从互联网视角解读市场、交换和资源配置等基本概念可以发现,互联网提高了交换和匹配的效率,使很多原来不可能交易的东西,以交易或共享的方式匹配。

电子商务、分享经济与互联网金融有天然的紧密联系。它们既为互联网金融提供了应用场景,也为互联网金融打下数据和客户基础,而互联网金融对它们也有促进作用,从而形成一个良性循环。

未来,实体经济和金融活动在互联网上会达到高度融合,这就使互联网金融创新具有完全不同于传统金融创新的特点。传统金融创新主要是金融产品(契约)创新,即使用金融工程技术和法律手段,设计新的金融产品。部分新产品具有新的现金流、风险和收益特征,实现新的风险管理和价格发现功能,从而提高市场完全性,如期权、期货和掉期等衍生品。部分创新产品则以更低交易成本实现已有金融产品(及其组合)的功能,如交易所交易基金。

总的来说,传统金融创新强调流动性、风险收益转换。互联网金融创新则体现了互联网精神对金融的影响。互联网精神的核心是开放、共享、去中心化、平等、自由选择、普惠和民主。互联网金融反映了人人组织和平台模式在金融业的兴起,金融分工和专业化淡化,金融产品简单化,金融脱媒、去中介化,金融民主化、普惠化。因此,互联网金融的很多创新产品与衣食住行、社交联系在一起,经常内嵌在应用程序中,产品实用化、软件化、自适应生成,强调行为数据的应用,一定程度上体现了共享原则。

二、互联网金融风险的特性与类型

互联网金融风险是在互联网金融基础上引申出的概念，广义上是指开展互联网金融业务收益的不确定性，狭义上是指互联网金融企业或互联网金融机构在经营发展过程中，其资金、财产、信誉等遭受预期、非预期或灾难性损失的可能性。

互联网金融风险与传统金融风险就"不确定性"而言具有本质上的同一性，但由于互联网金融具有网络化而形成的技术基础、平台载体、交易方式和运营模式，其风险生成机理与传统风险生成机理又不尽相同。海量金融信息、快速信息传递渠道、虚拟金融交易环境、平台化金融运营模式，使互联网金融风险源构成日趋复杂、风险隐蔽性更高、风险交叉传染危害更大、风险潜伏规律更难把握、风险识别难度加大。同时，基于模式创新发展分化而成的不同业态，其运营模式不同导致各自风险构成又有所区别，如 P2P 网络借贷风险可能主要来自交易前信用信息真实度不高，而在众筹模式下风险可能更多发生在项目遴选环节。

有别于财务会计信息的网络软信息成为互联网金融风险信息的重要来源，技术因素导致的技术风险成为互联网金融风险的重要构成部分，虚拟交易环境下的道德风险和违约行为与传统金融相差甚大，信用风险、操作风险、系统风险等常规金融风险在网络化环境下的具体生成机理、传播渠道和特征表现也不尽相同。在模式分化下，厘清互联网金融风险生成机理和具体构成，是研究互联网金融风险及相关监管问题的前提。

（一）互联网金融风险的特性

互联网金融风险，既继承了传统金融风险的特性，又有强传染性、高虚拟性、强时效性、超复杂性四大新特性。

1. 强传染性

互联网金融企业为客户提供"开放、普惠、分享"的金融服务，该服务平台的搭建是通过大数据技术建立起共同联动的信用网络，众多互联网金融企业在该平台上推出各种不同的产品或服务，形成了大量的网络节点，任何网络节点出现风险都有可能会传染到具有互联网接入功能的整个金融系统。此外，互联网技术可以进行快速的远程访问、处理和传输，这样的功能使互联网金融风险积聚的可能性增加。因此，相较于传统金融风险，互联网金融风险造成的预期损失、非预期损失和灾难性损失极易突破金融市场各业态的限制进行传播，具有极强的传染性。

2. 高虚拟性

（1）互联网本身的虚拟性特点，使互联网金融的众多交易者也兼具虚拟性特点，这种特点给交易者身份的确认和传递信息的真伪性判断带来了极大的困难,从而导致互联网金融活动中的"逆向选择"和"道德风险"问题。

(2)相对于传统金融机构,互联网金融平台资金周转的虚拟性也较明显,这种特点使对资金周转过程中的沉淀资金实施有效担保和监管更加困难,信用风险相对较大,若缺乏有效的流动性管理,甚至会引起支付风险。

总之,互联网金融风险的发生、分散和传播以互联网计算机和移动终端设备为介质,具有极高的虚拟性,预防和控制的难度均较传统金融风险大。

3. 强时效性

借助互联网技术,互联网金融业务的发生和办理突破了时间和空间的限制,操作更加便捷,金融资源配置效率大大提高。同样,互联网金融业务中出现的任何微小的非预期损失也会由于互联网技术的快捷性而迅速放大、传播,并带来实际影响。因此,与传统金融风险相比,互联网金融风险的传播速度快,具有极强的时效性,如何快速对其进行风险管理和控制也显得尤为重要。

4. 超复杂性

(1)互联网信息系统对完备性和可靠性的要求较高,互联网信息系统的任何漏洞都有可能导致金融信息的泄密,从而造成损失。而互联网金融企业的金融信息挖掘、处理和传播也会导致借助互联网信息系统的节点增加,其中任何一个互联网节点受到攻击乃至金融风险出现的可能性就会增加。

(2)互联网金融的出现使金融行业混业经营成为可能。互联网金融风险同时涉及银行、债券、基金等各业务的可能性也会增加。

总之,互联网信息系统本身的复杂性和金融行业的混业经营模式,都使互联网金融风险呈现了超复杂性。

(二)互联网金融风险的类型

互联网融资活动的乱象和违法活动是互联网金融面临的最为突出的风险问题。互联网金融深度耦合了互联网技术和金融业务,具有特定的风险环节和跨界关联性。我国互联网金融发展初期,存在着机构法律定位不明、资金第三方存管制度缺失、内控制度不健全等问题,容易引发经营风险和违法犯罪行为,而系统性风险、流动性风险、信用风险等传统金融风险形式,也依然是互联网金融面临的首要考验。从业务模式和技术特点来看,互联网金融叠加了传统金融和业务创新风险,主要包括内生性和外部性两类风险因素。

1. 内生性风险

互联网金融的内生性风险因素,主要是内生于互联网金融体系自身的制度结构、运营机制和技术基础上的，包括信用风险、流动性风险、技术性风险、操作风险等。不同的互联网金融业态下，内生性风险也有所不同。以下以第三方支付、P2P网络借贷、众筹融资和互联网理财等业态为例来说明。

(1) 第三方支付。第三方支付的内生性风险主要表现在信用风险、流动性风险、技术性风险、经营性风险和操作风险五种类型。

第一，信用风险。第三方支付中的买方、卖方、第三方支付商和银行等参与方，无法或未能履行约定契约中的义务而造成经济损失的风险，即信用风险，一般有四个方面的原因：①买方失信，买方由于各种问题而违约。从资金上看，买方不履约不一定会造成卖方和第三方网上支付企业的资金损失，但会使第三方支付企业的运营成本和征信成本增加，不良用户占有比率提高，同时带来其他相关风险。②第三方支付服务商失信，其由于经营不善、风险管理不充分，甚至违规操作，不能履行中介支付和担保的作用。③卖方失信，卖方无法提供与买家约定的商品，不能按时将交易标的送达客户手中，造成买方的相关损失，如退货费用、与第三方支付商交涉的费用及时间成本等。④银行失信，银行延迟结算带来的损失。

第二，流动性风险。近年来，第三方支付的流动性风险也被广泛关注。余额宝等互联网产品由于高流动性、相对安全、收益大幅高于活期存款的特点获得了大量用户，与其关联的天弘基金也一举跃升为我国最大的货币基金，但市场对其流动性的质疑和关注也从未停止。为满足客户即时到账的用户需求，余额宝方面需要对客户资金进行垫付。实际上，此时垫付的可能是其他支付宝客户的资金。在支付宝沉淀资金的一定比例被转入余额宝后，支付宝的剩余资金就有可能不足以维持余额宝客户实时取现的需要，余额宝就会出现流动性风险。

第三，技术性风险。技术性风险主要涉及银行的网上银行系统、第三方支付平台、商家的业务处理系统的稳定性、可靠性和安全性。这些风险主要来自硬件设备和软件两个方面。硬件设备方面的风险主要是指由于硬件设备的机型、容量、数量、运营状况及在业务高峰时的处理能力等方面不能适应正常网上支付需要，不能及时有效地应付突发事件而造成的经济损失。软件方面的风险主要是指软件的运行效率、业务处理速度及可靠性不能满足业务需要而给第三方支付公司带来损失。因此，第三方支付平台的安全性始终是网上支付的首要课题。

第四，经营性风险。第三方支付平台的竞争往往会产生"强者恒强"的马太效应，这种市场垄断使一些小型、新兴第三方支付平台的生存空间较小，从而面临较大的经营性风险。此外，由于这些垄断平台企业具有系统重要性影响，成为"多而不能倒"的系统重要性机构，随着市场规模的不断扩大，第三方支付的垄断企业面临的风险与日聚集，一旦这些垄断平台发生经营性风险，将对整个第三方支付行业带来颠覆性的影响。同时，这类机构依托其客户群，拓展平台服务边界，实现了跨界混业，这也会导致风险的跨市场传染。

第五，操作风险。第三方支付涉及的用户众多，操作频繁，任何操作失误、系统设计不当或蓄意事件等都有可能带来风险。一方面，用户在第三方支付平台上注册并进行交易时，用户的个人信息和交易信息会被记录和保存在第三方支付机构的数据库中，如果第三方支付机构未能妥善保护用户信息，很容易将用户信息泄露。此外，一些不法分子会利用第三方支付机构系统的漏洞，通过钓鱼网站或植入木马，盗取用户在支付环节中输入的个人敏感信息（如密码等），导致用户的资金被盗。另一方面，支付机构也可能由于员工违法、违规或违章操作、单独或参与骗取和盗用客户和机构资产、工作疏忽等而产生风险。

（2）P2P网络借贷。P2P网络借贷的内生性风险主要表现在信用风险、流动性风险、技术性风险、经营性风险和操作风险五种类型。

第一，信用风险。P2P贷款业务主要针对小微客户，以信用贷款为主，违约风险相对较高。因此，P2P网络借贷平台的信用风险主要是指违约风险，即借款人不能按期足额还款所带来的风险。违约风险产生的原因主要有两个：①借款人无还款意愿；②借款人无足够的还款能力。但是，对投资者而言，同样面临着信用风险。信贷交易要求贷款人对借款人的信用水平作出判断，但是由于交易参与者信息不对称，借款人的信用水平会随着借款人本身和外部环境的变化而发生改变，导致判断者的决策并非总是正确的。尽管我国大多数网络贷款平台设立了赔付制度，但是一旦网络贷款平台由于经营不善或不遵守约定进行赔付，投资者同样会遭受信用风险。投资者除了关注借款人的信用状况之外，还要关注网络贷款平台的信用状况。因此，对于投资者而言，借款人不能按照协议的规定如期还款和P2P网络贷款平台未能履行赔付承诺都会导致投资者利益受损，属于信用风险的范畴。

第二，流动性风险。在我国互联网金融发展的初期，不少P2P借贷平台准入门槛低、资金要求低、管理团队风控能力良莠不齐。这些平台由于缺乏经验，交易机制设计不合理，常常在经营过程中一开始就不能有效识别潜在风险，预期投资回报率过高，同时又对债权进行拆分，期限错配，增加了公司的流动性风险。当借款人难以维持业绩无法按时还款时，就可能使运营平台的资金链断裂，引发负面消息，导致挤兑现象的发生。

第三，技术性风险。技术性风险主要是指P2P网络借贷平台系统基础设施较差或被外界黑客、病毒攻击而导致的风险，包括内部安全风险和外部攻击风险。内部安全风险是指P2P网络借贷平台自身的交易系统的基础设施较差，以及内部工作人员采用各种手段攻入系统窃取借款人信息等引发的风险。外部攻击风险主要来自黑客、竞争对手及平台提供商，不同的外部安全风险来源拥有不同的目的，黑客的主要目标是利用平台上的客户信息获取资金，竞争对手可能会通过一些技术的手段影响目标平台的正常运营，而平台软件提供商可能会将平台的数据直接出售给竞争对手或其他的第三方。不管风险来源于哪里，一旦平台系统被外部攻击，最终都会给平台和借贷双方带来损失。

第四，经营性风险。P2P 网络借贷模式在我国尚处于行业初步发展阶段，有很多地方仍在摸索，从而出现了一些诸如从业人员专业技能不够、平台收费不合理、平台赤字运营等现象，这些问题不断积累扩大，使一些网络借贷平台出现了经营不善的问题，被迫倒闭。此外，P2P 平台企业恶性竞争也会导致经营性风险。平台企业在争夺客户的过程中，为了率先突破平台经济"临界点"，会出现诸如提供免费服务、赔本赚吆喝等恶性竞争情况，一旦发生大量平台企业因竞争失败而退出市场的情况，潜在的风险不可小觑。同时，在我国 P2P 网络借贷发展的初期，很多 P2P 公司为了吸引更多的客户，承担了担保责任，导致 P2P 业务的经营性风险不断恶化。

第五，操作风险。由操作风险引发的 P2P 网络贷款风险是指，P2P 网络贷款公司在经营过程中，由于内部控制的问题，对贷款者利益产生不确定影响，主要表现在信贷员的业务能力和信贷审核流程两个方面：①信贷员的业务能力不足。由于 P2P 网络贷款在我国属于新兴产业，从业人员的数量不足，信贷员缺乏专业的培训，加上平台经营者的经营资格和专业素质审核不严，都导致了信贷业务团队成员信贷技能水平低，在评估借款人的财务状况、信誉、借贷历史、经营情况等条件时随意性和主观性较大，放大了贷前的信息不对称，提高了贷后风险管理的难度。②贷款审核流程不规范。在信贷审核机制的建立上，我国的 P2P 网络贷款公司还处于摸索阶段，一般是借鉴传统银行等信贷机构的经验，而缺乏一套适合不同地方特色的、科学完整的信用审核方法。目前，我国只有少数几家大型成熟的网络贷款平台有实力建立较为规范的信贷审核机制，并保证信贷审核工作能够得到有效实施。

（3）众筹融资。众筹融资的内生性风险主要表现在信用风险、技术性风险和操作风险三种。

第一，信用风险。众筹融资不仅具有传统融资所具有的信用风险，还包括融资渠道所存在的信用风险。①发起人的信用直接决定了项目信用违约风险的高低。对于项目发起人的信息，目前是由众筹平台进行审核，其真实性缺乏专业信用评级机构的评估。且信用评估过程中与央行的征信系统不进行关联，因此违约成本较低。②众筹融资平台信用风险的高低决定了众筹融资市场能否顺利发展。众筹平台主要是通过在项目筹资成功后向项目发起人收取佣金来获得收益，这一盈利模式决定了作为发起人共同利益捆绑者的众筹平台，会通过各种方式协助项目发起人实现成功融资，这种盈利模式使融资业务的信用风险加大。同时，对于在平台上进行推广展示的项目，并没有独立的第三方信用评估机构出具的独立评估意见，多为描述项目功能及优点等的信息，投资者进行风险评估时只能通过平台提供的有限信息进行，难以获得更多有价值的信息。这些都加大了发起人与投资者之间的信息不对称和不确定性。

第二，技术性风险。众筹融资作为新兴互联网金融的主要形式之一，在服务方式上与传统金融模式具有显著差异，突出表现为参与主体虚拟化、业务边界模糊化、响应速度即时化的新特征。众筹融资平台兼有金融业和IT业的双重属性，这使传统网络信息安全问题显著上升为金融安全问题，对平台系统安全水平提出了更高的要求。从平台内部来看，海量用户信息在传输和存储过程中极易发生泄露、盗取和篡改等情况，使投融资双方遭受不必要的损失，甚至危及正规金融体系的安全和稳定；从平台外部来看，平台系统安全水平低下，致使黑客入侵并篡改信息，盗取投资人资金的情况已有先例。

第三，操作风险。从世界范围来看，众筹融资的项目方企业多属于初创型科技企业，具有商业模式不清晰、财务数据不透明、团队配合不流畅等天然劣势。这就对平台运营人员的风险控制能力、尽职调查水平提出了较高要求。①职业投资经理人及领投人数量较少；②投资者利益保护不够。由于我国众筹行业缺乏行业标准规范，未能就投后股权处置及管理进行约定，众筹产品在设计之初就存在严重缺陷，无法有效保护普通投资者的利益。

(4) 互联网理财。互联网理财的内生性风险主要表现为流动性风险和操作风险。

第一，流动性风险。互联网理财领域的流动性风险威胁主要来自基金产品。当市场或者基金发生突发事件，如黑客攻击、大量用户账户被盗、发生重大投资损失等，基金投资者可能发生恐慌性赎回，当赎回份额过多时，基金管理人可能无法变现已投资的资产，从而无力兑付投资者的赎回。这种风险在传统理财模式下也同样存在，只不过互联网金融所涉及的客户规模往往更大，加上互联网的传播速度更快，相对而言流动性风险会更高。

第二，操作风险。互联网理财操作风险的来源和发生呈现广泛和多样的特点。和其他的互联网金融业务模式一样，互联网理财在开放的互联网环境下，也可能会遇到黑客攻击、个人信息泄露、账户资金被盗、服务中断等风险。特别是互联网理财所涉及的人群规模往往更大，所包含的客户信息更加敏感，如客户的信用卡、个人金融资产信息，一旦发生泄露，造成的危害也更大。此外，在基金运作的过程中，基金净值的计算需要遵循严格的标准，而且往往涉及大量的信息和数据处理，当基金的投资标的涵盖若干时区时，基金公司可能会因为时差问题而无法正确计算基金净值。

2. 外生性风险

互联网金融的外生性风险因素，主要是基于互联网金融的外部经济、金融、政治环境而产生的风险，包括市场风险、政策风险、法律风险等。不同的互联网金融业态下，外生性风险也有所不同。

无论是何种互联网金融业态，说到底都是一个金融产品，市场经济的大起大落是金融产品最忌讳的状态，良好稳定的市场环境也相应会为互联网金融各种业态带来优势。总之，不同互联网金融业态的市场风险具有相通性。

因此，不同业态外生性风险的差异性主要体现在政策风险和法律风险。政策和法律本身难以完全分离。以下重点从法律风险的角度来介绍。

（1）第三方支付。第三方支付因没有任何政策和法律调整，或者使用现有法律和政策不明确会带来风险。目前来看，包括两个方面：①洗钱风险；②参与主体关系混乱导致的法律风险。

第一，洗钱风险。第三方支付交易存在匿名性、隐蔽性和信息的不完备性，交易资金的真实来源和去向很难辨别，使通过第三方支付洗钱、恐怖融资等风险成为可能。①第三方支付为非法资金注入金融体系提供了潜在的渠道。当客户在第三方支付机构开立虚拟账户时，客户虽然会提供相关信息，但第三方支付机构难以对客户的这些信息逐一核实验证。因此，第三方支付平台就可能成为一些匿名或虚假账户实现洗钱的途径。此外，第三方支付机构的介入使现金流动脱离了银行体系，具有相对的独立性，现金有可能被洗钱分子利用。②第三方支付为恐怖分子融资提供了便利。中国人民银行发布的《金融机构报告涉嫌恐怖融资的可疑交易管理办法》指出，恐怖融资主要包括四类行为：恐怖组织、恐怖分子募集、占有、使用资金或者其他形式财产；以资金或者其他形式财产协助恐怖组织、恐怖分子及恐怖主义、恐怖活动犯罪；为恐怖主义和实施恐怖活动犯罪占有、使用及募集资金或者其他形式财产；为恐怖组织、恐怖分子占有、使用及募集资金或者其他形式财产。第三方支付匿名性和虚假账户为恐怖分子融资提供了可乘之机，同时也增加了发现可疑交易的难度。

第二，参与主体法律关系混乱导致的法律风险。目前，第三方支付参与主体间法律关系混乱，使参与主体间的权利义务不明确。一方面给第三方支付服务商利用其优势地位、滥用格式条款损害用户利益提供了可乘之机，另一方面也使第三方支付纠纷中的法律责任追究陷入无法可依或者显失公平的困境。第三方支付中的参与主体主要包括买方（付款人）、第三方支付服务商、网上银行、卖方（收款人）。其中，买卖双方的法律关系依然为买卖合同关系，是第三方支付法律关系中的基础法律关系，但是在支付完成时间的确定上有别于一般买卖合同。买卖双方与网上银行的法律关系仍为存款及借款服务合同关系，其权利义务关系在原有的网上银行相关法律中已经界定清晰。目前，我国尚无法律明确规定第三方支付服务商与买卖双方、网上银行之间法律关系的性质。在第三方支付服务商制定的服务协议中，关于与买卖双方的法律关系，一般定位为中介服务组织，提供担保功能的还承担了保证人的角色。

（2）P2P网络借贷。P2P网络借贷的法律风险主要包括非法集资风险和诈骗风险。

第一，非法集资风险。P2P网络借贷平台涉嫌非法集资的情况主要有三种：①资金池，即P2P网络借贷平台通过将借款需求设计成理财产品的形式归集资金，投资人资金进入P2P网络借贷平台中间账户，产生资金池，P2P融资平台或负责人有能力动用池内资金。②不合格借款人，即P2P网络借贷平台未尽到借款人身份真实性核查义务，未能及时发现借款人发布的虚假标的，使其向不特定多数人募集资金，用于投资房地产、股票、债券、期货等市场，或高利贷出赚取利差。③庞氏骗局，P2P网络借贷平台自己发布虚假的高利率标的来募集资金，并采用借新贷还旧贷的庞氏骗局模式，短期内募集大量资金用于自己投资经营或卷款潜逃。庞氏骗局的核心问题是不存在真实的资产或交易，或者可以隐瞒债权的风险信息转让循环。

第二，诈骗风险。P2P网络借贷行业自开始以来便有恶意诈骗平台出现，这些诈骗平台的发起目的就是骗取投资者的钱财，和其他问题平台一样拥有高利率、短期限和高人均借贷额等特征。通常诈骗平台与正常运营平台存在这些差异：①平台网页的差异，诈骗平台一般购买网络借贷系统模板，网页大多粗制滥造，甚至有诈骗平台抄袭或复制其他平台的信息。②平台产品的差异，诈骗平台推出的产品通常存在产品属性或设计上的缺陷，如大量推出期限短和回报率高的秒标吸引投资者。大量使用秒标虽然在一定程度上能够活跃用户，提高用户体验，但这也会提高P2P网络借贷平台的交易量，实际为虚假繁荣，进而误导出借人。③信息披露的差异，诈骗平台的信息披露程度一般都较差，营业执照、团队构成及贷款等信息常常披露不足。

（3）众筹融资。众筹融资的法律风险主要包括道德风险、欺诈风险、非法发行证券和非法集资等。

第一，道德风险。我国众筹融资发展的初期，由于缺乏行业规范及监管，很多中小众筹平台连最基本的第三方资金托管系统都未启用，上线运营的首要任务便是自我融资或借助关联方融资，且融资额普遍较高，超出平台注册资本的数倍。这种行为容易引发道德风险。众筹平台对拟上线项目进行尽职调查是防止道德风险、维护投资人利益的重要环节。但在国内早期众筹平台野蛮增长、行业规范标准缺失、金融监管缺位的大环境下，平台往往不能从严审核拟上线项目，尽职调查流于形式。其结果将是误导投资人并使投资人承担损失的可能性大大增强。

第二，欺诈风险。众筹平台的业务性质决定了其应当扮演信息中介的角色，是投资者与项目方之间沟通的主要桥梁。然而与其他互联网金融模式相比，众筹平台与投资者之间的信息不对称性更强，正是这种高度的信息不对称造就了平台欺诈的温床。在信息不透明、缺乏相应监管的情况下，众筹平台伙同项目方设立资金池的行为极具隐蔽性，所涉及的金融欺诈风险甚至比 P2P 融资模式更为严重。

第三，非法发行证券的风险。在众筹融资平台上推介、出让企业股份，并在未来取得权益性回报的募资行为，在本质上属于公开发行证券，可能会出现非法发行证券的风险。

第四，非法集资的风险。众筹融资在我国类似于私募投资的网络版，除募资环节在互联网线上完成外，其余环节并无显著差异。然而，正是由于互联网给众多潜在投资人提供了投资渠道，加之投资者适当性制度尚不健全甚至形同虚设，众筹平台的运营模式与非法集资活动极其相似，一旦操作不当，极易达到刑事立案追诉标准。因此，股权众筹融资平台面临着非法集资的法律风险。

（4）互联网理财。与其他的互联网金融业态相比，互联网理财更多的是通过互联网渠道来销售传统金融模式下已经存在的金融产品，或者对传统金融产品进行改良，相对而言法律风险并不是很高。其主要的法律风险体现在互联网理财平台未获得相关经营资质、违规公开销售私募产品、销售误导、违背信托责任等方面。

第二节 互联网金融模式下的风险监管框架

互联网金融是利用互联网平台及其相关技术所开展的在线金融活动，其本质属性还是金融，人们对它的关注点仍然聚焦于金融风险防范和消费者权益保护，这与传统金融并没有本质的区别。因此，目前并不存在专门的互联网金融监管理论。而国外不存在互联网金融这一笼统化的概念，有的只是针对某种具体互联网业态监管的政策和法律讨论。但是，在这些讨论的基础上，结合发达国家的各种互联网金融业态监管政策和国内的相关研究，运用现代金融监管理论可以对互联网金融监管进行一定深度的理论阐释。

按照一般的逻辑，当一种新的金融业态出现时，人们会首先考虑要不要对其进行监管，然后探讨如何监管的问题，这就构成了互联网金融监管理论发展演进的总体线索。互联网金融的大多数业态在国内外兴起不到十年，因此，互联网金融监管理论仍在不断的发展过程中。总体来讲，对于如何实施互联网金融监管这问题，包括监管的目标、主体、对象、内容和方式五个方面。

一、互联网金融模式下风险监管的目标

根据现代金融监管的理论，金融监管有两个基本目标，即保护消费者权益和维护金融稳定。互联网金融监管的需求不仅没有增添新的目标诉求，而且还将主要目标锁定在消费

者保护方面。

互联网金融监管对消费者权益保护目标的强调，有其深刻的时代背景和内在逻辑支撑。由于金融创新产品日益复杂化，金融服务商的霸权现象有增无减，消费者运动尚不能为金融消费者在金融秩序中谋求到有利的地位。因此，体现一国金融秩序的金融立法，大都以金融稳定为核心，对金融消费者的保护往往被放在次要的位置，甚至只是附带提及。金融消费者的长期弱势不仅显失公平和正义，甚至可能直接引发金融动荡。因此，必须加强对金融消费者保护的监管。

互联网金融强调消费者保护目标的逻辑还在于以下要点：

第一，互联网金融还处于发展的初级阶段，其市场规模和份额相对于传统金融还微不足道，其服务长尾客户的行业特点与传统金融交集不多，因此，互联网金融至少在可以预见的较长时间内不可能成为诱发系统性金融风险的主要因素。

第二，互联网金融虽然通过大数据、云计算、人工智能、区块链等技术，大大弱化了小额金融交易中的信息不对称问题，但网络世界中非实名制带来的虚假信息、信用"刷分"等现象，又给互联网金融的征信增加了新的信息辨别难度，投资者由此而面临的网络欺诈风险也会更加突出。

第三，自从盯住目标的双峰监管体制理论被提出，人们对维护金融稳定与消费者保护之间的目标冲突有了更为清晰的认识，即稳定目标的实现在相当程度上依赖监管当局与被监管者的合作，而保护消费者则把两者放在一个可能会产生激烈冲突的位置。稳定目标的实现，需要建立与金融机构之间的合作关系，通过设置一系列审慎经营标准和指标，以及监测金融机构遵守这些标准的情况，督促其保持财务健康，实现稳健运营。与之不同的是，消费者保护目标的实现过程，使消费者与金融机构在很多利益关系中处于对立的地位，消费者保护机构借助立法权规定金融机构在交易中应遵循的规则，并且通过行使权力约束和处罚违规机构。这种差异被形象地描述为审慎监管。类似于医生，其职业习惯促使他们在发现病因后努力进行医治，而不是对当事人严肃问责，而消费者保护更像是警察，倾向于对违纪行为立即处罚。

当然，互联网金融监管把保护消费者列为单一目标，并不是说互联网金融监管与防范系统性风险、维护金融稳定彻底绝缘。事实上，金融消费者保护是金融机构稳健经营的重要条件：金融业是典型的服务行业，没有客户就没有业务。大规模损害金融消费者权益的事件必然涉及一个国家的金融风险与金融稳定。

二、互联网金融模式下风险监管的主体

鉴于互联网金融的金融本质属性，在现有金融监管体制之外新设监管者不切实际，互

联网金融监管者只能是来自现行监管体制的监管主体，具体选择取决于现行监管体制的特点。现行监管体制是统一监管还是分散监管，是机构监管还是功能监管，是中央一元监管还是中央、地方二元监管的安排，决定着互联网金融机构监管主体。关于单一监管模式和多元监管模式的选择，互联网金融监管理论与实践中出现了很多有益的思想启迪。

（一）单一监管模式

单一监管模式具有很多的优势，如可以更好地监控跨部门金融风险，更有效地监管金融集团，避免监管俘获，有助于保护消费者，有利于降低监管成本，等等。但是，在所有支持单一监管模式的论证中，都能发现其一系列相应的抵销性缺点。更为重要的是，在合而为一的综合监管体制下，监管机构之间的相互制衡丢失了，可能会出现监管机构的过度监管。

（二）多元监管模式

保护金融经营者免受单一监管主体"监管狂热"之害的关键，就是确保有多个监管者可供选择，这种选择自由可以成为独断和反复无常监管政策的制约因素。而多元监管模式的更深层原因就是根植于传统的"分权与制衡"理念、金融机构的选择自由及对监管弹性的追求。面对日益细化和复杂的金融市场，监管机构能力不足，难免出现判断错误。基于此前提，多"脑"思考、多"眼"监督的监管体制，比集中判断的单一监管更有利于减少监管决策失误。

然而，多元监管模式也有弊端，具体如下：

首先，按照公共选择理论，公共政策的生成并非基于抽象的"公共利益"，而是不同利益集团各自特殊利益角力和妥协的结果。不同金融监管机构，一方面，不可避免地会更多受到来自部门内利益集团（监管对象）的压力和影响；另一方面，其自身在争取监管权限和监管资源方面也有特定利益。因此，现实中，金融监管机构总是倾向于尽力维持自己的监管范围，同时积极进入和削减其他监管机构的势力范围。这种监管竞争被形象地称为"地盘之争"，它无谓地消耗了金融监管资源，是多头竞争性监管的一个主要弊端。

其次，多机构的竞争性监管可能产生的"竞次"现象，也会不利于监管效果的实现。一般来说，监管机构越多，监管结构越复杂，"竞次"风险就越大。

最后，与多机构竞争监管相关的另一个可能后果是监管套利，即提供相同产品的不同金融机构因受到不同监管者的监管，造成规则、标准和执法实践上的不一致，从而导致金融机构尝试改变其类属，以便将自己置于监管标准最宽松或者监管手段最平和的监管机构管辖之下。

三、互联网金融模式下风险监管的对象

按照监管机构设置及监管对象的差异,金融监管模式可划分为机构监管模式和功能监管模式。

(一)机构监管

机构监管,是按照不同机构来划分监管对象的金融监管模式,如银行机构、证券机构、保险机构、信托机构等。机构监管的优势在于:当金融机构从事多项业务时易于评价金融机构产品系列的风险,尤其在越来越多的风险因素,如市场风险、利率风险、法律风险等被发现时,机构监管也可避免不必要的重复监管,一定程度上可以提高监管功效,降低监管成本。

在机构监管模式下,同类金融业务由相同监管机构监管。纵观金融监管发展的国际经验,金融结构的变迁决定了监管方式的变迁方向。在以分业经营为主的发展阶段,机构监管是合宜的监管方式。随着20世纪80年代后经济和金融全球化的发展,信息技术进步和金融创新活动使全球金融业出现自由化趋势,分业经营的金融体系不断受到挑战,金融机构通过各种方式寻求跨行业渗透,各主要国家最终都允许金融混业经营,这种经营方式得到了监管当局的认可,进而改变了监管方式,监管从传统的机构监管向功能监管变迁。

(二)功能监管

功能监管,是按照经营业务的性质来划分监管对象的金融监管模式,如将金融业务划分为银行业务、证券业务和保险业务,监管机构针对业务进行监管,而不管从事这些业务经营的机构性质如何。其优势在于:监管的协调性高,监管中发现的问题能够得到及时处理和解决;金融机构资产组合总体风险容易判断;可以避免重复和交叉监管现象的出现,为金融机构创造公平竞争的市场环境。

互联网金融的发展不仅模糊了金融机构间的界限,互联网金融产品也模糊了银行、证券、保险等行业的界限,加速了金融跨界和混业的趋势,这在客观上要求监管方式从机构监管向功能监管转变。

首先,互联网企业向金融控股集团演变对现有机构监管模式提出挑战。阿里巴巴、腾讯等大型互联网企业依托自有电子商务平台和社交平台,从最初单纯的消费支付业务,向传统银行业务领域渗透,并在集团层面上同时具备间接金融与直接金融的媒介功能,互联网金融控股集团架构初现。

其次,互联网金融产品已经形成了事实混业的产品倒逼监管方式改变。基金理财模式

余额宝涉及第三方支付、货币基金和协议存款，监管分别对口中央银行、证监会和银保监会。保险理财模式"娱乐宝"涉及连投险、信托，最终投资于文化产业，监管分别对口银保监会和文化部。一些网络借贷平台采用将P2P与股权投资结合起来的经营模式，平台上除了进行投融资撮合，还支持债权转让功能，允许投资人在平台中的债权页面进行债权转让操作，这些功能又分别对应银保监会、证监会等监管部门。第三方支付虚拟信用支付，涉及中央银行和银保监会的监管等。

四、互联网金融模式下风险监管的内容

根据现代金融监管理论，监管可以分为审慎监管和行为监管两大类。

审慎监管是指监管部门以防范和化解金融风险为目的，通过制定一系列金融机构必须遵守的周密而谨慎的经营规则，客观评价金融机构的风险状况，并及时进行风险监测、预警和控制的监管模式。审慎监管主要围绕金融机构业务经营所实施的风险预防性监管，目标是促使其稳健经营、保护公众客户的资金安全，核心是保护金融机构的清偿力，广泛牵涉社会公众利益的银行和保险公司通常侧重于审慎监管。

行为监管是政府通过特定的机构，如我国的人民银行、银保监会、证监会等对金融交易行为主体进行的某种限制或规定，是关于金融产品交易者以及市场交易方面的政府规制。行为监管主要出于保护消费者的目标，确保金融市场的公平、有效和透明，信息披露是行为监管的核心，证券行业通常以行为监管为主。

虽然审慎监管和行为监管的适用性对象各有侧重，但金融无论沿着机构、业务还是产品线来看，事实上都存在同时实施两类监管的必要性。例如，以审慎监管为主的银行业或银行机构，其产品营销和信息披露方面的行为监管需求在金融危机之后也日益被重视起来。审慎监管和行为监管所具有的跨机构、跨市场和跨产品的性质，在金融混业背景下对构建有效金融监管尤其有意义。就美国、英国等国家的互联网金融监管而言，其政策实践折射出的却是行为监管的单一理念，审慎监管基本上没什么地位，这与其互联网金融监管注重保护消费者利益的单一目标相呼应。究其原因，具体如下：

一方面，互联网金融还处于初步的发展阶段，相对庞大的传统金融体系而言，互联网金融的规模还比较小，影响还非常有限，在可以预见的将来，互联网金融还不足以成为引发系统性金融风险的风险源。因此，美国、英国等国家初步的互联网金融监管框架，只把关注点放在行为监管方面。

另一方面，即使在互联网金融监管领域没有审慎监管的内容，也不等于仅存的行为监管对互联网金融以至整个金融体系的稳定没有贡献：首先，由于行为监管多采用主动和介入式的监管方法，可以帮助监管者甄别互联网金融产品服务和商业模式的变化对金融体系

而言是否有严重的系统性风险；其次，互联网金融机构的产品、服务或商业模式的创新都具有很强的可复制性，这就意味着其中的问题往往具有群体效应，具有较大的系统性意义。基于这两个因素，行为监管的实施能帮助监管者预判互联网金融商业模式或销售行为中潜伏的系统性风险或影响。

五、互联网金融模式下风险监管的方法

除了具备传统金融的特征属性外，互联网金融最大的特征就是互联网技术的应用。因此，互联网金融风险也具备强传染性、高虚拟性、强时效性、超复杂性等典型技术特征。在对互联网金融风险进行监管时，也必须采用相对应的互联网技术。鉴于互联网及信息技术对数据及数字的依赖性越来越强，在此提出数字金融监管，指的是通过互联网及信息技术手段对监管的主体、内容、方法等数字及数据信息进行分析，以实现金融监管目标的新型金融监管模式。

互联网金融对实体经济的贡献，主要是解决资金供求双方在信用、流动性和期限上的错配问题。所以，数字金融监管着重于检验产业增长的根源，确保产业增长来自技术与创新，而非监管套利或隐性风险。

首先，针对信用错配问题，互联网金融企业可以利用技术手段解决信息不对称难题，化解信用风险。而那些忽视信用风险、盲目扩张，通过令出资方承担未知的信用风险来拉动增长的行为是数字金融监管的主要对象。

其次，针对流动性错配问题，互联网金融企业可以利用技术手段预测流动性需求，提高资金使用效率。那些缺乏有效的流动性管理，通过许诺高回报令投资人承担潜在流动性风险的行为是数字金融监管的主要对象，通过对企业的流动性状况加以监控来确保行业快速增长不是建立在高流动性风险的前提下。

最后，针对期限错配问题，优质的互联网金融企业利用技术优势合理管理期限风险，确保资产负债表的安全稳定。

第三节 基于互联网金融模式的商业银行创新与风险管理

一、互联网金融推动的商业银行创新

(一) 搭建以客户为中心的金融服务平台

几乎所有的商业银行都提供传统的代收、代付、支付、结算、缴费、查询等金融服

务、个性不够鲜明，没有自己独特的主打产品，很难赢得客户的青睐。互联网金融的发展，让全社会都认识到网络金融的便捷、高效，将商业银行的传统业务都逐渐移植到了移动终端上完成了。商业银行为了能在竞争中获得优势地位，必须依托传统业务优势，为客户提供综合式的、一站式的网上金融服务，由此，打造以客户为中心的金融服务平台，成为一种必然。打造更加便捷、优惠的网络贷款直通车、综合现金管理、电子票据业务、电子缴税业务、线上金融理财产品的咨询与销售、在线黄金产品的销售等，将传统的运营模式转化为现代的运营模式，让客户的体验更加舒适、安全、便捷。在充分挖掘线下金融服务的同时，将商业银行的电子化银行业务搭建到更好更完善的专业服务平台上，为客户综合提供信息、资金、产品等服务。

1. 搭建全新升级的电商平台

互联网金融平台的创新，第三方交易平台等阻断了银行与客户之间的实时沟通与互动，使银行处在被动的末端结算的地位，让银行越来越远离交易的中心，角色变得很尴尬。如何在互联网金融时代重新抢回本来就属于自己的阵地，是商业银行必须面对和积极思考的问题。搭建全新的升级的电商平台，是一个不错的选择。在原有电商平台的基础上，主动出击，并联络第三方支付平台，积极展开合作，升级其原有平台，让自己在这一平台中重新占有一席之地。

另外，商业银行也可以利用自己的资金实力，直接搭建独立的电商支付平台，在原有客户的基础上，发挥优势，进一步争取更多客户，逐渐走出一片自己的天地。在搭建独立的电商平台的时候，需要更多的金融人才和IT技术人才，商业银行必须不断培养或引进高端人才，以适应业务发展的需要。

2. 打造开放的金融服务平台

互联网是一个包容性极强的、开放的生态系统，互联网金融也是植根于这一系统中的开放的系统。在当代多头竞争的特征下，商业银行或者任何别的一个行业都很难形成金融垄断，这是商业银行的机会也是挑战。

（1）商业银行通过整合上下游客户资源，将原有渠道不断打通、连接，为客户提供更加全面的资金流、信息流服务，为客户提供全方位的解决方案，依旧可以与客户建立完善的金融共生链，从而提高客户黏性。

（2）商业银行可以通过推进战略联盟模式，加强与客户的深度合作与广度合作，满足客户多种多样的金融需求，生成商圈式、金融街式等合作模式，让更多的大小客户享受到银行网络金融的好处，聚合客户、赢得客户、赢得商机。

（二）更新技术支持，加快智慧银行建设

大数据是时代的特征，它所改变的不仅是技术，更是理念。商业银行是大数据的最直接的提供者，当然也可以成为大数据最直接的受益者。数据对于银行既是信息也是资产，是可以为银行展开金融创新、更新技术、加快智慧银行建设的基础。

首先，可以打造自助服务，节约人力、物力、时间，将原有的 ATM 柜员机全面升级，让智慧柜员机和机器人等先进的设备取而代之。智慧柜员机和机器人的应用，提供服务更精准、更具有交互性，对客户也更具有吸引力。

其次，就是进一步挖掘移动服务的功能，让银行的 APP 成为最具吸引力的场景。在移动支付中，支付宝、微信占据了主要的市场。银行的 APP 在支付中明显处于弱势地位，如何改变这一状况，应该成为商业银行研究的主题。手机银行推出免费支付服务后，服务功能上并不逊色于第三方支付平台，商业银行应主动为持有本行银行卡的客户推介 APP，并逐步推进客户的熟练操作。

（三）创建中小型企业融资平台

在互联网金融冲击下的现代商业银行，必须重新认识和定位自己的服务对象和服务领域，主动将中小企业的投融资业务以及国内国际结算业务，牢牢地抓在自己的手中。

美国硅谷银行模式是值得我国商业银行借鉴的。硅谷银行属于科技银行所谓的投贷联动的融资模式。在当时硅谷高科技产业迅速崛起的条件下，硅谷银行通过高风险股权投资和低风险债权融资相结合的方式，为大量具有真实资金需求又具有发展潜力的科技型中小企业提供融资，将中小企业尤其是中小型科技企业抓在了手中。经过四十多年的积极探索和发展，其智慧的市场定位、大胆的投资介入加上成熟的风险管控使其成为投贷联动模式的重要范例。硅谷银行模式的成功，得益于其特殊的发展背景和时代机遇，同时也得益于其大胆的业务模式创新。我国商业银行可以考虑以投贷联动模式创建中小企业融资平台，将中小企业融资业务紧紧锁定。

（四）全面渗透互联网消费金融

互联网消费金融，目前一般主要有以下模式：

第一种，是电商平台。互联网电商设立的互联网金融平台，为用户在平台购物消费时提供小额贷款，这是互联网消费金融当前最主要的形式。这种模式下的电商企业能够通过对用户以往的消费记录、信用情况等为其建立一个简单的授信体系，从而为用户提供不同额度的消费信贷。电商企业通常会给用户设定一个还款期限，并收取一定的服务费，这是

电商企业利润的主要来源。互联网消费金融的主体参与机构是互联网金融企业，同时，电商平台通过长期的考察用户消费数据、行为习惯等已经掌握了非常清晰的客户信息，以这样的大数据管理为基础而开办的互联网消费金融服务，会更为便捷和自然。一般来说，电商平台的客户群体主要是青年人，这部分客户群体一般收入水平较低，消费额度不大，但是有经常性的消费信贷需求，对于互联网金融消费的需求是最为普遍的一个群体，是互联网消费金融最值得挖掘的一类群体。同时，这类客户的收入水平也会随着时间的推移而不断提升，逐渐变成电商企业的忠实客户。

第二种，也是商业银行最容易竞争的一部分业务，是由互联网消费金融公司提供的消费金融。消费金融公司专门为消费者提供小额消费贷款，小额信贷也是指除房贷、车贷以外的消费类贷款。目前，很多消费金融公司也通过构建网上信贷平台，专门为线上消费者提供小额消费贷款，并逐渐形成了互联网消费金融公司平台模式。这种模式与商业银行的线上消费金融模式相似，都是通过线上审核线上贷款的方式来进行。这种信贷模式，是基于商业银行传统业务的贷款方式，商业银行在这一领域里，往往更具有竞争优势，所以，建议商业银行可以进行主动竞争这部分业务的战略思考。

第三种，是基于 P2P 平台的消费金融模式。P2P 网贷平台实质上是以信息提供者和借贷撮合者的角色参与到借贷过程中的，其本身与借贷双方并无直接的债权债务的关系。商业银行面对当前的复杂多变的竞争，积极发展线上消费金融，依托传统优势，拓展全新的网上业务，可以使其发展成为商业银行又一个新的利润增长点。商业银行在互联网技术的推动下，为提升竞争力占领新兴市场，已经逐渐开始在网上为消费者提供贷款。网上消费金融的信贷程序，与线下信贷流程基本相似。由于传统的商业银行大多具备历史悠久，客户资源丰富等特点，所以线下资源非常丰富，在开展线上消费金融业务时，消费者非常信任商业银行，线上业务发展也非常快。"信息时代下互联网消费金融现象普遍化，公众生活方式有所改变，金融业务处理方面互联网平台发挥着优良载体作用，但在行业发展中暴露出风险问题，有必要落实互联网消费金融风险管理。"[1] 源于历史管理上的模式与态度，商业银行的风险管理一直都是比较严谨的，对线上消费者进行授信时依旧沿用传统的授信审核方式，使得其很难适应互联网消费金融创新快、反应速度快等特点，演化成一种线下业务的"线上化"服务，并没有脱离开传统消费金融的模式。

商业银行全面渗透互联网消费金融业务，成为商业银行竞争客户和市场最为有效的途径，成为商业银行应对互联网金融冲击最直接的手段。

---

[1] 林春明. 互联网消费金融风险管理研究［J］. 生产力研究，2021（11）：132.

二、互联网金融模式下商业银行风险管理的强化策略

(一) 完善商业银行监管机制

1. 构建监管协调机制

互联网金融存在"混业跨界"的特性，使得商业银行在互联网金融的创新中同时混集了多种业务属性，在我国分业监管的体制下，难以确定单一主体作为其监管归属。因此如果我国"一行三会"、地方金融工作部门之间缺乏适当的配合，容易造成监管重复、监管空白甚至监管冲突，从而降低了监管的效率。为此，应当从以下方面做好对互联网金融创新的监管协调：

（1）加强中央互联网金融相关部门的监管协调。

一方面，加强"一行两会"的金融监管部际联席会议制度。当前金融监管部际联席会议制度已经运行，但是由于部际联席会议成员都是平级的部级单位，在互联网金融较为复杂的混业经营态势下，一旦发生监管争议，协调难度较大，容易出现监管出现空白、互相推诿的现象。因此，应该进一步明确金融监管部门间的协调机制，由国务院协调制定专门规范金融监管协调的相关的法律法规，对监管信息的交流、政策变化协调、监管记录的使用以及诉讼安排及合作等方面做出明确规定，促进协调机制的常态化运行。

另一方面，应根据互联网金融的发展将监管协调范围从"一行两会"扩大到更多的部门。例如当前商业银行参与的互联网金融创新，相关金融监管部门需要加强与工信部的协调，完善ICP许可和从事相关金融业务的备案体系；对于远程开户的身份识别技术，金融监管部门需要加强与公安部的合作协调，确认认证技术的有效性和合法性；对于移动支付等互联网支付技术，金融监管部门需要加强与工信部、科技部的协调，推动移动通信技术与移动金融的协调发展。同时，金融监管部门也需要和信息产业管理部门进行合作，建立在线技术监测分析制度和监测系统等。

（2）加强中央与地方在互联网金融监管中的协调。除了"一行两会"在中央层面对商业银行互联网金融创新进行指导和统筹以外，在地方上"一行两会"的派出机构也应该与地方政府共同牵头，结合本区域互联网金融创新的特点，吸收相关地方职能部门加入，在中央金融监管的原则框架内，对地方互联网金融的创新与监管进行协调。特别是在当前互联网金融创新有线上线下结合的趋势，应当加强中央和地方互联网金融监管机构之间的信息沟通和共享机制，建立区域性互联网金融创新的风险处置程序，防范区域内风险的发生。

（3）加强外部监管与行业自律的协调。通常互联网金融的创新快于监管的变化，因此

当真正监管规则出台以前,行业自律将保证商业银行乃至其他机构促进互联网金融健康保障。相比于外部的监管,行业自律优势在于其作用范围和空间更大、自觉性更强、更新更快。因此在相关监管部门的引导下,在互联网金融创新中发挥龙头作用的金融机构应当发挥其主动性,在信息安全风险、洗钱风险、兑付风险等方面建立起互联网金融创新的自律标准,在相关部门强制性干预之前带头形成自律标准。

(4) 加强监管的跨境协调。互联网本身是无国界的,因此互联网金融也推动了金融的全球化进程。随着商业银行的互联网金融创新,其隐含的风险也将在业务开展的相关国家和地区之间蔓延。由于各个国家的开放程度、文化以及政治不同,其监管理念也监管制度也呈现多元化特征,一旦发生跨境风险,若没有完善的监管协调机制,则事后处置以及消费者权益的保护极为困难。因此,应当加强互联网金融创新的跨境协调机制,明确协调主体、协调原则以及责任分担等,并建立重大突发情况的紧急磋商机制。

2. 构建统计监管平台

互联网金融并没有改变金融,但颠覆了传统模式。当前互联网金融创新都采用了网络金融模式,不仅降低了传统方式的监管效果,同时使得风险传播更加迅速,违法行为更为隐秘。因此,针对商业银行互联网金融创新业务,相关监管部门也应当建立网络化的监测体系,通过持续的信息收集和大量数据分析,可以及时掌握行业内部的风险情况,总体维护金融行业的体系安全。

(1) 构建金融数据采集与存储平台。金融统计体系,是金融工作开展的重要基础与依据。构建一个科学合理的信息采集和存储数据库,是完善统计监管的重要基础手段。大数据、云计算、云存储等技术的出现与应用,为商业银行提供了一种新的可能性。不再是传统意义上的存储平台,而是将科技运用到银行的日常计算、存储中来,为更加完整地统计数据提供一个全新的途径。商业银行数据的调用、分析等,可以时时通过数据库完成,快捷方便,这是科技与金融结合的又一个有力的证明。

(2) 构建数据自动筛选与检查系统,完成对互联网金融创新的自动检查。我国监管机构的监管方式一直停留在现场监管的模式上,浪费人力、物力、时间,监管效果也并不是很好。现在,正在向非现场监管逐步转移,远程监管和数据监管成为一种必然选择。要完成远程的、依托数据的、非现场的监管必然要依靠数据的提供与筛选、分析。所以构建数据自动筛选、分析、检查系统,则可以自动完成对互联网金融创新的监管,节约人力、物力,监管效果还非常好。

(3) 建立基于大数据的风险预警机制。风险预警机制,我国早在 21 世纪初就已经确立了比较全面的指标体系,一般风险信号预警流程、重大风险信号预警流程,都已经初步完成。而这些风险预警的管理仍然停留在依靠人工审查审核各项指标的阶段上。大数据技术的发展，为风险预警管理提供了新的可能。依托大数据技术，让大数据自动搜索风险预警信号，并分类提示预警，管理人员就可以简单、便捷地管理风险信号提示的风险了，可以大大地提高风险管理效率和管理效果。

3. 强化网络科技安全

互联网金融是依托于互联网技术和计算机技术的金融业务模式。在互联网金融业务办理的过程中，从始至终都要用到网络技术和计算机技术，所以，技术和信息的安全显得十分重要。网络安全的管理，不仅是银行任务，也是每一家互联网金融公司的重要工作。科技安全同样不可忽视。防止破坏和入侵，利用最先进的技术和手段，防范信息、科技风险，强化对其的监管，是商业银行外部监管的又一重要内容。

（二）强化商业银行内部控制

内部控制，是商业银行强化风险管理的制度体系，是商业银行开展经济活动，进行组织、制约、考核和调节的一系列方法、措施和程序的总体架构。内部控制是风险管理的一张网，时时罩在商业银行的整个体系之上。内部控制的方式有很多，最重要的主要包括组织控制、程序控制、授权控制、行政控制、检查控制等控制方式。控制强化的过程必须超越诸多难点才能够完成。难点主要在于，熟练把握授权的度、提高被控对象的受控度、提升规范控制的程度、提高控制人员的熟练程度等。如，商业银行的贷款操作规程中规定，上一个流程如果没有完成，则不能进入下一个流程中去，否则视为违规操作。这样的流程控制，可以保证贷款业务按照既定的模式完成，能够保证风险被消灭在每一个环节中。如果流程被越过或者废弃掉，则有可能产生贷款风险失控的结果。

（三）建立操作风险管理体系

1. 积极应对支付方式引发的操作风险

（1）操作不当引发的操作风险。操作风险的发生可以说是千差万别，但是最常见的就是错误操作引发的操作风险。支付方式的改变，让客户难以适应，经常会出现不正确的操，甚至是反复操作，带来的直接问题就是错误转账、错误交易、重复交易等。防范此类风险就是熟练流程、熟练使用操作终端，需要大量的客户培训。可以通过网络视频的方式培训客户，提高操作的熟练程度，减少风险的发生。

（2）信息管理不当引发的操作风险。银行在与新客户开展互联网金融相关交易前，应采取可靠办法对消费者的身份进行验证。在客户开立账户时，对客户进行身份进行验证，这样能够降低欺诈、盗窃账户信息和洗钱的风险。银行可使用验证码、数字技术和生物技术对消费者个人信息进行验证。银行还应保证消费者账户安全及关键系统的验证数据库不被入侵；对验证数据库所存储信息的更改都应通过授权来完成；保证银行互联网金融系统不可能在未经授权情况下与其他机构连通。

2. 提高信息技术水平，应对信息操作风险

（1）优化互联网金融平台信息管理技术。商业银行须不断加强对系统的开发与维护，加大对系统和平台的设计、测试与验收的投入。为了提高本行的网上银行、微信银行及手机银行的应用的安全性和可操作性，商业银行还应通过聘请评估机构进行相应的评估。此外，商业银行还应建立安全问责快速反应机制，确保出现的问题能够被迅速发现、反应并解决，保障计算机系统运营连续不中断。

（2）强化信息安全防护。由于互联网金融是通过公共网络进行服务，因此数据极易被侵蚀，这就使得提早发现数据准确性的问题及欺诈行为更加困难。

（3）确保关键信息不被泄露。互联网技术使得银行暴露在信息科技风险之下，一旦内部数据库被入侵，关于银行内部客户的重要信息将会迅速地通过公共网络传播，从而导致相应的操作风险。

3. 严格规范流程，应对资源配置操作风险

资源配置是金融的根本目标。互联网金融最大优势的就是资源配置效率高，在信息充足的条件下，资金供需信息直接在网上发布，不需要通过银行、券商，交易双方在资金期限匹配、风险分担上的成本会越来越少。在争取中小企业商机时，商业银行应向互联网金融学习，利用信息技术构建数据服务体系，整合客户各种账户、币种、消费与投资等的数据信息，通过对数据的深度挖掘与分析，有选择地发展优质的中小企业信贷业务。

在控制资源配置过程中操作风险的重要基础是业务流程的标准化。要对互联网金融下资源配置带来的操作风险进行有效管理，这就必须梳理整个银行的业务流程，让风险管理贯穿相关部门的职能责任，形成"流程跟进"，实现全面的风险管理。具体措施包括：明确业务流程的重要环节，将有关的操作行为定量化，做到有章可循、有据可查；对量化后的操作行为进行记录，并转换为数据格式，以便处理要建立相应的协调机制、与监督机制，加强对流程的控制与管理，使得各环节环环相扣、互相制约，防止出现由于重业务、轻风险而导致的内部控制缺失行为。

（四）强化意识，改善合规管理

1. 增强法律意识，降低合规风险

监管立法在金融的监管中发挥着重要作用，任何监管行为都应该在法律法规的框架下进行。当前,国务院层面的顶层设计《关于互联网金融健康发展的指导意见》已经出台。接下去,各金融监管部门以及政府部门要尽快将其细化,形成对互联网金融创新监管的纲领性文件。互联网金融监管的文件出台一般有两种路径:①将传统的法律法规进行拓展从而规范当前的网络金融行为;②通过建立的新法律法规对网络金融行为进行规范。我国互联网金融企业涉及面非常广,有商业银行、证券公司、小贷公司、第三方支付平台等,很多金融机构都参与其中。如果实施监管,立法和规章制度不能仅限于新的立法,那会使监管涵盖面不够,无法满足监管的需要。应该将原有的相关法律法规逐步修订完善,以适应金融业务和金融机构更多、更宽泛的发展的需求。

2. 构建科学市场准入与退出制度

对于风险较大的互联网金融业务,应当从经营范围、组织形式、经营条件、内控制度能力、管理人员资质等方面建立合适的标准,以防止运营主体盲目发展风险较大的互联网金融业务。同时也要构筑完善的市场退出机制,实现互联网金融市场的自然整合以及优胜劣汰。

市场准入,一直是我国金融监管的重点,严格的特许经营制(审核审批制度)让很多机构在金融业面前止步不前。民营银行的出现,就是一次很好的尝试。民间资本可以顺利进入银行业,对国有银行和股份制银行都是一个刺激,对国有银行和股份制银行来说,破除垄断和接受互联网金融业务的冲击,是双重的考验。

市场退出制度对我国来说几乎是一个空白,2015 年存款保险制度的出台也仅仅是个开端。只有完善的市场退出机制和模式,才能让银行警醒。

3. 改善在创新中遇到的合规问题

在银行网络账户开立方面,当前监管规则的"实名制"要求本人面签。"面签"要求在开立人民币结算账户时存款人要出示身份证原件,并由业务办理人员核对存款人与身份证信息的一致性。但是网络银行、直销银行等新型银行没有物理网点支撑,无法通过柜面形式开展身份识别,故面临着合规问题。相关部门应当在充分征求业界和专业部门意见的基础上,顺应科技发展趋势,对当前的开户规定进行修订,允许符合条件的商业银行对互联网开户进行尝试。同样,当前银行开展的互联网金融业务在电子合同、电子签名和授权方面也遇到一些合规性问题。当前的规定多是基于线下业务而制定的,缺乏当线下业务向线上转移时的法律支持。建议相关部门应当密切关注电子合同、电子认证与授权技术,在科学论证的前提下,合理调整监管规则,在防范风险的同时为商业银行创新预留空间。

参考文献

[1] 曹洁，雷良海．基于 HAC—广义多维 CoES 模型的股票市场风险溢出研究［J］．统计研究，2022，39（3）：142-153．

[2] 陈庭强，徐勇，王磊，等．数字金融背景下金融风险跨市场传染机制研究［J］．会计之友，2022（12）：47-52．

[3] 陈曦明，黄伟，孙燕．金融市场风险、企业金融化与企业固定资产投资效率［J］．商业研究，2021（3）：65-72．

[4] 谷秀娟．金融操作风险的度量与管理［J］．经济经纬，2006（6）：122-125，139．

[5] 郭旭芬．市场风险限额管理：VaR 限额管理［J］．中国商贸，2009（7）：196-197．

[6] 贺新宇．论金融风险及其防范［J］．商业研究，2001（6）：119-120．

[7] 黄晓红．试论金融风险管理［J］．现代管理科学，2006（1）：116-117．

[8] 黄玉龙，张国威．金融市场风险与 VaR 方法［J］．西南民族大学学报（人文社会科学版），2005，26（3）：226-228．

[9] 李春明．风险投资项目的市场风险评价［J］．大庆石油学院学报，2006，30（4）：83-84，115．

[10] 李菲．金融投资的操作风险管理［J］．中国商论，2017（31）：26-27．

[11] 李力．论信用风险评级的理念［J］．征信，2010，28（4）：46-48．

[12] 李世伟，丁胜．信用风险度量模型［J］．中国科技信息，2009（1）：159，161．

[13] 林春明．互联网消费金融风险管理研究［J］．生产力研究，2021（11）：132-136．

[14] 刘超，张瑞雪，朱相宇．金融风险与宏观经济风险的交互行为研究［J］．管理评论，2022，34（2）：46-61．

[15] 刘公石，任英华，汤季蓉．金融市场风险传染的时空效应研究［J］．开放时代，2022（1）：182-191．

[16] 刘小南，唐振鹏．互联网金融信用风险测度研究［J］．福州大学学报（哲学社会科学版），2021，35（1）：39-46．

[17] 刘小毅，李存芳，高千惠，等．股票市场风险 VaR 与 TVaR 测度的比较检验和启示［J］．生产力研究，2022（9）：120-123，160．

［18］刘亚．金融风险管理学［M］．北京：中国金融出版社，2017．

［19］刘园．金融风险管理［M］．北京：首都经济贸易大学出版社，2019．

［20］卢亚娟．金融风险与管理［M］．北京：中国金融出版社，2012．

［21］陆岷峰．不确定性金融风险及其治理措施研究［J］．广西社会科学，2022（5）：1-8．

［22］孟浩，张蕾，程烨．中国金融市场风险溢出效应研究［J］．统计与信息论坛，2021，36（11）：63-75．

［23］潘一豪．我国互联网金融流动性风险的思考与探析——基于国外成功规制实践［J］．浙江金融，2017（6）：3-10．

［24］彭书杰，胡素华．信用风险模型综述［J］．地质技术经济管理，2003，25（2）：36-40．

［25］苏心仪，刘喜和．流动性和资本双重约束对商业银行风险承担的影响研究［J］．华北金融，2022（4）：1-13．

［26］孙卫军，金芝．证券投资风险的分析及防范［J］．中国集体经济，2022（1）：99-100．

［27］谭小芬，张怡宁．新发展阶段外部金融冲击与金融风险防范［J］．新视野，2022（2）：74-80．

［28］田宏杰．金融操作风险及其治理［J］．河南财经政法大学学报，2013，28（3）：70-76．

［29］田晓丽，任爱华，刘洁．信用风险防范视角下的数字金融探析［J］．征信，2021，39（3）：65-72．

［30］王国刚．优化金融供给结构防范流动性风险［J］．经济理论与经济管理，2020（3）：4-17．

［31］王莉．信用风险的分析与度量［J］．统计与信息论坛，2004，19（4）：86-89．

［32］王猛．我国金融风险管理雏论［J］．科技经济市场，2006（12）：347．

［33］王鹏飞．股票市场和公司债市场风险溢出效应［J］．技术经济与管理研究，2020（7）：85-89．

［34］王煦莹，沈红波，徐兴周．基于人工神经网络的金融信息系统风险评价［J］．信息安全研究，2022，8（11）：1055-1060．

［35］王勇，关晶奇，隋鹏达．金融风险管理［M］．北京：机械工业出版社，2020．

［36］徐争荣，林清泉，卜静．互联网金融流动性风险分析：基于银行挤兑模型与大数定律视角［J］．现代管理科学，2016（2）：93-95．

［37］薛京京，张品一．金融风险研究的演化发展和热点分析［J］．中国商论，2022

（21）：115-118.

[38] 薛紫臣，董小君．互联网金融流动性风险生成机理及化解［J］．国家行政学院学报，2016（3）：86-91.

[39] 杨玉泉．市场风险的界定与管理［J］．地质技术经济管理，2003，25（3）：18-23.

[40] 姚爽，王艺晓，黄玮强．中国金融市场风险溢出非对称效应：基于TVP-VAR-DY模型的实证研究［J］．管理现代化，2022，42（4）：49-56.

[41] 袁吉伟．全球金融操作风险演变趋势及管理研究［J］．南方金融，2014（1）：59-64，20.

[42] 张茂军，王俭，张尹，等．金融科技、监管政策与P2P平台风险：基于信用风险和流动性风险视角［J］．金融与经济，2021（8）：38-45.

[43] 赵冬青．金融创新与金融风险管理的研究［J］．中国商论，2020（11）：44-45.

[44] 郑玉仙，李胜宏．基于VaR的信用风险管理［J］．生产力研究，2005（4）：79-81.

[45] 郑智勇，何剑，王小腾．杠杆波动下系统性金融风险的识别研究［J］．审计与经济研究，2022，37（1）：115-127.

[46] 周梅，李梦斐．保险市场风险与效率探析［J］．经济问题，2009，360（8）：81-83，113.